四川"高品质学校建设的探索与实践"课题研究系列

（课题批准号：川教函〔2018〕495号）

走向高品质学校

幼儿园卷

主　编　刘　涛

本册主编　崔　勇　余　琳

四川教育出版社

图书在版编目（CIP）数据

走向高品质学校.幼儿园卷 / 刘涛主编；崔勇, 余
琳分册主编. —— 成都：四川教育出版社, 2020.6
（四川"高品质学校建设的探索与实践"课题研究系
列）
ISBN 978-7-5408-7347-9

Ⅰ.①走… Ⅱ.①刘… ②崔… ③余… Ⅲ.①幼儿园
—学校管理—文集 Ⅳ.①G617-53

中国版本图书馆CIP数据核字（2020）第102006号

走向高品质学校·幼儿园卷

ZOUXIANG GAOPINZHI XUEXIAO YOUERYUAN JUAN

主　编　刘　涛
本册主编　崔　勇　余　琳

责任编辑　　高　玲
装帧设计　　周阳惠
责任印制　　田东洋
出版发行　　四川教育出版社
　　　　地　　址　成都市槐树街2号
　　　　邮政编码　610031
　　　　网　　址　www.chuanjiaoshe.com
印　　刷　成都市金雅迪彩色印刷有限公司
制　　作　四川胜翔数码印务设计有限公司
版　　次　2020年6月第1版
印　　次　2021年1月第2次印刷
成品规格　185mm×260mm
印　　张　24.5
书　　号　ISBN 978-7-5408-7347-9
定　　价　98.00元

如发现印装质量问题,请与本社联系调换。电话：(028)86259359
营销电话：(028)86259605　邮购电话：(028)86259694　编辑部电话：(028)86259381

编委会

主　　编：刘　涛

本册主编：崔　勇　余　琳

副 主 编：张文龙　李庆九　彭　燕　邹晓敏　何世红　谢　蓉　何云竹
　　　　　赵　敏　高　翔　王晓艳　黄　洁　涂　蓉　杨怀明　王艳林
　　　　　张　欣　王　敏　唐　琳　刘晓清　王炜娟　彭海霞　李　岚
　　　　　杨筱彬　罗　凤　何　煦　陈　敏　陈先蓉　赵　刚　刁　玲
　　　　　冯　梅　李　佳　李　晗　陈　敬

成　　员：陈　林　党若竹　谢　颖　张齐贤　王　慧　张　泉　白红萍
　　　　　李　珂　谢　莉　古　红　张　妮　钟芩雨　孙　倩　王燕丽
　　　　　陈　薇　王亚丽　王　娟　付国庆　杨　勤　刘　静　赵三苏
　　　　　谢幸希　张　玲　周　静　马丽娜　杜思思　曾向阳　阳　睿
　　　　　徐艳艳　杜燕晶　邓周怡　赵慧冰　林丽君　李　瑾　叶　琳
　　　　　杜　红　刘　珊　黄　莉　胡　露　蒋思曼　严婷婷　王莹莹
　　　　　杨小芳（新都区第一幼儿园）　张　楠　杨李娜　杨培培　万　慧
　　　　　余靖雯　陈　凤　易晓凤　孙　城　何　珩　唐　蜜　李　晋
　　　　　边小清　何　川　李琼辉　李　佳（都江堰市幼儿园）　徐爱萍
　　　　　刘　闻　李　敏　龙春花　何　苗　乔晓丽　蔡敏艳　冯　雪
　　　　　凌静思　郑小红　戈文丽　毛　霞　廖　琴　曾　珂　谢　鑫
　　　　　郭　静　胡　荔　周　吉　邰　美　江俊杰　叶　亮　高　萍
　　　　　邓金惠　赵　娟　易晓芳　钟雪莲　廖国玲　赵　艳　李　瑜
　　　　　王露莹　罗　波　董正东　张礼平　赵雪梅　赵正兰　梁　雁
　　　　　张丽婷　赵红霞　温小玲　刘金凤　陈雪梅　许　珺　陈丽容
　　　　　杨小芳（大英县蓬莱镇幼儿园）　李小艳　李　丹　雷　欢　唐振华
　　　　　黄小容　许丽丽　方　程　鲁阳阳　邱欣祝

"走向高品质学校·幼儿园卷"的取向和追求 序

广西师范大学　侯莉敏

　　近年来，国家高度重视学前教育事业，加大投入、加强监管，给公益普惠的学前教育公共服务体系建设提供了良好的环境，为幼儿园数量的增长和质量的提升提供了保障。四川省教育科学研究院的重大课题"高品质学校建设的探索与实践"提出中小学、幼儿园发展的"高品质"愿景，在坚持正确的办园方向和建设保基本的基础上，强调幼儿园的质量及品质追求，不仅体现着四川幼教人对国家政策的响应，更表现出四川幼儿园自觉成长的积极愿望，呈现了四川学前教育改革的取向和追求。

着眼儿童的发展取向

　　虽然卢梭在二百多年前就"发现"了"儿童"，虽然现代学前教育以尊重儿童、珍视童年为信条，但事实上，真正地理解儿童、陪伴儿童、支持儿童并不容易。如刘晓东教授所说："'儿童'这一概念还没有真正进入中国教育学的'深层语法'。"时至今日，儿童的天性仍然要让步于成人的要求，童年的价值还是会遭到社会的忽视。在成人主导的文化环境下，儿童视野下纯真、灵动的自由天地不够宽广。而幼儿园，正是守护"儿童"的地方，是让孩子以孩子的方式生活、成长的永远的净土。

　　幼儿园的改革发展要着眼儿童，看来是题中之意，其实也是永恒追求。着眼儿童不仅仅意味着保卫儿童的安全、照顾儿童的生活、支持儿童的成长、促进儿童的发展——这些是幼儿园将儿童置于成人羽翼之下的庇护；更意味着肯定儿童的人格、释放儿童的天性、发扬儿童的文化、彰显儿童的价值——这些是幼儿园作为儿童家园和舞台对儿童的成全。庇护固然重要，成全也不可或缺，正如诗人纪伯伦所说："你们可以努力去模仿他们，却不能使他们来像你们，因为生命是不倒行的，也不与'昨日'一同停留。"孩子身上蕴藏的蓬勃生机引领着灿烂的未来，他们今天展现出的美好品质或许将是明天我们前行的动力和规则。

"高品质"的幼儿园首先应有正确的儿童观，要能同时看到儿童的稚嫩与深刻，同时关注儿童的现实与未来，在庇护和成全之间寻求平衡。本书围绕文化、课程、教师、科研、环境、家长和幼儿七个方面展开讨论，力图把儿童摆在各项工作的中心，把儿童视作幼儿园建设的主体，以儿童的立场关注现实的问题，以儿童的视角反思教育的细节，让幼儿园具有温暖的力量、快乐的力量和自信的力量。四川幼教人以"高品质"为愿景深化改革，以专业的精神和赤子的情怀理解儿童，以儿童意识建设幼儿园，开展教育活动。

立足实践的基本追求

教育改革一直面临的问题就是理论与实践的关系。表面上看，我国的学前教育界一直热热闹闹，各种西方先进教育理论不断被引进：今天学蒙台梭利教育法，一大批蒙台梭利实验幼儿园应运而生；明天学瑞吉欧，主题网络式课程遍及大江南北……然而，近年来我们在引入西方先进教育理论时，大多只学表面形式，而非内容精髓。在较长时间与国外先进教育思想隔绝之后，突然接触到如潮水般涌来的各种教育理论，我们难免会有眼花缭乱之感。在没办法全面消化吸收的情况下，在对待各种教育理论时，许多理论研究者和实践工作者开始强调理论的实际效用，对似乎没有实际效用的理论则加以排斥或批判。这既是对理论本身的误读，也引起了实践运用中的混乱。其实，任何一种先进的儿童教育理论都根植于自己的文化土壤，即使是再时新的教育理论，如果仔细考校，也能找到承继它的实践源泉。不可否认，理论对实践具有指导作用，但实践也会不断滋养和反哺理论。在学前教育领域，每一个孩子都有自己的生命样态，每一位教师都有自己的教育风格，每一所幼儿园都有自己的文化场域，实践的丰富性值得我们不断地挖掘和总结。

四川幼教人从成功的案例中总结可用的经验，从广泛的探索中挖掘有效的路径，走出了自己的风采。在本书中，大量问题的讨论都穿插有案例片段来佐证，在具体的情境中还原幼儿园的思考与做法，并最终汇集成为一系列的实践策略，具有一定的现实针对性和实践生命力。

2018年11月，中共中央、国务院印发了《关于学前教育深化改革规范发展的若干意见》，标志着学前教育改革迈入新时代。本研究团队带领幼儿园及时总结，共同探讨"高品质幼儿园"的质量建设问题，为大家在探索有质量的幼儿园道路上提供了可借鉴的样本。

前　言

高品质发展是全面推进教育现代化的四川举措

"高品质学校"的概念最早由四川省教科院的刘涛院长在2012年提出，他当时任泸州市教育局局长，强调一所学校不能片面追求"质量"，更要注重"品位"。2017年刘涛调任四川省教育科学研究院院长后，积极研究并推动高品质学校建设，在《基础教育课程》杂志上刊发文章《高品质学校的教育意蕴与建设路径》，在全国率先提出了系统的"高品质学校"建设理念。

新时代社会主要矛盾发生转化，体现在教育领域，是"人民日益增长的教育期待和教育改革发展不平衡不充分之间的矛盾"。"高品质学校"的提出是对新时代国家重大教育政策的积极落实，是对"人民新期待"的描述和回应，也是全面推进教育现代化建设的四川举措。在四川省构筑教育鼎兴之路，建设教育强省的新时期，"高品质学校"研究围绕"加快推进教育现代化，建设教育强省，办好人民满意的教育"这个目标，特别聚焦"优质教育失衡"的短板，为攻坚项目和重点工程中的决策参考和经验借鉴发挥了应有的作用。

2018年省教科院牵头申报的"高品质学校建设的探索与实践"课题成为四川省普教科研资助金项目重大课题。总课题组在幼儿园、小学、中学和职业教育等各学段、各领域开展了"高品质学校建设"研究与实践工作。华东师范大学李政涛教授对课题组予以充分肯定：通过省教科院联合全省各地各类名校，共研共建，先行一步，落实新时代国家教育工作的根本任务，建设一批高品质样本学校，带动影响全局发展，这是四川教育改革自信的表现，是贡献四川教育改革经验、四川教育智慧的契机。

幼儿园作为学校教育体系中的一个重要组成部分，既面对学校改革发展的普遍问题，又具有自身的显著特点，是"高品质学校"研究的重要领域。成都市第十六幼儿园余琳园长作为学前教育板块的主研人员进入研究团队。2019年9月，总课题组在全省遴选确立了80个子课题单位，其中幼儿园占20个，在幼儿园办园的各个方面开展了"高品质建设"实践研究。"走向高品质幼儿园"是四川省幼儿园推进改革发展，开启新时代征程的美好愿景。

幼儿园品质提升是学前教育改革与发展的时代使命

品质是质量、内涵、文化、特色和信誉的集合体。"高品质学校"是"品位"和"质量"都高的学校，同样的，"高品质幼儿园"也有"品位"和"质量"两个方面的要求。幼儿园的"品位"，主要体现在其办园的行动中，即幼儿园落实国家方针政策、遵循学前教育和幼儿成长规律的程度。2018年11月，中共中央、国务院出台《关于学前教育深化改革规范发展的若干意见》，为学前教育新时代发展指明了方向；近年来，教育部也通过《3~6岁儿童学习与发展指南》和《幼儿园工作规程》等文件对幼儿园的工作提出了具体的指导意见。幼儿园应深刻把握文件的精神，把国家的要求、教育的规律和幼儿的需要放在首位，整体设计幼儿园的改革发展。幼儿园的"质量"，主要体现在其保教的过程中，即幼儿园支持幼儿学习、促进幼儿发展，满足家长和社会对幼儿成长期待的程度。与中小学相比，幼儿园有很突出的特殊性，不仅要重视幼儿的学习和成长，更要照顾幼儿的生活需要。在游戏和生活中让幼儿健康成长、快乐学习，对幼儿园的工作规划和老师的实际操作来说，既是一门"技术"，又是一种"艺术"。

幼教前辈卢乐山先生曾说："幼儿园不是婆婆妈妈的事，也不是高级保姆，它是一门科学。"在实践中不断探索幼儿园办园与保育工作的规律，是我们不断提高办园品位和保育质量的使命担当。但是我们要看到，由于底子薄、欠账多、摊子大，目前学前教育仍然是整个教育体系的短板，各个地区尤其各幼儿园之间发展不平衡、不充分的问题比较突出。对国家政策理解不到位、执行不力，办园理念与目标偏差，教师队伍建设滞后，保教质量有待提高，"小学化"倾向仍然存在，幼儿安全问题时有发生……这些难题一直困扰着幼儿园办园品质的提升，影响着新时代国家学前教育改革目标的实现。

合作共赢的学术研究"共同体"促进了四川幼儿园内涵发展

责任如山，担当如铁。2014年，《教育科学论坛》编辑部在总结全省小学、中学"教育教学改革研究共同体"合作共享、协同创新的联动发展模式基础上，在成都市第三幼儿园曾琴园长的支持下，召开了"建设四川学前教育教学改革研究共同体"的发起会议，四川一批名园长吹响了加速提升办园质量的冲锋号。六年多来，"共同体"不断壮大，成员单位从30多所发展到100余所。在四川省教科院的主导下，《教育科学论坛》编辑部致力于将"共同体"建设成为教科研机构、学术期刊、各地幼儿园和专家学者之间协同创新、共同发展的学术研究平台，定期或不定期开展有目标、有主题的形式多样的研究活动，并在《教育科学论坛》期刊开设学前教育研究栏目与专题。2018年组建"四川省农村学前教育教学改革研究共同体"，省教科院和《教育科学论坛》编辑部为全省150所农村、县城幼儿园发展提供免费智力帮扶；同时全省33所名幼儿园与四川45个深度贫困县县城幼儿园结成"手拉手"友好单位，组织开展了各种形式的帮扶活动。幼儿园学术研究"共同体"的发展，聚集了一大批有情怀、有能力的名优园长，各种学术活动的开展形成了丰富多样的改革经验与成果，为四川幼儿园高品质发展奠定了坚实的基础。

近年来，随着学术研讨的深化和优秀经验的推广，"共同体"中的幼儿园互相促进，共同成长，园所改革成效显著。园长领导力日益增强，教师素养快速成长，科研课题屡创佳绩，有效助力区域学前教育质量的稳步提升。在"高品质学校"的理念引领下，"共同体"成员单位继续加强研究，已发表相关论文百余篇。课题立项后，仅在《教育科学论坛》上，已有9篇论文被人大书报资料中心全文转载，16篇入选索引目录。

高品质幼儿园建设专著编写贡献四川改革经验

抱团科研，奋勇向前。2019年5月，"高品质学校建设"课题研究取得重大阶段性研究成果，《走向高品质学校·小学卷》专著出版发行，余琳园长在全省课题会上发布了学前教育研究成果。同月，课题组开始筹划《走向高品质学校·幼儿园卷》专著的编写工作，向全省学术研究"共同体"单位发出编写邀请。2019年6月，在泸州天立学校附属幼儿园召开了《走向高品质学校·幼儿园卷》专著编写工作会议，全省30余位名优园长就高品质发展的重要理念、关键问题、核心抓手等达成共识。2019年暑期，近100位优秀园长和骨干老师潜心研究，合作创新，乐在其中。2019年下半年书稿完成，大家数次研讨，几易其稿，不厌其烦。2020年春节期间，在全面抗击疫情的重要时刻，也是书稿定稿的关键时刻，大家攻坚克难，齐心协力，竭力以高品质的书稿迎接抗击疫情的胜利。

《走向高品质学校·幼儿园卷》课题研究和专著编写，始终围绕"高品质学校"理念在幼儿园中的具体表现和践行策略展开论述，结合四川省部分名优幼儿园的典型经验，剖析了建设高品质幼儿园的思考与行动。书中的所有经验和案例都来自一线教学实践，其中既有名园的传承与创新，也有薄弱园的转型与突破，既有集团园的整体思考，又有新建园的特色建设。在书中，可以找到幼儿园高品质发展的理论依据、实践措施、发展样态与评价量标，也可以找到不同区域、不同经济条件、不同规模幼儿园高品质建设的参照模式。

坚持顶层设计，突出问题解决。书的第一章梳理了高品质幼儿园建设的历史源流，从学前教育思想的演变和名优幼儿园的历史沿革中探寻幼儿园建设的基本规律，并根据幼儿园的时代使命审视了当下存在的发展困境，明确了文化旁落、课程淡化、师能不精、科研空场、园所泛化、家长缺位、幼儿失真七个突出问题。

第二至八章，每章围绕幼儿园的文化、课程、教师、科研、环境、家长、幼儿等方面的工作展开，各从"价值追求与功能定位""建设策略""典型案例"等方面进行论述，说明了高品质幼儿园以文化为底色、以课程为沃土、以教师为中坚、以科研为源泉、以环境为依托、以家长为支撑、以幼儿为风景的价值追求和实践策略。

学术专家专业引领助推四川学前教育走向高品质

专家引领，精准助力。专著编写和幼儿园系列学术研究"共同体"活动始终立足教育科学研究工作，得到了教育部教育发展研究中心陈如平副主任、中国教科院刘占兰研究员、四川省教科院周林研究员、重庆市教科院学前教育研究中心徐宇主任、成都市教科院学前教育研究中心刘敏主任的无私帮助，得到了虞永平、侯莉敏、鄢超云、熊志刚、张燕、刘乡英、丁海东等全国知名专家精准的专业引领，使得书稿能够结合四川省学前教育改革形势，实现多点突破。同时，小学教育专家、校长参与幼儿园研究作为"共同体"学术研讨的一大特色，效果显著，反响热烈。得益于原双流区实验小学毛凤鸣校长、成都市实验小学李蓓校长、成都市茶店子小学李强校长、高新实验小学朱祥烈校长、原乐山实验小学张必友校长、绵竹市紫岩小学谭克校长、都江堰北街小学外国语实验学校马长俊校长、巴中市巴州区第七小学校唐振华校长等名优校长的智慧分享与共研合作，"共同体"在幼儿园文化顶层设计、课程建设与实施、幼小衔接教育等重大问题研究上实现了认识的融合和突破。

在省教科院的指导下，《教育科学论坛》编辑部与"共同体"成员单位一道，借助"高品质学校建设的探索与实践"课题立项的契机，总结经验、梳理成果、呈现智慧、提供样本，形成了这本专著。专著汇集了四川省内一大批幼儿园的实践案例和幼儿园园长、教师的经验、智慧，但正如书名中所说，我们以"高品质幼儿园"为愿景，还正在"走向"的路上，如书中有纰漏之处，还希望能得到专家同仁的批评指正。我们也希望以本书的出版为契机，能得到更多指导和帮助，能在"走向高品质幼儿园"的路上找到更多同行者，让我们的改革发展之路越走越宽、越走越远。

目录

第一章

幼儿园高品质建设的
时代担当与历史溯源

新中国成立已有70余年，改革开放也已经走过40多年的探索。随着社会的不断进步和经济的快速发展，人们的生活越过越好，不再满足于温饱，开始追求生活的品质。教育与医疗作为每个人的必需品，愈发成为社会民生的重大焦点，学前教育更是成为全社会最关心的热点问题之一。一方面，已有研究证实，无论对国家还是对家庭，儿童早期发展投资是人力资本投资回报最高的举措，学前教育在现代教育体系中已经成为非常关键的一环；另一方面，国内学前教育整体起步相对较晚，我们对儿童身心发展和童年文化的认识还有诸多不足，学前教育的每一步探索都有着深远的影响和重大的意义。

作为学前教育的主阵地，幼儿园的改革发展是重中之重。英国有效学前教育项目通过研究证明，上幼儿园的经历能促进幼儿各方面的发展，且幼儿园教育的质量对幼儿的影响存在显著差异。提升幼儿园品质，是为孩子的成长负责，为人才的涌现奠基的重要课题。而在讨论"高品质幼儿园"这个话题的最开始，我们首先应该弄明白的就是：我们正在哪里？我们从哪里来？我们要到哪里去？当我们认清了我们的所在，看到了我们的来路，也理解了我们的未来，就更能够想清楚我们要成为什么样子，要做哪些准备，付出哪些努力。

第一节 学前教育的时代担当：普惠、优质

一 学前教育的时代目标

学前教育发展的目标具有很强的时代性。

从幼儿园工作的角度看，新中国成立初期的"保育为主"在改革开放以后发展为"坚持保教并重"；从学前教育事业发展看，改革的关键也从扩大幼儿园数量、降低入园成本逐渐转向提升幼儿园办园质量。21世纪以来，国家层面越来越重视学前教育，不断推动深化改革，促进学前教育事业发展。

党的十九大报告指出，中国特色社会主义进入新时代。学前教育事业发展也将面对新局面。

2018年9月全国教育大会后颁布的《关于学前教育深化改革规范发展的若干意见》提出："到2035年，全面普及学前三年教育，建成覆盖城乡、布局合理的学前教育公共服务体系，形成完善的学前教育管理体制、办园体制和政策保障体系，为幼儿提供更加充裕、更加普惠、更加优质的学前教育。"《中国教育现代化2035》在确定至2035年的主要发展目标中，将学前教育的目标表述为"普及有质量的学前教育"。

为全面贯彻党的十九大精神和党的教育方针，进一步完善学前教育公共服务体系，加快学前教育改革发展，更好实现幼有所育，根据中共中央、国务院发布的《关于学前教育深化改革规范发展的若干意见》精神，四川省委、省政府结合本省实际制订了《关于学前教育深化改革规范实施方案》，以扩大普惠性学前教育资源供给、进一步完善经费投入机制、加强幼儿园教师队伍建设、强化幼儿监管四方面的举措推进学前教育普及普惠、安全优质发展，满足人民群众对"幼有所育"的美好期盼。

2019年12月4日，为深入学习习近平总书记"关于教育的重要论述"，全面贯彻落实中共中央、国务院《关于学前教育深化改革规范发展的若干意见》和全

国、全省教育大会精神，推动四川省委办公厅、省政府办公厅下发的《关于学前教育深化改革规范实施方案》稳步落地，四川省教育厅召开了全省学前教育改革发展推进工作会，李江厅长出席会议并作重要讲话。会议强调，学前教育事关国家战略、社会民生和全省教育事业发展。为确保党的教育方针在学前教育领域深入贯彻，确保立德树人根本任务落实到位，确保学前教育始终沿着正确方向发展，全省学前教育战线要在良好发展势头下更进一步：以满足供给为前提，扩大普惠资源；以服务群众为宗旨，提高保教质量；以创新治理为方向，完善体制机制；以德才兼备为导向，强化师资建设。总体上，要深入学习贯彻习近平总书记关于教育的重要论述，以深化学前教育改革规范发展为突破口，真抓实干，攻坚克难，为构筑四川教育"鼎兴之路"打下坚实的根基，为治蜀兴川再上新台阶做出教育战线的更大贡献。

显然，普惠、优质已成为学前教育的时代目标。

四川省教科院刘涛院长在全省学术会上解读幼儿园在"鼎兴之路"中的使命担当

二 学前教育的时代站位

中共中央、国务院印发的《关于学前教育深化改革规范发展的若干意见》开篇便指出："学前教育是终身学习的开端，是国民教育体系的重要组成部分，是重要的社会公益事业。办好学前教育、实现幼有所育，是党的十九大作出的重大决策部署，是党和政府为老百姓办实事的重大民生工程，关系亿万儿童健康成长，关系社会和谐稳定，关系党和国家事业未来。"

由此，学前教育是终身学习的开端而非字面上的"学前"，是国民教育体系的重要组成部分而非可有可无，是为党育人、为国育才之根基，是关系党和国家未来的基础事业，是党的十九大决策部署必须办好的重大民生工程。

因此，新时期的学前教育必须以为亿万儿童全面启蒙、终身发展作为成长基点来谋划，必须从人民群众热切期盼、社会和谐稳定的民生视角来谋划，必须站在党和国家未来发展需要的时代高度来谋划。

中国教科院刘占兰研究员在四川解读新时代幼儿园内涵发展的问题与思考

三 学前教育的园所担当

　　普惠、优质这两个学前教育发展的时代目标中，普惠发展是国家与政府层面的职责与使命，而且已经进行了高瞻远瞩的决策部署，小区配套园治理、公办园补短行动、幼儿园教师编制政策、生均公用经费保障等，都在党中央、国务院的统一部署下陆续推进和落实。

　　那么，优质发展自然就成为学前教育的园所担当，而且是具有很强时代迫切性的担当。每一所幼儿园都要坚定时代站位、坚守时代目标，都要有优质发展的担当精神与目标追求，坚持不懈地在党的领导与各级政府的关心下，努力提升幼儿园的保教质量，努力为幼儿的终身发展奠基，努力实现幼儿园的优质发展。

立足新时代，加快推进幼儿园品质建设与路径研究

第二节　学前教育的必然走向：高品质发展

在人类发展的伟大历史进程中，世界幼儿教育的产生和发展经历了一段漫长、复杂并不断演变的过程。从古代的萌芽到近现代的奠基再到当代教育的改革中，大量的名家思想应运而生。从学前教育的发展史、名家思想演变、政策演进中溯源，有助于明晰学前教育发展的必然走向。

一　国外学前教育思想的历史进程

被称为西方早期教育思想奠基人的古希腊哲学家、教育家柏拉图在他的哲学对话体著作《理想国》中指出了早期教育的重要性，并提出了学前公共教育的主张。柏拉图的学生亚里士多德在《政治论》中提出了胎教、年龄分期的教育思想。古罗马教育家昆体良注重婴幼儿语言的发展，并指出了游戏的意义。此时幼儿教育思想处于萌芽期，但由于教会的垄断，儿童观是处于被压抑的阶段，导致学前教育思想的发展一度处于停滞状态。

16世纪到19世纪末期，幼儿教育逐渐受到重视，新的儿童教育观相继出现，如夸美纽斯的"泛智论"、洛克的"白板说"、卢梭的"自然论"等，他们认为：儿童具有无限的发展潜能，教育应顺应儿童发展的自然法则。深受这些教育思想的影响，德国教育家福禄贝尔创办了世界上第一所幼儿园。

20世纪初期到现在，幼儿教育思想又有了进一步的发展，它更加符合现代幼儿教育的发展。在这一时期，美国著名哲学家、教育家杜威首创"儿童中心论"，他提出的"做中学"原则也深深地影响着世界各国的幼儿教育改革。同时，瑞士心理学家皮亚杰提出的"认知发展理论"开拓了心理学研究的新方向，美国发展心理学家霍华德·加德纳提出的"多元智能理论"打开了幼儿教育理论和实践的新视野、新思路。

二 国内学前教育思想的历史进程

中国是世界上最古老的文明国家之一，幼儿教育的历史也是源远流长。从原始社会开始到母系氏族公社时期，教养儿童的经验不断在长期的生产劳动和社会实践中积累，儿童教育思想开始萌芽。

早在先秦时期，启蒙教育开始发迹。西周时期刘向的《列女传·周氏三母》便记录了胎教的出现。孔子非常重视早期教育，特别强调"蒙以养正，圣功也"。西汉时期，胎教理论初步形成，贾谊的《新书》、戴德的《大戴礼记》《礼记·内则》等记载了胎教的实践和理论。魏晋南北朝时期，颜之推和朱熹都非常重视胎教以及儿童的早期教育。到宋元时期，教育思想家们认为"教人未见意趣，必不乐学"，开始注重儿童的心理特点，因势利导。19世纪中期，中国的学前教育受到日本和西方的影响，创办了许多日式、欧美式幼儿园。1903年，张之洞等人创办了中国第一所公立幼儿教育机构——湖北幼稚园，标志着幼儿教育开始走向社会。20世纪20~40年代，以张雪门、陈鹤琴等为代表的幼儿教育名家们掀起了幼儿教育本土化的热潮，提出了以中国国情为主体的新的幼儿课程理论和教育思想，并创办中国特色的幼儿园，为当代幼儿教育的发展奠定了坚实的基础。

20世纪后半期，大量的国外儿童教育名家思想涌入，中国学前教育的制度和思想都发生了巨大转变。我们借鉴国外先进的教育理论和经验对我国的学前教育思想进行改革，加强实践研究，建设具有中国特色的学前教育理论思想，特别是改革开放以后，我国学前教育事业得到迅猛发展，逐步解决了入园难的问题，各地幼儿园在促进保教质量提升中有了许多宝贵实践与认知，提升幼儿园办园品质已经成为时代发展的共识与必然走向。

三 学前教育思想发展中的四大转变

随着经济和社会的发展，在世界学前教育发展的大背景下，中国学前教育发生了飞跃性的进步。从历史溯源、发展历程、未来态势上可以看出，学前教育的发展逐步从保基本、保质量向高品质转变。主要体现在以下四个方面：

（一）从"养"到"育"的教育观念的转变

中国古代教育机构的匮乏，导致教育的重任落在了家庭教育上。父母作为幼儿教育的先驱者，他们有的只是一代传一代的经验，并没有完善的、系统的育儿知识。对于婴幼儿时期的孩子，他们多是放纵和溺爱的。对于稍微年长一点的孩

（泸州天立学校附属幼儿园）

（成都市第十五幼儿园）

（成都市第十六幼儿园）

（成都市第三十幼儿园）

（邛崃市示范幼儿园）

（北川县安昌幼儿园）

以情景剧的形式进行家庭教育研讨

子，他们则遵循"棍棒底下出孝子""严父慈母""严师出高徒"的教育观念，采取上行下效的教育方式传授知识和技能，并将成人的想法和愿望强加给儿童，将儿童塑造成成人所期望的样子，其实质就是家庭生养，重在"养"。

到了近现代，幼儿教育逐渐被重视，著名教育家张雪门和陈鹤琴先后在中国创立了中国特色的幼稚园，开启了幼教探索的新旅程，推动了我国幼儿教育改革的热潮。幼儿教育的观念也随之不断进步。教师开始以发展的眼光去看待每一个儿童，尊重他们的个体差异，了解他们的游戏意图，给予他们独立思考的空间，创设有准备的环境，支持、促进他们主动性、创造性、独立性的发展。父母也开始不断更新自己的教育理念，树立正确的教育观，了解孩子不同年龄段发展的规律，尊重他们的爱好和兴趣，做到有的放矢。同时，教师还和孩子建立了平等互动的师生关系，言传身教，用自己的实际行动给孩子做好榜样，在潜移默化中影响孩子……让孩子真正成为孩子，学前教育逐步体现了"育"的教育观念。

由"养"到"育"的教育观的转变，让学前教育有了"教育"的样子。

（二）从"成人的附庸"到成为"完整的人"的儿童观转变

中国有句古话叫"父让子亡，子不得不亡"，背后的观念是，儿童并不算真正独立的"人"，甚至可以被当成"财产"随意处置。儿童没有自主的权利，父母掌握着他们的生死大权。随后，在中国漫长的封建社会里，儿童被看作"小大人"，被当作"成人的附属品"，没有想法，没有思维，机械地按照成人的意愿成长，天性被扼杀，缩短了"成人"的时间，过早地参与到劳动、生产、生意、传宗接代、光耀门楣的队伍里。他们的存在更多体现的是以成人为中心、家族本位的儿童观。中世纪的欧洲，教会几乎垄断了文化和教育，他们认为儿童生而有罪，因此抑制儿童的个性，主张鞭笞和惩戒，对儿童的人格进行摧残。

在近现代教育史上，为了将儿童从旧文化中解救出来，一批提倡民主和科学的教育名家站了出来，他们为推动旧的儿童观改革做出了巨大的贡献。法国启蒙思想家卢梭提出了"以儿童为本位"的新的教育观。他认为儿童是独立意义上的人，有自己的思想、情感和需要；儿童就像花园里的花，是按自然法则成长的；教育应该顺应他们的天性，让他们充分自由地发展。而杜威在卢梭的基础上，提出了"儿童中心主义"的儿童观，他强调儿童具有巨大的可塑性，应让儿童成

老师走到孩子中间 ▶
（凉山州州级机关第一幼儿园）

（攀枝花市实验幼儿园）

儿童走上"舞台"中央

（遂宁市船山区紫东街幼儿园）

为教育的主角。随后，福禄贝尔、蒙台梭利、皮亚杰等人更是呼吁"向儿童学习"。当然，受到西方教育思潮的影响，我国学前教育的儿童观也在不断改革和进步。"儿童是人""儿童是不断发展的人""儿童是完整的人"已成为现代科学儿童观的重要内容。

让儿童由"附庸"回归本位，把儿童当儿童看待，才让我们的学前教育有了教育的可能。

（三）从"教学"到"游戏"的教学方式的转变

灌输式教学是我国传统的教学方式。从学校出现开始，灌输式教学就一直被广泛使用，甚至沿用至今。在我国古代，人们认为"勤有功、戏无益"，对游戏持否定的态度，认为游戏是会浪费时间、耽误学业的。因此，他们非常重视儿童的学习，每天填鸭式地给儿童灌入东西，儿童则花费大量的时间埋头苦读，接受这种统一、单调、枯燥的教学。这不仅大大忽视了儿童身心发展的特点，还限制了儿童主动性、创造性和积极性的发展。

不管是古代的中国还是古代的外国，教学的模式都是以知识传授为主。尽管大部分人都认可这种教学模式，忽视游戏，但还是有少部分教育家认识到了游戏的重要性。柏拉图便提出游戏是儿童的天性，成人应该满足他们这种需要。在文艺复兴的鼎盛时期，捷克著名教育家夸美纽斯指出儿童天性好动，游戏能够激发他们自觉主动地做事。受到夸美纽斯思想的影响，福禄贝尔提出教育游戏化的主张，他强调游戏是儿童自发的活动，是教学活动的一个重要手段，并由此设计了一套完整的游戏体系和恩物，让儿童在轻松、愉快的游戏氛围中获得经验，提升他们的认知能力、社会能力、主动性和创造性。而皮亚杰的认知发展理论则是将游戏和儿童的认知水平发展紧密联系起来，他认为游戏能够鉴定儿童认知水平的高低。

随着经济的不断发展、外国教育名家思想的传入，当代中国许多教育名家开始认识到灌输式教学法带来的弊端。随即，学前教育领域掀起了教育改革的热潮，把"游戏是幼儿园的基本教育活动"作为学前教育课程改革的指导思想。在现代教育课程理念中，游戏已经成为教学的重要手段。

从"教学"到"游戏"的教学方式转变，让学前教育有了儿童乐意的方式。

（成都市第九幼儿园）

（成都市高新区爱智银杏幼儿园）

自主游戏——点亮快乐童年

（四）从"随意"到"科学"的教育内容的转变

在中国古代，低下的生产力水平导致教育以生活经验为主，过什么样的生活就施行什么样的教育。儿童在日常生活中学习各种生活技能、原始宗教礼仪、歌谣、神话传说等，具有随意性。随着胎教和家庭教育的出现，人们开始注重生活常规教育、道德教育以及知识教育，给儿童灌输孝悌、节俭、诚信、行善去恶的观念，培养儿童的礼仪规范，教会儿童识字、习字、属文、作诗、算术以及阅读《四书》《三字训》《神童诗》等经典著作，此时的教育以习得书本知识为主。随着蒙养院、幼稚园的出现，教学以游戏、歌谣、谈话、手作、宗教以及行为和卫生习惯的培养为主。

社会的发展推动着教育的变革，随着国外大量教育思想传入我国，我国学前教育的内容也发生了巨大的转变。受到杜威"以经验为基础"课程理论的影响，陈鹤琴提出了符合我国国情的"大自然、大社会都是活教材"的理论，他认为教学不应局限于书本，大自然和社会都有许多书本上没有的知识，儿童在探索自然的过程中，能获得更多的新的直接经验。同时，张雪门在几十年的教育实践中提出了"行为课程"理论体系，强调了"经验"的重要性，并以"行为"为中心设计了教学活动，将儿童的生活纳入教学。

（乐山市实验幼儿园）

生活体验就是最好的课程

（成都市双流区机关幼儿园）

在21世纪经济全球化的今天，幼儿园的教学早已不是单一的传授、灌输，而是走向了多元化，除了必备的书本知识和智力培养，更多的是德、智、体、美、劳的全面发展。这就要求教育要根据儿童的发展规律和年龄特点，设置不同的教学活动内容，同时以儿童的需求和兴趣为中心，引导他们在主动游戏和探索中获得新经验、新知识。

从"随意"到"科学"的教育内容的转变，让学前教育有了自己的内容体系、实践载体。

四 国内名园发展的实践样态

清朝末年，伴随着福禄贝尔幼儿思想、蒙台梭利幼儿思想、杜威实用主义教育思想及儿童心理学的传播，我国学前教育领域掀起了关注儿童本身的热潮。受其影响，国内教育先行者的实践园地如雨后春笋般涌现，由这些名园的实践样态可以窥见我国学前教育的发展轨迹以及未来的必然走向。

（一）追寻百年足迹：我国幼儿园的起源

厦门市日光幼儿园始建于1898年，是英国基督教长老公会创办的家庭式幼稚班，称为"怜儿班"，同年改为幼稚园，作为中国有史料记载最早的幼儿园，其"扎根本土，顺和自然"的思想不断形成与发展。湖北省实验幼儿园（1903年）是中国最早的公立幼儿园，"蒙学养正，普惠大众"是其办园的宗旨和文脉。北师大实验幼儿园（1904年）则在学前教育理论与实践的互生共长中"蒙养百年，倡导开新"。

宁波市第一幼儿园（1918年）是浙江省最早一所由中国人自己创办的幼儿园，"培植爱国新人、辅助家庭教育"是其宗旨，它成为现代中国学前教育先行者之一的张雪门创生"行为课程"的园地。宁波市第一幼儿园行为课程的基点是儿童生活，"这份课程，完全根据于生活，它从生活而来，从生活而展开，也从生活而结束"。幼儿园倡导行为课程应吻合当下社会发展的核心文化价值，充分利用宁波特有的文化，强调给现代儿童创设在生活中实践的机会。

陈鹤琴创办了被誉为中国现代科学幼儿教育发源地的南京市鼓楼幼儿园

（1923年），这是中国历史上第一所开展教育科学研究的幼儿园。该幼儿园办学期间形成的"活教育"理论和实践体系，实现了"让儿童活泼地成长"。鼓楼幼儿园崇尚自然与文化有机融合的"单元教学"课程，经历过集体化教学形式、小组化教学形式、个体化教学形式三个阶段，从教师预设为主，以"社会中心、生活教育、主动学习"为实践理念，以紧密的单元"链"搭建儿童适宜学习的支架；到预设为主、生成为辅、分层指导，以舒展的单元"网"促进儿童有意义的成长；再到生成为主、预设为辅，以"游戏与环境、探索与经验、发现学习"为实践理念，以弥漫的单元"云"还给儿童快乐的游戏童年，让一日生活"活"起来。鼓楼幼儿园的"活教育"呼唤"活"的儿童，"活"的儿童呼唤"活"的研究型教师。活教育的教师信念是坚定的，活教育的教师心灵是献给孩子的，活教育的教师言行是具有儿童视角的，活教育的教师是善于引领家长的。

抗日战争爆发后，数以百万计的难童亟待救济。1938年，旨在救助战难儿童的"战时儿童保育会"成立，理事长为宋美龄，体现了"济贫托孤、慈幼爱婴"的仁爱情怀。1938年10月成立的陕甘宁边区分会所辖第一保育院——延安儿童保育院，又称"马背上的摇篮"，以培养"抗战建国中的优良小公民"为己任。保育院下设保教、总务、卫生三个科，院内分为乳儿、婴儿、幼稚、小学四个部，对儿童进行全面的启蒙教育。1949年，宋庆龄创办了中国福利会幼儿园，根据"教养结合"的要求，托儿所和幼儿园重视儿童卫生、儿童营养和教育工作，确立了"愿小树苗健康成长"的办园目标及"实验性、示范性"的办园方针。同年，北平国民党社会局托儿所由中国人民解放军北京军事管制委员会接收，成为专门寄养革命干部和革命军人子女的实验托儿所，更名为北京北海幼儿园，从成立之日起就传承着红色基因的血脉。

"孩子是脚，教育是鞋"作为李跃儿芭学园的教育理念，旨在将儿童的内心真正引导出来，使孩子成为他自己。芭学园注重自然的院落与环境塑造，认为儿童生长的环境是儿童的精神子宫，担负着孕育儿童精神的任务，来自自然的本真材料、艺术化的教育环境像空气一样每时每刻滋养着孩子们的心灵。芭学园教师的素养提升要朝向所定教育的目标，这里的教师素养不只是专业技能，还有教师的感受力、理解力和判断力。

"安吉游戏"是浙江省安吉县内所有幼儿园正在进行的游戏课程，是以"点亮儿童快乐童年"为信念的一场游戏革命。其独特的户外游戏活动方式，因地制宜的自然野趣环境，易组合、易变化、有挑战的游戏材料，教师的隐形观察和后续支持等成为"安吉游戏"的核心精神，真正践行着"将游戏还给孩子"这一教育理念。

（二）透视发展样态：四川幼儿园发展缩影

在中国学前教育发展的进程中，四川学前教育有着浓墨重彩的一笔。我们从史学的视角深入研究四川优质名园的历史传承和发展脉络，可以看出，四川学前教育的发展过程是传统家庭幼儿教育走向公共幼儿教育的演变过程，也是外国的思想、制度等本土化的过程。

四川早期的幼儿园主办人多为教会传教士、爱国人士，也有政府官员。如宜宾市鲁家园幼儿园始建于清光绪三十一年（1905年），是四川省近代最早开办的学前教育机构。

（宜宾市鲁家园幼儿园翠屏区婴儿园）

（成都市第三幼儿园）

成都市第三幼儿园的前身是1914年由加拿大美道会、美美会及美浸礼会三个教会联合创办协和女子师范学校后，为提供实习场所设立的附属树基儿童学园。20世纪40年代，蒋良玉园长致力于探索幼儿园教育中国化和科学化的道路，幼教先驱卢乐山、俞锡玑先后在此治学。三幼秉持"追随儿童，接纳儿童，回归

生活，首席玩伴"的教育追求，聚焦
"以儿童为本"的新课程改革。

　　成都市第十一幼儿园的前身为加
拿大传教士饶珍芳女士于1919年秋创
办的成都市弟维幼稚园。幼儿园坚持
"以爱，以美，陪伴孩子慢慢长大"
的办园理念，以"在生活中生长"
为课程目标，培养"懂爱、会爱，尚
美、创美"的幼儿，培植"以爱相
伴，温和而坚定；以美育美，有趣又
智慧"的教师队伍。

　　乐山市实验幼儿园始于1928年由
加拿大基督教会创办的"乐山私立进
德幼稚园"，九十余年的风雨，铸就
了乐山实幼"尊重儿童、珍视儿童、
发现儿童"的办园宗旨及"给你爱的
阳光，同时给你光辉灿烂的自由"的
办园理念。

（成都市第十一幼儿园）

民国时期乐山私立进德幼稚园（乐山市实验幼
儿园前身）儿童毕业照

　　四川幼儿教育先驱者针对当时中
国的社会现实和儿童发展的实际，批
判性地吸收和改革国外幼儿教育思想
和实践，立志创办中国自己的幼儿教
育，大批本土幼儿园应运而生。

　　四川省直属机关玉泉幼儿园创始
于1947年，秉持"坚持就是特色，专
注就是发展"的理念，专注于幼儿健
康领域的发展，构建了现代、多元、

（四川省直属机关玉泉幼儿园）

自主的"爱运动、慧生活"的"马背摇篮"课程，并以此为基点，展开了多项课题研究，取得喜人成果。

四川省直属机关实验婴儿园创办于1951年，幼儿园践行"让每一个儿童尽情地享受快乐"的宗旨，重视幼儿学习品质，让幼儿在自然状态下自由、自主、尽情地"玩耍"，构建了"IOI"课程结构：I（indoor）即室内，引导儿童自订计划书；O（outdoor）即户外，放手让儿童专注发现与探索；I（indoor）即室内，利用照片、记录引导儿童回顾、整理与提升游戏经验。

成都市第十六幼儿园创办于1956年，幼儿园以"让孩子在游戏中玩出智慧、玩出自我、玩出自信、玩出创造，成为'会玩、勇敢、自信、快乐'的儿童"为

▲ 孩子们自信地参加运动会
　　（四川省直属机关实验婴儿园）

▶ （成都市第十六幼儿园）

目标，以"学习故事"为载体，构建"基于儿童心灵成长的园本游戏课程"，形成了"在玩中发展孩子"的鲜明办园特色，被誉为"生命绽放的童年院子"。

广安市邻水县机关幼儿园创建于1956年，是一所省级示范园，是省、地（市）托幼先进学校、广安市科研工作先进集体、广安市示范家长学校、邻水县幼教师资培训中心。幼儿园绿荫环绕，小渠潺潺，花香鸟语，犹如山间的小森林。幼儿园坚持"为了孩子一生的幸福"的理想，传承"仁爱、求实、好学、奉献"的优良传统，孜孜以求学前教育核心价值，求真务实做好根部的教育，营造自然、和美、快乐、幸福的幼儿园氛围。

（广安市邻水县机关幼儿园）

（成都市金牛区机关第二幼儿园）

成都市金牛区机关第二幼儿园创办于1957年，幼儿园以儿童积极情绪情感的培养为核心，回归学前教育的价值追求，形成了"融情教育，智慧幼学"的办园思想，以"培育美好情感，启迪智善心灵，铺筑阳光人生"为教育总目标，成为全国有名的"幼儿情感教育"特色幼儿园。

成都市金牛区机关第三幼儿园创办于1957年，秉承"平和地做智慧教育"的理念，在儿童本位和时代背景的驱使下，基于儿童核心经验以及园本实情，构建了"聪慧课程"，形成了项目式科学活动、戏剧、美术三大特色。14门从传统技艺和国际视野两个维度建构的"自主走班"课程打破了班级、教师界限，最大限

（成都市金牛区机关第三幼儿园）

（绵阳市花园实验幼儿园）

度给予儿童自主发展的空间和动力。2015年，幼儿园成立了全国首个"学前教育网校"，实现了优质资源在西部薄弱地区的全覆盖。

绵阳市花园实验幼儿园创办于1995年，该园始终秉持"让幼儿在生活中快乐长大"的办园理念，强化教育科研，构建"一体化"游戏课程，创设"儿童项目社团"，推进"学前教育＋互联网"工程，打造"智慧校园"，推动幼儿园高品质发展，分别于2009年、2019年两次被评为全国"教育系统先进集体"。

五 我国学前教育发展的必然走向

回望百年历史长河，追寻名园发展样态，我们在学前教育"薪火相传"的实践智慧中抽丝剥茧，可以明显感受到他们从办学理念、园本课程、教师队伍、教育科研、园所环境、家园合作、幼儿本位七个方面的积极探寻与发展态势，可以真切地感受到学前教育发展的品位提升与质量追求。因此，我国学前教育发展的必然走向一定是高品质发展，其发展的共性经验主要体现在以下七个方面：

（一）立足本土实践，坚持守正出新，确立办学理念

办园理念是幼儿园的总体指导思想，是幼儿园独有的文化资源和精神财富的总和，是幼儿园的精神之所在、文化之根基，是引领幼儿园发展的灵魂和"脊柱"。不少幼儿园在历史发展过程中不断积淀文化底蕴、丰富思想内涵、升华办学精髓、深化拓展办园理念，使其成为具有引领性、示范性的优质名园。如成都市第三幼儿园原名"树基儿童学园"，开园之初是一所典型的教会幼稚园，校

舍、环境和教学内容、教学方式等都带有中西方文化交融的特色。新中国成立后，树基儿童学园由成都市人民政府接管，幼儿园实践"从儿童生活中来、到儿童生活中去"的教育理念，大量开展社会实践活动，还原儿童真实生活，让儿童真切地体验生活。进入21世纪，三幼秉持"唯爱、崇美、尚勤"的园训，以"尊重人的自然发展、激励人的自信发展、成就人的自主发展"为办园理念，传承践行着"树人之基础，树民族之基础"的树基精神。

分析优质名园的历史文脉可以看出，它们均确立了在传承幼儿园优秀历史文化基因、立足本土实践基础上，不断深化幼儿园核心价值追求，延续幼儿园精神文化血脉的办园理念。

（二）源于儿童生活，基于文化线索，构建园本课程

有了课程才有教育的载体和可能。从所列名园发展样态中可以看到每一所幼儿园的课程构建，可以感受到其课程构建对于幼儿园发展的关键作用与实践意义。同时，我们也清楚地感受到名园在课程构建中始终以"生活化的课程"为核心，与民族文化、地域文化等元素相契合的典型特征，感受到名园在唤起儿童心灵深处的成长之力，在构建贴近自然、贴近生活、贴近儿童内心的"回归和还原儿童本真生活"的课程方面的实践、演进与发展。在名园发展轨迹中，我们还发现其课程是相对稳定与动态发展相结合的，是随着教师和儿童的变化而变化，随

（成都市第十四幼儿园）

玩转民俗，快乐童年

（凉山州德昌县示范幼儿园）

着时代的发展而不断完善和丰富的。

（三）追随教育信仰，践行工匠精神，建设教师团队

"匪我求童蒙，童蒙求我。"教师是儿童成长发展的引路人，要在倾听儿童内心声音的过程中，助推儿童主动激发对事物的认知与感知、生命深处的期待与渴望。凡成为名园者，均特别重视教师及其团队建设。如芭学园教师的素养提升在朝向所定教育目标的基础上，不只是关注专业技能，还关注教师的感受力、理解力和判断力。

做孩子们喜爱的教师（广安市第一幼儿园）

高品质幼儿园教师团队建设，首先，需要激活幼儿园教师团队的生命价值，尊重他们、接纳他们、信任他们，挖掘其优势，让他们专注内心，让教育信仰扎根，促使他们朝着积极的、建设性的、自我实现的、成熟成长的方向发展，用心灵完成工作。其次，为教师建立相互认同的文化环境，在实践中切磋琢磨，将多方输入变成输出，促进教师自我成长；倾听记录儿童语言，让教师与孩子们的互动具有广度和深度。最后，支持教师以学习探究的姿态去汲取现代学前教育的精髓，成为"德行宽厚、学养深厚"且拥有未来意识的幼儿园教师，为未来社会培养新儿童。

专家引领，让教师走向科研自觉（凉山州州级机关第二幼儿园）

（四）突显问题导向，保持求真务实，推进教育科研

实践证明，教育科研是幼儿园的立园之本、兴园之策、发展之源，"科教兴园"已逐渐成为学前教育事业发展的必然趋势。唯有立足于教育科研工作，才能把握学前教育形势的脉搏，激活幼儿园内在的强大生命力，实现幼儿园内涵式发展。

在幼儿园持续发展的过程中，许多幼儿园依托课题研究、团队培养等多种途径开展教育科研工作，引领常规，提升质效，并发展成为名副其实的名园。如成都市第四幼儿园承担了全国教育科学重点课题"中国幼儿家庭教育研究"子课题"成都地区幼儿家庭教育指导研究"、中国学前教育研究会家庭教育研究规划课题"指导家长从生活小事入手培养幼儿独立性的研究"、四川省普教科研资助金项目"幼儿教育社区化研究"等各级课题研究，在课题研究中不断提升、不断发展、不断优化。

（五）回归自然本真，还原事物本质，打造园所环境

学前教育的品质发展之路离不开品质环境作为依托，"有准备的环境"能引发儿童运用本真、自然的方式表达自己，帮助他们建构起属于自己的、独特的认知。幼儿园是"活"的，大自然、大社会都是活教材，儿童是自然之子，自然也是儿童成长的起点。正因为儿童的心理发展是儿童与环境交互作用的结果，儿童需要感官的亲身体验，与阳光、空气、土壤、大树等真实自然的元素实现更紧密

的连接。在大自然的怀抱中，儿童能积极感受着"天地之气"的变化，主动唤起自身自主成长之力，以天真质朴的本来之心与世界的本来面目浑然相融，如芭学园的自然院落与环境，安吉自然野趣的户外游戏环境，以及各个名园充满课程特色、办园特色的生态环境等。

（成都市高新区爱智幼儿园）

（攀枝花市实验幼儿园）

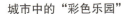

城市中的"彩色乐园"

（六）整合家长资源，联动校园社区，实现资源共享

学前教育是一个系统工程，它需要与家庭、社区密切合作，综合利用各种教育资源，形成幼儿园教育、家庭教育、社区教育三位一体的互动运作机制，来培养幼儿良好的行为习惯，促进幼儿身心全面和谐发展。

中外优质名园都十分重视向家庭乃至社会传递正确的教育观和教育方法，体现了教育社会化、社会教育化的发展趋势。如南京市鼓楼幼儿园多渠道进行家园

与家长、社区联合开展绘本节活动（宜宾市市级机关幼儿园）

共育：组建家长义工队伍走进课堂、定期举办科学育儿教育讲座、巧手妈妈分享小组活动、组织父母开展育儿沙龙等；与鼓楼区湖南路街道合作成立南京首家幼儿园与社区联动的社区早教指导中心，实现幼儿园、家庭与社区的一体化。高品质幼儿园的建设必定要让家长、社区成为幼儿园最好的盟友，彼此尊重、彼此理解，并能统筹整理各方资源为之所用，实现多方联动、资源共享，进而携手共建生态的家园、社区共育环境。

（七）坚守儿童本位，追溯教育本源，尊重儿童需要

有道是"道法自然""无为而无不为"，纵观古今中外，不少名园都秉承"尊重儿童本能"的儿童教育观，如"儿童之家"强调以儿童为本，发现儿童，让儿童充分发挥各自的潜能和自我成长能力；鼓楼幼儿园继承和发扬陈鹤琴的"活教育"理论，其核心主张为"幼童本位"，即"一切为儿童"，表现出崇尚进步的开放性，体现了"基于儿童，育人为本"的价值取向。回归幼儿教育本源，儿童发展是一个由内向外的自然发展过程，同时又是一个由外向内、使外部文化变为内在精神的过程。因此，高品质幼儿园的教育应坚守"儿童本位"的教育理念，聚焦儿童发展的真实面貌，符合儿童的"大纲"，尊重儿童的精神世界，发现儿童的内需，重视幼儿思想的力量，顺性而动、顺势而为。

综上，在对中外高品质名园创办、传承与发展的脉络梳理中，我们不难发现，每所名园在办学理念、园本课程、教师队伍、教育科研、园所环境、家园合

作、幼儿本位等方面都有自己独特的信念、独到的见解、独有的精神，而这些探寻共识、实践成效与发展态势，均指向遵循学前教育规律、提升保教质量。换个角度思考，名园的发展样态也给我们昭示了一个思维逻辑，那就是在坚守学前教育规律的前提下，着力提升保教质量，这是名园成长之基本遵循。学前教育的高品质发展已经是历史发展在新时代呼之欲出之必然，已经是园所发展共识水到渠成之必然。

阳光运动，伴随儿童健康成长
（成都市第三十幼儿园）

主动担当，走向高品质
（成都市第十六幼儿园）

第三节　学前教育的突困之路：高品质建设

 学前教育发展中的困境形态

虽然我国学前教育获得了前所未有的快速发展，各地园所都在研究、实践提升办园水平与保教质量的策略路径，但由于历史欠账较多，学前教育在快速发展的同时也"阵痛"不断，在优质发展的路上仍然面临诸多困境。违背幼儿成长规律的"小学化"教育现象屡禁不止的本质是幼儿园文化不足、课程乱相、教师专业不精、教育教学研究不足、家园共育不足等，这些问题不仅暴露了学前教育发展中依然存在的深层次矛盾和问题，也对学前教育下一步发展提出了严峻的挑战和考验，成为学前教育发展中的困境。其具体形态包括文化旁落、课程淡化、教师不精、科研空场、园所泛化、家长缺位、幼儿失真七个方面。

（一）没有"灵魂"的"空壳"——文化旁落

高悬文化口号，没有实践根基。如个别幼儿园人云亦云地高喊着"游戏""一切为了孩子"等口号，但并未将其与自身园本实践相结合，并未有具体化、园本化的实践根基和框架。幼儿园文化建设一旦变成了"口号"，就会致使幼儿园的发展失去文化这一重要因素的指引，使得幼儿园的发展方向模糊不清。

照搬文化框架，没有园本意识。个别幼儿园由于在文化建设中欠缺能力，便出现照搬、模仿其他幼儿园文化建设路径的现象，导致幼儿园文化"四不像"。如某幼儿园虽处大城市，但其生源主要是外来务工人员子女，结果放弃了自己在幼儿的生活习惯、卫生习惯方面已有的成熟经验和文化色彩，把文化建设定位为"国际化"。这样的定位完全没有考虑甚至放弃了本园的实际情况和已有经验资源，照搬区域成功幼儿园的文化框架，将文化建设置于不符合园情的点位之上，缺乏园本意识。

盲从文化热点，没有思辨意识。有的幼儿园按照"什么是热点的幼儿园文化，就建设什么样的文化"这一模式进行文化建设，没有对热点文化进行甄别，没有思考这一文化是否正确、恰当，就盲目地进行本园的文化发展、建设。如在前几年国学潮之中，很多幼儿园紧跟潮流，将幼儿园的文化建设定位在"国学"之上，无论是物质文化层面还是精神文化层面都往"国学"攀扯，要求幼儿"读经""背经"。这些幼儿园从未思考过"国学"的超前强化是否适合幼儿的发展需要、"国学"中的个别糟粕是否符合当代学前教育的目的，幼儿盲目死记硬背"国学"内容是否制约了幼儿的天性，只是盲目地跟进文化热点，没有适度意识、思辨意识。

拼凑文化要素，没有顶层思考。幼儿园的文化是由物质文化、制度文化、精神文化等部分组成，而精神文化是其核心，起着引领幼儿园文化建设方向的作用。在当下的很多幼儿园文化中存在各文化要素不关联的现象，也就是幼儿园的文化是拼凑在一起的，并非来自于整体思考所得到的结果。这种情况下的幼儿园往往是物质文化、制度文化、精神文化各自孤立，并未整体地推进幼儿园文化建设的发展。

总而言之，在当下的幼儿园文化建设之中存在着较多的文化建设口号化、市场化、盲目化、拼凑化现象，需要幼儿园进一步把握幼儿园文化建设的要点和策略，建立正确的文化发展路径，使文化建设成为幼儿园发展的助力，从而迈向高品质幼儿园的行列。

（二）没有"系统"的"散教"——课程淡化

课程是教育思想、教育理念转化为教育实践的中介或桥梁。目前，课程淡化成为部分幼儿园课程建设中的现实状况，没有"系统"的"散教"成为课程建设中较大的问题。具体表现为以下四个方面：

育人目标模糊，课程方向散。现实中，许多幼儿园的课程育人目标是模糊的，对幼儿园要培养什么样的人并没有清晰的定位，甚至出现课程跟风潮流，也就导致了课程方向散乱。有的幼儿园一会儿追逐"海森高"课程，一会儿推崇"经典诵读"课程，变化快，无定力，让教师们感到无所适从，没有方向感，只能如拼盘式地将各种教学内容混杂在一起。造成这种现状的原因是园所课程领导者没有定位本园课程的核心育人功能，对本园课程没有明晰的目标。

教学内容无序，课程重心散。教学内容是实现课程目标的具体载体，是教学过程中同师生发生交互作用、服务于教学目的达成的动态生成的素材及信息。教育内容的组织一定要遵照课程目标设计的逻辑。但由于个别教师教育观念不足、对育人目标理解不足、专业能力不足等因素，加之幼儿园自身课程构建的随意，导致现实中有的幼儿园的课程安排存在比较突出的教学内容无序问题，主要表现为散乱不系、局部不全面、高深不适宜等。

游戏生成不力，课程实施散。游戏是幼儿学习开始的活动形式，也是幼儿学习最常态最自然的存在方式。幼儿园课程实施其实质就是不断将游戏课程化的过程，是把静态的游戏方案转化为动态的游戏实践的过程，是将孩子们快乐玩、教师有效教融合的过程。可以说，幼儿园游戏的质量决定着幼儿园课程的质量。

但在目前有的幼儿园游戏中，教师游戏生成不力导致课程实施散的现状非常突出。如某幼儿园中班，九月开学初时，孩子们利用班级的管状塑料积插玩具，开始做结构简单的冲锋枪，然后玩射击游戏；次年二月学期末时，一学期过去了，孩子们积插做冲锋枪的水平没有任何提升，只是满足于每天重复地简单玩耍。虽然儿童也是快乐的，但从课程的角度分析，教师对游戏价值的认识不到位，只是注重了游戏的玩耍功能，未将游戏作为幼儿园的课程活动，对游戏的学习和发展功能较为轻视，也就导致幼儿在三个多月的游戏中只是处于自流状态，教师没有基于幼儿发展增量上的生成和拓展，使课程实施散而无力，没有质量可言。

评价体系缺失，课程导向散。目前，全国基本没有一个统一完整的学前教育课程评价体系，各地方教育行政管理部门乃至幼儿园也基本没有制定相应的课程评价标准。主要原因是幼儿园课程是以园本课程为主要形式，而绝大多数幼儿园不具备建构高质量园本课程的能力，自然没有系统的课程评价标准。教育部2012年10月颁布的《3~6岁儿童学习与发展指南》是当前幼儿园确定教育教学目标和课程实施最重要的依据，但《指南》也只是一个方向，只是对儿童学习与发展的合理期待。《幼儿园教育指导纲要（试行）》是幼儿园实施课程的纲领性文件，在课程价值方面，也只是概述了幼儿园教育评价的目的及一些评价的基本原则和注意事项，没有具体的评价标准。正是因为评价标准的缺失，幼儿园课程比较混乱，五花八门、良莠不齐，甚至在利益的驱使下一些幼儿园将劣质课程引入园所，造成幼儿园课程的低质甚至产生负效应。

（三）没有"专业"的"随养"——教师不精

幼儿教师的专业水平决定着学前教育的质量，一所幼儿园可能房子很漂亮、设施设备很先进，但如果没有好的教师队伍，其教育质量也不会高，幼儿的学习和发展也不会好。当前，幼儿教师的专业水平主要存在四个方面的问题。

教学就是我讲你听，教育观念不精进。部分幼儿园教师教育观念不精进，在教学活动中忽视幼儿的学习特点，忽视儿童视角，我讲你听的老套教学方式依然大量存在。还有部分幼儿教师知道教学活动应该从幼儿的需要出发，也明白幼儿才是学习的主体，但是在实际操作中却仍停留于我说你听，不愿意让幼儿尝试，导致活动中幼儿探索机会少、参与度低。这说明许多教师的实际教学能力还停留在旧有的思想意识层面，未能很好地把这些理念转化为实际行动。

游戏就是你玩我看，教育方法不精到。《幼儿园工作规程》明确指出幼儿教育要"以游戏为基本活动"。游戏是存在于幼儿教育中的带有基础性和根本性的主要活动，幼儿园教师的主要教育活动是游戏，教师实施教学的主要方式是游戏。高品质幼儿园的教师应精心研究"发生游戏、在游戏中发生、用游戏发生"系列教育方法，将儿童从简单游戏引向丰富游戏，让小游戏玩成大游戏、个体游戏引发团队游戏，实现游戏的发展价值。在实践中，教师基本上都能做到对儿童游戏权利的尊重，能为儿童提供游戏机会与时间，但其中部分教师仍然让游戏变成了孩子玩老师看的自流式活动，教师游戏教学方法的运用还不精到，游戏活动中看不见教师基于儿童在使用工具、挖掘、塑造、计划等方面可学习和建构经验而实施的指导，更没有让儿童在游戏中形成粗浅认知的教育策略，教师的价值仅仅停留于给孩子提供了机会。

保育就是我管你从，教育手段不精通。《幼儿园工作规程》第一章《总则》的第二条明确规定：幼儿园是对3周岁以上学龄前幼儿实施保育和教育的机构。教中有保、保中有教、保教结合是幼儿园教育的重要特点。但在实践中，强化保、淡化教，仅把保育看成是对幼儿的生活护理，使幼儿被动接受老师、保育员安排的现象十分突出，导致教师教育手段不精通。在幼儿园一日活动中，我们会经常看到这样的场景：早餐前，教师、保育员十分忙碌，因为他们要赶在孩子来之前把所有的鸡蛋剥好，方便孩子拿到就吃，如果遇到吃鹌鹑蛋，老师和保育员就更加忙碌；冬季午休后起床，帮孩子穿衣、叠被、系鞋带，帮几十个孩子整理完毕，老师、保育员也累得不行了。产生这种情况的根源是教师对生活教育的价值认识不足，对生活教育这一幼儿教育重要的教育手段的重视和运用不到位。其实让孩子自己学习剥鸡蛋、穿衣、叠被，一方面能让孩子获得作为生活主人的自信，建立胜任感；另一方面也能让幼儿在自然而然的解决生活问题过程中学习面对困难的态度及克服困难的勇气。克服"重保轻教"观念，坚持"寓教于保、以保促教"，仍然是部分幼儿园教师需要不断解决的问题。

评价就是你喊我做，教育功能不精准。教育评价是教育活动中重要而又关键的一环，是教师专业能力的重要组成部分。教育评价应该成为教师的自觉行动，因为这直接关乎教师教育教学活动目标、功能的准确定位。但目前幼儿教师普遍存在教育评价自觉性缺乏，评价仅停留于完成领导交办的任务层面，只是将它作为接受检查的内容，导致教育评价不能为自身的教育计划和教学改进服务，教育功能的精准度也受到影响。

（四）没有"理性"的"苦功"——科研空场

幼儿园的科研是以学前教育理论为武器、以教育现象为对象、以科学方法为手段，并遵循一定的研究程序，有目的、有计划地获取新的教育科学规律性知识的创造性实践活动。它是一种较高层次的活动。对于一所高品质幼儿园而言，科研兴园一定是其重要的发展路径，研究性工作也一定是老师的常态。但从现实情况来看，科研工作在很多幼儿园的开展其实是存在很多问题和困难的。

缺乏真实参与，管理辛苦却低效。不管是课题申报、结题汇报、成果展示，还是教育科研的相关培训，在众多的科研活动中都能看到广大参与者的身影，他们经常表现出极高的积极性和求知欲，营造了一片繁荣热闹的研究景象。但如果细心了解就会发现，其实所谓的"参与者"更多只是看热闹的围观者，真实深入研究者寥寥。他们或止步于学习，没有将科研落实到行动中；或挂着参与名号，却未曾开展过具体研究；或以"只许成功不许失败"为宗旨，做假数据与材料，形成虚假成果；或浮于表面，以应付为主，缺少思辨过程和深度探索。

不见有效问题，研究艰苦却肤浅。"研究问题的'发现'和'提出'是研究行动的前提。"可见，"问题"是研究第一步，也是关键一步。只有研究有效的问题才能实实在在帮助教师、园所解决实际的困难。幼儿园的科研工作往往也就是帮助教师解决幼儿园工作中的实际困难、问题。但通过对部分幼儿园所承担的科研课题了解发现，目前"研究问题"指向主要存在三个方面的问题：一是问题空而泛，幼儿园的科研题目所提出的概念太大，研究的问题不聚焦，对于问题内在的深度和广度分析思考不全面；二是问题不实际，幼儿园的课题研究往往追求"高大上"、学界的研究热点，并未根据本园的实际问题进行科学研究；三是问题脱离儿童，幼儿园的课题研究并未从幼儿的角度出发，课题研究的方向既可置于幼儿园之中，亦可置于中小学之中，无法体现幼儿园的特质。当幼儿园所研究的问题是"假问题"时，幼儿园的科研工作就没有解决到幼儿园最核心、最迫切需要解决的实际而根本的问题，从而使科研工作成为虚有其表的工作。

难以转化应用，投入勤苦却浪费。近几年来，科研工作在幼儿园掀起了热潮，开展课题研究成了每所幼儿园的标配，但是普遍存在的问题是90%以上的课题在研究结束后就以图文资料册、成果集等形式将科研成果闲置、封存起来，辛苦得到的研究成果无用武之地，甚至还出现了幼儿园积极向外推广自己的成果，但是在园内推广和应用反而越来越淡化的现象。

忽视教师需要，培训刻苦却错位。不管是幼儿园还是区域层面，很多都给予了教师充分的培训经费、培训机会和培训条件。但我们发现很少有专门针对幼儿园科研方面的培训，大多是将幼儿园科研工作与中小学的科研工作混为一谈。但实际上中小学的科研工作与幼儿园科研工作有着较大的差异，混为一谈的培训难以适用于幼儿园科研工作的开展。很多的培训层次不符合教师的现实水平，培训形式不符合教师需要，培训的内容与教师真实存在且需要解决的问题有偏差。教师们参与了大大小小、各个层面的培训，但是到头来却发现，对于自己的实际工作好像并没有多大的帮助，培训效果不显著。

（五）没有"童趣"的"环境"——园所泛化

幼儿园环境是指幼儿园教育过程中对幼儿身心发展产生影响的一切物质与精神条件的总和。高品质幼儿园的环境在兼顾幼儿审美经验的同时，对于幼儿来说还应具有探究性、想象空间、个性之趣、可操作等方面的特点。在物质与经济条件日益改善的今天，各级各类幼儿园均在努力改善园所环境，但有的幼儿园由于对园所环境的理解以及育人功效的把握等出现偏差，出现园所泛化、华而不实的现象。

环境流于欣赏，没有探索之趣。幼儿是在与环境的相互作用之中发现问题、探究问题，获得经验和发展的。幼儿在环境中探究未知事物的过程，就是自主学习的过程，这一过程不仅能够满足幼儿的好奇心，更能培养幼儿自主探究的良好学习品质。这就说明幼儿园的环境不仅担负着陶冶幼儿审美情操的作用，还需要给予幼儿探究未知事物的机会。但很多幼儿园在进行环境创设时往往更容易忽略环境的可探究性，只是着力于环境的美观性。当幼儿园的环境创设只沦为观赏性的摆设时，幼儿面对环境只能观赏，但无法触碰。这样的环境创设不仅占用了幼儿活动，更使幼儿失去了在与环境的相互作用中发现问题、解决问题、获得发展的机会。

环境过度精致，没有自然之趣。福禄贝尔把幼儿教育机构命名为幼儿园，就是意味着幼儿如同大自然中的万物一样，能在花园中自由、茁壮地生长。自然主义教育提倡"教育必须以自然为师"，让儿童融入自然环境之中，在环境之中获得发展以及精神上的愉悦。但是在实际的幼儿园环境之中，随处可见的是完美、精致的人造物品，如人工草坪、精致的墙面、五颜六色的塑料玩具等，自然元素少之又少。即使幼儿园环境之中有花草树木等自然要素，很多教师也没有将其与幼儿的学习与发展紧密联系起来，这样的幼儿园环境是将幼儿与自然隔绝，实则为"假自然"。

环境追逐标准，没有个性之趣。幼儿园的环境是需要根据本园、本班已有的资源、幼儿的特点进行创设的。只有依据幼儿园自身不同的资源所创设的环境才具有独特、新颖的特点。但在实际的幼儿园观摩活动中，我们往往发现不少幼儿园的环境具有雷同的特点，这与幼儿园对于环境创设的标准要求有着很大的关系。很多幼儿园通常要求在班级环境中有5~6个区域、墙面设计必须在1米以上等。当每个幼儿园都有同样的要求后，教师与教师之间就会形成相互模仿、借鉴的现象，导致许多教师盲目地按照已有的标准或模式进行环境创设，而对本班幼儿的兴趣点、已有资源却视而不见、听而不闻，忽视环境创设所需的特色之美。这样的环境毫无新意，缺乏创造性，这样的环境不仅不能吸引幼儿与环境的互动，而且不能体现园所自身的特点与文化。

环境一味充实，没有想象之趣。在中国的书画等艺术作品创作中常常具有较多的留白，留给读者较大的空间去想象、理解作品。在幼儿园的环境创设之中亦需要留白，以帮助幼儿发展想象力、激发创造力。在实际的幼儿园环境创设之中，教师通常是按照自己的审美、目标去打造环境，造成环境创设缺少留白，给儿童带来一种拥堵感，使幼儿在与环境的互动之中失去想象的空间，扼杀幼儿的想象力、创造力。当幼儿园环境过于充实、满当时，可能造成幼儿在环境之中难以集中于某一事物进行探究、创造，注意力会被大量的事物所分散。同时，过多的拟真材料会使幼儿失去自主想象的空间，禁锢幼儿想象力的发展。

（六）没有"支持"的"孤军"——家长缺位

家园共育是幼儿教育工作中不可缺少的一部分。《幼儿园教育指导纲要（试行）》指出："幼儿园应与家庭、社会密切合作，与小学衔接，综合利用各种教育资源，共同为幼儿的发展创造良好的条件……家庭是幼儿园重要的合作伙伴，应本着尊重、平等、合作的原则，争取家长的理解、支持和主动参与，并积极支持、帮助家长提高教育能力。"高品质幼儿园的家园共育应打破教师在教学活动上的封闭性，将幼儿放在首位，通过"家"和"园"的沟通交流、支持合作、资源共享，促进幼儿、家长、教师三大群体的共同成长，提高幼儿园教育教学质量。虽然家园共育已成为目前学前教育的大趋势，但是其现状却并不乐观，很多幼儿园教师也纷纷表示家园工作越来越困难，不好沟通的家长越来越多，教育理念不能一致地落到儿童身上，呈现出孤军奋战的现状，影响了儿童的发展。我们从家园沟通、家园合作、家园共育、家园融合四个维度出发进行了分析，寻找出以下主要存在的问题。

家园沟通浮于表面，家长口头参与。高品质幼儿园的家园沟通应以良好的沟通艺术搭建家园合作的桥梁，需要双方通过双向互动共同促进幼儿身心的发展。但是目前，很多家园沟通较多地停留在表层，缺乏深层次的交流。一方面，家园沟通时间短，家长因忙于工作而口头应付，与教师沟通时表现出"速战速决"的节奏。教师也没有真正将家园沟通工作落到实处，缺乏反馈和互动。另一方面，家园双方对沟通缺乏计划性，当班级工作需要家长的支持和配合时，老师多以单向沟通的方式直接通知家长需要完成什么样的工作，而家长的反馈更多是口头的应答，对于开展的活动没有思想与情感的传递和反馈，沟通仅仅存在于老师的通知层面，程序化地服从幼儿园教师的安排，导致沟通效果不明显，家园沟通难以聚焦到幼儿教育上。

家园合作流于形式，家长被动配合。高品质幼儿园的家园合作一定是家庭和幼儿园互相配合，通过多种合作形式，共同参与到幼儿教育工作中，共同促进幼儿身心全面和谐发展。随着现代信息传播途径日渐丰富，幼儿园和家庭的联系日益紧密，家长可以通过多种途径参与幼儿园组织的各项活动，如微信、QQ、家长座谈会、家长开放日、视频教学以及家园联系栏等，了解幼儿在园的学习、游戏与日常生活情况。教师通常将众多沟通平台当作让家长了解幼儿在园情况和完成幼儿园工作任务的一种途径，而家长也没有意识到自己在家园活动中的责任和义务，更多的是被动参与、被动配合。部分家长参与家长开放日的目的也只停留在参与就行，给孩子拍拍照留点纪念而已，致使家园合作流于形式。当幼儿园的家园合作流于形式，家长被动配合，就可能出现家庭、幼儿园呈两条平行线式的各自奋战现象。长此以往，会导致幼儿面对双重标准出现无所适从的现象。

家园共育未成常态，家长支持零散。家园共育是幼儿园工作的一个重要组成部分，高品质幼儿园的家园共育更应该通过不同形式的家园活动，让家长能够最大限度地主动参与到幼儿园的教育工作中。目前很多教师及家长都有家园共育的意识，但是，有些幼儿园还未建立和健全及时有效的家园合作沟通机制和工作制度，教师没有详细周全的工作计划，缺乏统一的管理和指导；家园共育未形成常态，两者常常脱节，家园共育信息交流不及时，家园活动很少与家庭教育联系起来，家长对幼儿园的家园工作认可度不高。在没有系统的、完整的家园共育计划安排下，往往是教师主动发起临时性活动，随意性强，加之幼儿园教师日常工作繁杂，很难坚持工作计划外的事情，家长更不会引起重视，家园共育未形成长效机制，也没有发挥真正的作用。

家园融合不够紧密，家长聚力不足。随着家长群体对幼儿教育认识的提高和幼儿园工作的积极开展，家园融合的理念越来越深入人心，家园融合的实践也越来越多地出现在幼儿园的常规工作中。融合是家园工作一直追寻的目标，幼儿园与家庭紧密结合起来才能发挥教育的最大功效。然而，仍有不少家长和幼儿园对家园融合理解不深、操作不实，从而形成以下问题：家园沟通流于形式，不能改变育儿观念；家园学习浮于表面，不能改变日常行动；家园互动缺乏教育意义，不能促进幼儿发展"。这些问题严重影响家园共育的质量和效果，导致家园融合不够紧密，家长凝聚力不足，无法实现家庭教育专业化和幼儿园教育生活化。

（七）没有"灵动"的"生命"——幼儿失真

灵动是生命的本源，是思想的基因，是创新的真谛，是教育的神采。幼儿具有灵动的生命能学得主动、生动、活泼，有真情、真趣、真意，让幼儿的生命充满生机与活力。苏联教育家苏霍姆林斯基在《给教师的建议》中提到："儿童的精神生活、世界观、智力发展、知识的巩固性、对自己力量的信心，都取决于他的生命的活力和精力充沛的程度。"生命的灵动是幼儿教育的永恒追求。

游戏是幼儿的生活，甚至可以说游戏是幼儿生命存在的基本方式。在幼儿园教育活动中，我们往往看到很多幼儿处于道具式、程序式、"跟屁"式、自流式、同化式的"假"游戏状态，导致幼儿不善于表现自己，缺乏自信心，对未知缺乏求知欲，想象力和创造力在日常程序化的活动中被扼杀，幼儿没有了"灵动"的生命，失去了自我与真实。

自信心被禁锢，幼儿尝试易放弃。自信心是幼儿社会性发展的一个重要方面，对幼儿的身心健康、和谐发展有很大作用。每个幼儿都有表现自己能力的欲望，他们对自然万物有着独特的认知，但在日常生活中，我们经常不经意间禁锢了幼儿的自信心。主要问题在于：一是包办代替，将幼儿视为柔弱的个体，对幼儿过度保护，当"我来帮你"成为老师、家长的口头禅时，幼儿就失去了锻炼的机会。二是否定评价，老师、家长往往不能站在幼儿的视角来认识幼儿，对幼儿能力期望过高，让幼儿过多地接受外界的否定评价，导致幼儿缺乏自信心，对自己的能力产生怀疑，不敢大胆尝试，在活动过程中轻易放弃，造成幼儿的自信心被禁锢。

求知欲被消解，幼儿探究没兴趣。蒙台梭利曾说过："幼儿有强烈探索环境和周围一切的本能，这种生命的冲动促使幼儿从生活中学习并发展自我。"幼儿的生命就是在探索体验中不断自我建构、自我认识和自我丰富的。求知欲是幼儿创造力的表现，是幼儿获得智慧的关键，许多天才的发明往往都来源于求知。保护幼儿的求知欲，就是保护幼儿未来的幸福。但是，有的教师或家长为了培养一个听话的孩子，不惜扼杀他们的好奇心，束缚他们的手脚，结果是幼儿的求知欲被压制、消解，对事物缺乏探究的兴趣。这主要表现在两个方面，一是用活动"规则"束缚幼儿。幼儿的求知欲被教师所谓的"规则"打断，并且被冠以"破坏王""不听话"的称号，而所谓的"乖孩子"只能在活动中一味机械地操作材料，在过程中缺乏探究和思考。二是用教学"模式"制约幼儿。在实际教学活动中，教师常将"教"当成固定的行为模式，忽略了幼儿"做中学"的特点，常因不耐烦或是教学时间匆忙，将知识直接灌输给幼儿。这种"填鸭式"的知识灌输方式，阻止了幼儿探索的行为，让幼儿失去了反复试错的机会，导致幼儿在活动中养成依靠成人获得答案的习惯，不主动思考，面对挑战和学习新事物时没兴趣。

主动性被忽视，幼儿学习走程序。主动性是学习品质的五大维度之一。四川师范大学教授鄢超云认为："主动性是个体面对任务时表现出的积极程度，与主动相反的是被动，即要在他人推动下才能做事。"幼儿的学习主动性包含了幼儿作为一个独立的学习者应有学习态度和学习方法，对幼儿学习品质的发展有着不可低估的作用。当幼儿在幼年具备了一定的自觉主动性，其在以后的成长中就会少一些学习和生活的被动性。但是，现今许多幼儿园对幼儿主动性养成认识不足，在游戏过程中忽视幼儿的主动性，使幼儿完全按照教师制定的游戏主题内容及情节发展完成游戏，不允许改变原来的设定，这限制了幼儿自主性和创造性的发展。有的教师看似是引导幼儿坚持自己的游戏计划，让所有的小朋友都在自己的区域中游戏，有条不紊地进行着老师限定的、精确设置好先后步骤的游戏内容，实际上幼儿只是一个完成教师眼中"游戏任务"的命令遵从者，失去了自由游戏的乐趣（幼儿作为游戏中的主体地位）。有的幼儿机械地按照老师设定好的情节进行游戏，即使在游戏过程中发现了问题或是生成新的角色，但为了完成老师设定好的程序，他们也放弃了自己的想法，遵循既定的模式进行接下来的游戏。这样的游戏设定将幼儿圈在无形的框架之中，让幼儿失去了游戏的自由，导致幼儿的自主游戏变成了按部就班、程序式的"假"游戏。在这种"程序化"的培养中，幼儿被自动"程序化"，未来将导致幼儿对多变的生活无所适从。

想象力被压抑，幼儿创造无个性。想象力是指人在已有形象的基础上，在头脑中创造出新形象的能力。我国早教专家孙瑞雪认为，儿童的想象力是通过对普遍事物的观察，提出每一个事物的特质，并且把它们组合在一起的能力。幼儿的想象力是否丰富直接影响着幼儿的思维能力，同时对幼儿语言表达能力的发展也会产生积极的影响。3~6岁是幼儿想象力迅速形成和发展的重要时期，但许多幼儿教师缺乏对幼儿想象力的正确引导，在游戏过程中常用同一种游戏组织方式影响幼儿，总是以自己的视角代替儿童的视角，指定内容、分配人员、引导游戏，忽略幼儿的年龄阶段特点。在此过程中幼儿想象力被压抑，个性无法被释放，幼儿难以有迸发想象力的机会，"同化"已成自然。

二 学前教育发展中的困境溯源

出现文化旁落、课程淡化、教师不精、科研空场、园所泛化、家长缺位、幼儿失真的学前教育发展困境的原因，其根本在于对学前教育规律的"不明"与"不守"，在于幼儿园保教质量的"不全"与"不真"，在于执行政策的"不力"与"不实"。

（一）规律的"不明"与"不守"

规律是事物之间内在的本质联系。这种联系不断重复出现，在一定条件下经常起作用，并且决定着事物必然向着某种趋向发展。规律是客观存在的，是不以人们的意志为转移的，但人们能够通过实践认识它、利用它。

教育规律也是不以人的意志为转移的客观事物（教育内部诸因素之间、教育与其他事物之间）内在的必然的本质联系，以及事物（教育）发展变化的必然趋势。教育必须遵循规律，针对学前儿童的教育更应如此，因为他们更稚嫩、更无瑕，也更易受伤害。

学前教育应遵循哪些规律？首先应遵循教育学、心理学之共性规律，其次还要特别遵循基于学前儿童之身心特点与育人目标相适应的教育规律。也许我们较难一一陈述，但可以从《3~6岁儿童学习与发展指南》《幼儿园教育指导纲要（试行）》和《幼儿园工作规程》中找到许多应遵循的建议或要求，其实也就是我们应该遵循的学前教育规律。

《指南》在说明部分明确指出实施《指南》应把握四个方面。一是关注幼儿学习与发展的整体性。儿童的发展是一个整体，要注重领域之间、目标之间的相互渗透和整合，促进幼儿身心全面协调发展，而不应片面追求某一方面或几方面的发展。二是尊重幼儿发展的个体差异。幼儿的发展是一个持续、渐进的过程，同时也表现出一定的阶段性特征。每个幼儿在沿着相似进程发展的过程中，各自的发展速度和到达某一水平的时间不完全相同。要充分理解和尊重幼儿发展进程中的个别差异，支持和引导他们从原有水平向更高水平发展，按照自身的速度和方式到达《指南》所呈现的发展"阶梯"，切忌用一把"尺子"衡量所有幼儿。三是理解幼儿的学习方式和特点。幼儿的学习是以直接经验为基础，在游戏和日常生活中进行的。要珍视游戏和生活的独特价值，创设丰富的教育环境，合理安排一日生活，最大限度地支持和满足幼儿通过直接感知、实际操作和亲身体验获取经验的需要，严禁"拔苗助长"式的超前教育和强化训练。四是重视幼儿的学习品质。幼儿在活动过程中表现出的积极态度和良好行为倾向是终身学习与发展所必需的宝贵品质。要充分尊重和保护幼儿的好奇心和学习兴趣，帮助幼儿逐步养成积极主动、认真专注、不怕困难、敢于探究和尝试、乐于想象和创造等良好学习品质。忽视幼儿学习品质培养，单纯追求知识技能学习的做法是短视而有害的。同时，《指南》在健康、语言、社会、科学、艺术领域的开篇说明及教育建议中，也明示了应遵循的相关规律，并提出了科学建议，让我们在"知其然"的同时"知其所以然"。

《纲要》在《总则》中指出，幼儿园教育是基础教育的重要组成部分，是我国学校教育和终身教育的奠基阶段。城乡各类幼儿园都应从实际出发，因地制宜地实施素质教育，为幼儿一生的发展打好基础。幼儿园应与家庭、社区密切合作，与小学相互衔接，综合利用各种教育资源，共同为幼儿的发展创造良好的条件。幼儿园应为幼儿提供健康、丰富的生活和活动环境，满足他们多方面发展的需要，使他们在快乐童年生活中获得有益于身心发展的经验。幼儿园教育应尊重幼儿的人格和权利，尊重幼儿身心发展的规律和特点，以游戏为基本活动，保教并重，关注个别差异，促进每个幼儿富有个性地发展。

《规程》第二十五条明确指出幼儿园教育应当贯彻以下原则和要求：一是德、智、体、美等方面的教育应当互相渗透，有机结合。二是遵循幼儿身心发展规律，符合幼儿年龄特点，注重个体差异，因人施教，引导幼儿个性健康发展。三是面向全体幼儿，热爱幼儿，坚持积极鼓励、启发引导的正面教育。四是综合组织健康、语言、社会、科学、艺术各领域的教育内容，渗透于幼儿一日生活的各项活动中，充分发挥各种教育手段的交互作用。五是以游戏为基本活动，寓教育于各项活动之中。六是创设与教育相适应的良好环境，为幼儿提供活动和表现能力的机会与条件。

1. "不明"规律

学前教育应遵循的规律在教育学、心理学及《指南》《规范》《规程》等文献中已经很明确了，那究竟是什么原因导致了老师们对规律的"不明"呢？

素养不足导致不明。知道了不等于明白了，部分幼儿教师由于自身素养不足，读到了文字但未能理解其要义。比如，老师知道幼儿教育要"以游戏为基本活动"，但对什么才叫"真"游戏，很难理解和把握，"游戏就是你玩我看"的现象自然在所难免。再如，老师知道要保护儿童的好奇心、求知欲，但对自己保教行为中哪些时候禁锢、扼杀了儿童的好奇心、求知欲不知晓、不明白。

培训缺失导致不明。一是培训时间缺失，很多区域的民办园占比远大于公办园，因此不重视幼儿教师培训，幼儿教师培训机会少；二是培训内容缺失，区域或园所培训机制不完善、培训整体规划较欠缺，培训内容缺乏全面性、系统性；三是培训人才缺失，学前教育教研员、科研人员偏少，同时也缺少与一线教师的沟通和追踪，对于教师需求不够了解。没有专业性、针对性的系统培训和全员培训，自然会影响幼儿教师对学前教育规律的透彻理解。

方向偏差导致不明。幼儿园在文化建设、课程建设、环境建设、科研兴园等方面，如果目标模糊、方向偏差，甚至功利思想明显，自然会让幼儿园及全体老师因方向偏差造成顾此失彼，进而影响对个别应遵循规律的淡化和不明。如有的幼儿园把本来只能作为特色的国学课程，上升为幼儿园的课程核心与统领，而国学传承中的许多方式方法，极易让老师淡化幼儿园应有的教育方式，甚至偏离学前教育的部分规律遵循。再如园所环境建设中，如果只注重环境的大气美观、花花绿绿、区角满满，则环境之于幼儿的育人功能将会大打折扣。

2."不守"规律

除了"不明"规律造成的学前教育困境，知道规律而"不守"也是学前教育困境的重要原因。主要表现在以下三个方面：

自身能力有限不会守。某幼儿园大班结合中国传统端午节开展关于认识粽子的活动，教师为每个幼儿提供了一个粽子。教学过程中，教师却没有让幼儿运用多种感官去感知、发现、探究粽子的多样特质，而是完全以自己的价值主导，反复向幼儿提出"请看看粽子是什么形状""粽子的外面穿着一件什么样的衣服"等问题，而且要求每个孩子都要说出和老师一样的话——"粽子是菱形的""粽子外面包着的是粽叶"。在这个案例中，教师既然已经给每个幼儿提供了一个粽子，潜在还是能感知到教师试图让幼儿有具体的实物做支持来进行学习，看得见教育观念的一些变化。但实际教学中还是停留在思想意识层面，未能很好地把这些理念转化为实际行动。明知而不能很好地实践，其实是教师自身能力有限导致的不会守。

狭隘观念误导不愿守。有些老师为了培育眼前的乖孩子而削弱了孩子未来的发展潜能，因为这些老师狭隘地认为孩子的未来与自己的现在无关。有些家长虽然知道一些教育孩子的科学道理和规律遵循，但受传统认识的影响，或看到别人家的孩子能背多少首古诗，能认识多少个汉字，便开始动摇。有些幼儿园出于安全的考虑而减少甚至放弃幼儿的探索、体验活动，在环境创设中为了规避风险和麻烦，也过度关注安全、卫生问题而放弃环境的自然之趣、探索之趣。凡此种种，均是因为狭隘观念误导而不愿意遵循规律。

园所利益驱使不敢守。2018年7月，教育部办公厅发布《关于开展幼儿园"小学化"专项治理工作的通知》，明确严禁幼儿园教授小学课程内容、纠正"小学化"教育方式、整治"小学化"教育环境等。关于幼儿园"小学化"的危害及治理的必要性与紧迫性，各个幼儿园是非常清楚的，但为何幼儿园"小学化"竟然成为顽疾，而且要教育部发文进行专项治理呢？其中最根本的原因是有些幼儿园为了迎合家长及小学部分教师错误的观念，而自身又没有能力科学办园，所以不敢守。更有个别民办幼儿园故意"小学化"甚至以此诋毁公办园，进而吸引不明就里的家长，达到其招生之目的。这些都是典型的为了园所眼前利益而不敢守，同时，自身又没有能力影响和引领家长改变育人观念，出现教育困境也就在所难免。

（二）质量的"不全"与"不真"

《教育大辞典》认为："教育质量是对教育水平高低和效果优劣的评价。"教育质量自然就成为教育的核心追求，学前教育也不例外。随着我国学前教育的快速发展，随着党的十九大报告提出要办"公平而有质量"的教育，学前教育的质量提升俨然成为新时代的新要求。

学前教育质量的核心应该是教育实践在支持和促进幼儿成长上的程度与效度，是对幼儿未来发展奠基的宽度与厚度。而具体到每一所幼儿园，具体到每一位老师，其质量观如何？追求质量的方法如何？质量呈现如何？均是学前教育质量发展的关键所在，也是学前教育困境的原因所在。

1. 质量"不全"

素质教育的核心是"两全一主动",即面向全体、全面发展、主动学习,学前教育质量的基础也应该是"全面性"。然而在对学前教育困境的溯源中,我们发现"质量不全"是困境的重要根源。

保教领域不全。《幼儿园教育指导纲要(试行)》指出,幼儿园的教育内容是全面的、启蒙的,可以相对划分为健康、语言、社会、科学、艺术等五个领域,也可作其他不同的划分。各领域的内容相互渗透,从不同的角度促进幼儿情感、态度、能力、知识、技能等方面的发展。在保教实践中,有的为了突显幼儿园特色项目而忽略了领域的全面性;有的在强化游戏这一主要教学方式中忽略了各领域的全面与有机渗透,为游戏而游戏;有的由于老师自身素质存在缺陷而厚此薄彼。如此跛脚的质量,自然无法实现保教的优质。

育人对象不全。《幼儿园工作规程》明确提出"面向全体幼儿"以及"促进每个幼儿在不同的水平上得到发展"的要求,也就是要求我们既要面向全体,也要因材施教,让每一个幼儿都得到应有的最好发展。而实际工作中,个别教师往往因个人好恶而厚此薄彼;也有个别教师由于因材施教方法不当、能力有限,未能更好地关注每一个幼儿。由此,没有个体的充分发展,自然没有整体的质量提升。

教育力量不全。学前教育的质量提升,是需要多维聚力的。陈鹤琴曾说过:"幼稚教育是一种很复杂的事情,不是家庭一方面可以单独胜任的,也不是幼稚园一方面能单独胜任的,必定要两方面共同合作方能得到充分的功效。"作为家园共育的两大主体,二者缺一不可。但实际上,二者也许都有这个共识,却由于共育中的不得法、不同步甚至不同向,往往出现1+1小于2的现象,甚至出现小于1的相互削弱现象。由于学前教育的阶段特性,除了家、园这两大主体力量,仍然还有其他力量需要融合。如"小学化"治理就离不开小学零起点教学的关键保障,从某种意义上说,幼儿园"小学化"与小学教师特别是一年级教师的观念与误导密切相关。家园共育的虚假繁荣,多维力量的各自为政,致使事关质量的教育力量"不全",进而影响学前教育质量。

2. 质量"不真"

衡量学前教育的质量,南京师范大学教授虞永平认为主要有结构维度、过程维度、结果维度三个方面。结构维度包括房舍结构、设施和材料结构、人员结构、课程结构等，过程维度主要是教与学的关系及过程，结果维度主要是学前教育促进儿童身心和谐发展的程度。幼儿园对每一维度的不同认识或不同观念，自然会导致不同的质量呈现，其质量观的偏颇自然会导致保教行为的偏颇和质量的不真实。这种不真实的质量，既是困境的结果，也是难以走出困境的原因，需要我们有清醒的认识。

知行不一导致"不真"。《中国教育现代化2035》提出了推进教育现代化的"八个更加注重"的基本理念，其中之一便是更加注重知行合一。无论是古代朱熹主张的"知行统一"，还是近代陶行知的"教、学、做合一"，无论是当今学前教育名家们倡导的"经验主义"，还是我国学前教育纲领性文献中关于"幼儿的学习是以直接经验为基础""最大限度地支持和满足幼儿通过直接感知、实际操作和亲身体验获取经验"等更直接的表述，我们都可以清晰地知晓，学前教育质量的关键呈现一定是知行合一，一定是幼儿的亲身体验和真切经验。反观前面的诸多困境，育人目标模糊、游戏生成不力，教学就是我讲你听、游戏就是你玩我看，没有探索之趣的环境、没有自然之趣的环境，求知欲被消解、主动性被忽视等，其实最根源的问题就是知行不一，没有把幼儿的真实体验和经验获得作为保教行为的根本指南和质量提升的关键要素，这是学前教育过程维度上质量不优的根源。

"拔苗助长"导致"不真"。幼儿园"小学化"和幼小"衔接班热"，其核心问题是家长们的观念偏差和教育焦虑。由于诸多原因，家长们的偏差观念很顽固，教育焦虑也非常强烈，否则也不会上升到由教育部再次出手全面治理。造成这种现象背后的直接原因就是"拔苗助长"。社会上甚至形成怕别人孩子"抢跑"、自己孩子落后的此起彼伏怪圈。在这样的怪圈下，个别幼儿园未能坚守，自觉不自觉地陷入两难困境，其保教内容、课程结构自然出现偏差，保教质量自然无从提升。

一好百好导致"不真"。学前教育的基本特点是全面性、启蒙性，要为幼儿一生的发展打好基础，核心关注应该是幼儿全面可持续的发展。然而，把幼儿园的特色建设当作整体质量追求，把幼儿的特长水平当作整体发展水平，还在一定范围内存在。有些幼儿园被单方面的成绩遮住了双眼和未来，有的老师把听话的乖乖当成好孩子的主要标准，有的家长把孩子某个方面的与众不同看成了优于别人的全部。凡此种种，一好百好，是制约质量发展的认识障碍，也是学前教育结果维度上质量不优的根源。

（三）执行政策的"不力"与"不实"

政策是事业发展的方向与基础，学前教育政策是学前教育事业发展的根本遵循和发展保障。我国学前教育发展历来受到党和国家的高度重视，特别是党的十九大后、全国教育大会以来，更是出台了一系列的纲领性发展政策与治理的法规文件。然而到了地方及园所，执行政策的"不力"与"不实"在一定范围内还现实存在。主要体现在以下几个方面：

选择性执行。一方面，教育是最大的民生，同时也是需要大量财力保障的长远之计，在地方财力等诸多因素的制约下，在义务教育法律约束、高考质量至上的现实状况下，地方党委政府在执行教育政策时往往容易选择性忽视学前教育政策落地。另一方面，过去较长时期地方政府主要靠大力支持社会力量办园解决入园难问题，为了扶持民办园的发展，地方党委政府在执行学前教育政策时，往往选择性忽略部分政策要求，如由于担心民办园失去办园热情与信心，对两教一保、幼儿教师资格证等方面的要求并没有完全执行到位。

从众性执行。由于历史原因，学前教育发展底子薄、基础弱、差距大，各地均存在许多共同性的压力与问题。也正因为如此，各地执行学前教育政策时，往往左右观望、缓步慢行，以"法不治众"的从众心理来执行政策。如早在2010年印发的《国务院关于当前发展学前教育的若干意见》就明确提出了小区配套幼儿园同步规划、同步建设、同步交付的政策性要求，但10年后的今天，还在进行小区配套幼儿园政策的全面治理。再如2011年《教育部关于规范幼儿园保育教育工作 防止和纠正"小学化"现象的通知》便已经发布，但幼儿园小学化仍然在一定范围内存在。因此，学前教育成为全国较多地方共同的教育短板。

功利性执行。落实政策及《幼儿园工作规程》《3~6岁儿童学习与发展指南》要求，需要综合施策，需要设备保障和执行者素养支撑。一句话，需要幼儿园练好内功、持续用力。个别幼儿园避重就轻，口号喊得响，政策无声息，功利性做表面文章，以营销心理经营幼儿园，致政策难以落实。幼儿园小学化主要就是因为幼儿园功利性地将政策要求束之高阁，轰轰烈烈搞家园共育、亲子活动而忽略日常保教质量提升。

三 学前教育发展中的突困路

面对学前教育的七大困境，我们应该如何突破？如何促进学前教育更快更好地发展？一个基本的思维逻辑，应该是在追溯困境在"规律"与"质量"两个主要方面的根源的基础上谋求突破。

幼儿园办园行为是否符合规律、是否符合政策法规及其符合的程度，是幼儿园品位的前提条件，对幼儿园的发展具有基础性、决定性作用。幼儿园办园行为是否能够为幼儿的未来可持续发展奠基，是否满足幼儿的成长需求和社会发展需求及其程度，是幼儿园发展的根本保障，对办园质量的实现程度具有层级性、保障性作用。规律决定品位，质量决定层级。由此，追求幼儿园的高品位、高质量，推进幼儿园高品质建设，自然成为学前教育突困的时代策略。

立足新时代，基于新实际，谋划新策略，建设高品质幼儿园应遵循以下路径。

（一）坚持党的领导

建设一所高品质幼儿园，首先要思考的是"培养什么人，为谁培养人，怎

"不忘初心"主题活动
（成都市金牛区机关第二幼儿园）

争做新时代"四有好教师"
（成都七中八一学校附属幼儿园）

样培养人"的问题。要回答好这个问题，必须坚持党的领导，只有坚持党的领导，坚持社会主义办园方向和培养目标，才能走上一条科学的建设高品质幼儿园道路。幼儿园要学习贯彻党的教育方针，坚持把立德树人、幼儿全面发展放在首位，严格按照国家相关政策法规办园。全体教师要深入解读国家学前教育政策、法律，必须以政策、法律来规范自己的教育教学行为。

（二）建设园所文化

文化是生命力，是高品质幼儿园的底色。过时的、大众化的、功利主义的文化使幼儿园缺乏生机。而在传承的基础上不断创新，建设有时代气息、能彰显特色、有灵魂的文化，则能为高品质幼儿园建设提供源源不断的活力。建设园所文化要把握好以下四个方面：

一是以科学、丰富、仁爱的精神文化为引领。精神文化是幼儿园长期积淀的财富，它能凝聚人心、形成合力、润物无声，是高品质幼儿园的价值定位和共同愿景。幼儿园要以时代发展为背景，以儿童发展为出发点，通过追寻历史传统、立足实践、敢于创新，建设有时代性、富有特色、科学丰富的精神文化内涵，引领幼儿园整体文化和其他各方面发展。

二是以统一、和谐的物质文化为基础。物质文化是幼儿园文化的外显形式，是体现园所文化的窗口。幼儿园要建设与精神文化相统一、和谐的物质文化。从幼儿园大环境的建设，到楼道、班级环境的创设，都要体现出幼儿园的园本文化，与精神文化统一、和谐相生。

三是以全面、规范、民主的制度文化为保障。为了有效推动幼儿园文化建设，需要一套全面、规范、民主的制度文化来保障。制度文化建设要做好顶层设计、贯穿上下、涉及幼儿园各方面，让幼儿园各事项有章可循，推动师幼共同成长、从被动到主动的发展。

四是以扎实、协同发展的行为文化为落脚点。行为文化是幼儿园园所文化的最终落脚点。落实幼儿园行为文化，要联合教师、幼儿、家长，促进幼儿园行为文化认同一致、行动一致。

（三）构建儿童课程

构建以儿童为中心的课程是高品质幼儿园建设的重要保证。幼儿园一日活动皆课程。课程是达成幼儿园培养目标、国家教育目的的重要保证。要建设高品质幼儿园，就要树立正确的儿童观、课程观、教育观，做好幼儿园课程的建构、实施和评价。

坚持儿童本位。课程建设要以儿童兴趣和需要为出发点，遵循儿童年龄特征和发展水平。教师要整合课程，要以引导幼儿主动获得关键经验为主要方式，坚持课程以促进儿童全面发展为根本目的。

（射洪市太和镇第三幼儿园）　　　　　　（内江市乐至县幼儿园）

丰富多彩的特色活动课程

坚决去除小学化倾向，坚持以游戏为主要活动。游戏是幼儿园的基本活动。2018年，教育部办公厅印发《关于开展幼儿园"小学化"专项治理工作的通知》，严禁幼儿园教授小学课程内容。要建设高品质的幼儿园，就一定要做到坚决克服和纠正小学化倾向，以政策文件为指引，以提升教师儿童观、教育观为着力点，开展游戏活动，做到课程游戏化，保证幼儿在游戏中学习和发展。

促进课程园本化。目前，幼儿园没有统一的课程教材作为标准。幼儿园应结合本地区的资源和环境，根据自己园所的办园理念和培养目标，多渠道、多方位地建构科学的园本课程或使课程园本化，使得课程更加符合当地幼儿的文化背景和文化特色。

（四）培育"四有"好老师

幼儿教师是学前教育质量提升的核心力量与第一资源。要实现高品质幼儿园的建设，就要培养一批有理想信念、有道德情操、有扎实知识、有仁爱之心且幸福感强的幼儿教师队伍。

树立教师理想信念。高品质的幼儿教师首先要有对幼教事业的热爱和奉献精神，要具有高度的职业认同，对幼教工作充满激情和憧憬。要用多元和谐的文化、丰富多彩的活动引领教师建立职业认同，树立教师的理想信念，并促进教师为了理想信念不断进行自我提升和发展。

强化教师师德修养，养成教师仁爱之心。教师的人格魅力和道德品质是教育成功的重要条件。幼儿教师要关爱每一位幼儿，如同父母一般去照顾他们，还要以自己高尚的道德品质引领他们扣好人生的第一颗扣子。幼儿教师应遵循专业伦理，加强道德修养。这不仅要发挥幼儿园的作用，更要教师个人不断加强自己的道德修养，了解和遵循幼儿教师群体道德承诺。

何云竹名园长工作室成员在支教中历练、在培训中成长（四川省何云竹名园长工作室）

助推教师专业成长。高品质幼儿园教师要具有扎实的教育基础知识和学前教育知识。幼儿园要依据《幼儿园教师专业标准》，采用园本教研的模式，在幼儿园保教活动中推动幼儿教师养成专业态度、积累专业知识、提升专业能力；同时，使幼儿园教师通过专业参与获取专业成长资源、接受专业熏陶、交流专业信息；此外，还要促进教师不断进行专业创新。幼儿园教师具有创新的热情，就会有学习和进修的热情，就会有对问题和幼儿进行研究的热情，就有了专业成长的动力。此外，教师要学会自主发展，不断进行自我修正、自我完善和自我提升。

（五）致力科研兴园

幼儿教师总觉得科研是陌生的、难搞的，因此，培养幼儿教师的科研思维，提升教师的科研能力，以科研引领发展是高品质幼儿园建设的一个突破点。

培养科研思维。改变惯常认识，要有科研思维。明确科研来源于教育过程而非另起炉灶，科研要落地而不是停留于形式，科研成果要服务于教育而不是装进档案袋，科研应成为幼儿园常态化教育实践而非偶然为之。

园本教研成为教师专业发展的有效载体（遂宁市船山区顺城街幼儿园）

提升科研能力。不仅要有科研思维，还要有科研能力。通过系统的学习，让教师掌握选题、过程研究、梳理、成果运用一系列科研过程，并通过科研实践，让教师体验到用科研解决问题的成就感，提升教师的科研能力。

（六）营建生态环境

环境是重要的教育资源，是影响幼儿发展的基本要素之一。一所高品质幼儿园一定得依托一个安全和谐、充满想象的生态环境。

建设优美、灵动、以儿童为中心的物质环境。幼儿园物质环境，既要考虑环境的艺术性，又要考虑环境的教育功能。幼儿园环境的真正中心不是其他，而是儿童。在幼儿园物质环境创设中，活动场地的安排分区，设施与设备的完善，材料的选择和利用，都应坚持创设与利用并重、环境与活动相互支持、适宜幼儿参与的原则。

创设以儿童为中心的环境
（南充市营山县机关幼儿园）

建设宽松、和谐的精神环境。与物质环境相比，精神环境实质是一种氛围、文化，与生活在这个环境中的个体主观感受密切相关。高品质幼儿园应努力营造相互尊重的氛围、和谐的人际关系，构建合理的制度，建设宽松、和谐的精神环境。

（七）区域共建共享

建设高品质幼儿园，并不是关起门来搞建设，而是要走出去、引进来，发挥自己的优势，推广自己的特色，改变自己的劣势，做到区域共建共享。

开展区域共建共享。高品质幼儿园建设，不是一所或者某几所幼儿园的权利与义务。要实现高品质幼儿园建设，要发挥园所之间的示范带动作用、区域之间的协调联动作用、城乡之间的互帮互助作用，促进整个地区幼儿园的品质提升。同时，建立相互交流的平台，供各幼儿园进行高品质建设成果分享、经验交流，共同商讨解决问题。在此基础上建立资源库，供大家相互借鉴、共享资源。

整合幼儿园、家庭、社区教育资源。家庭是幼儿教育的首要场所，社区是幼儿成长的摇篮。要密切幼儿园、家庭、社区三者之间的关系，创新全面参与、主动参与、常态参与的家园社区共育模式，发挥教育合力，为高品质幼儿园建设提供丰富资源。

总之，高品质幼儿园的建设，必须坚持以学前教育政策为引领，开拓创新，促进幼儿园文化、课程、教师等各个方面不断提升，最终实现高品质幼儿园的建设和不断发展。

第四节　学前教育的四川行动：走向高品质

一　普及、普惠，普遍提升办园水平

改革开放以来，四川省学前教育历经恢复整顿、法治规范、改革发展、深化拓展四个阶段，逐步向规范化、公益性、普惠性发展，普及程度逐步提高，保教质量明显提升，广覆盖、保基本、有质量的公益性、普惠性学前教育服务体系初步形成。各地幼儿园积极作为、主动探索，从规范管理、课程建设、科研课题和教师队伍建设等方面进行改革，使保教理念更加科学，幼儿园特色文化逐渐彰显，科研课题更加丰富，教师队伍更加专业，全方位、整体性推动了四川省学前教育质量提升，取得了突破性、跨越性的重要成就。

（一）发展学前教育形成共识，学前教育地位空前提高

改革开放后，四川省恢复了幼儿教育行政管理机构和科研机构，配备了专、兼职的幼儿教育行政干部和教研人员，形成了统一领导、分级管理的领导体制。

1993年，四川省教育厅设置幼教处，大大增强了对全省幼教事业管理力量，先后制定并颁布了《四川省人民政府关于加强幼儿教育工作的通知》《四川省人民政府关于印发四川儿童发展纲要的通知》《四川省普及学前三年教育试点工作方案（试行）》《四川省财政厅、四川省教育厅关于加大财政投入支持学前教育发展的通知》等政策文件，促进了学前教育事业发展。

▶（成都市高新区爱智梧桐幼儿园）

（遂宁市大英县蓬莱幼儿园）▶

（凉山州会东县幼儿园）

（成都市新津华润学前教育集团）

多措并举发展学前教育，
办园条件不断改善

随着社会经济的发展与进步，社会大众对学前教育更加关注，教育期待随之增加，政府对学前教育发展也更加重视，发展学前教育形成共识，学前教育从"边缘地带"逐渐进入"中心区域"，地位空前提高。以2010年实行《学前教育三年行动计划》为契机，省政府更加重视学前教育的发展，明确学前教育是基础教育的重要组成部分，政府要承担发展和管理学前教育的职责，对政府规划、投入、办园、管理等方面做出具体规定，幼儿教育经费占全省教育总经费比例实现大跨越并逐年提升，教育经费的增加为幼儿园基础设施建设、教师队伍建设提供了有力支撑和保障，全省幼儿园条件不断改善，学前教育短板逐步补齐。

全省通过积极推进和有效落实实施学前教育三年行动计划，持续改善幼儿园办园条件，学前教育资源建设任务取得显著成就，基本建成广覆盖、保基本、有质量的学前教育公共服务体系。截至2018年，全省共有幼儿园专任教师12.3万人，幼儿园13 396所，在园幼儿260.86万人，学前教育资源较改革开放初期显著增加。幼儿园布局更加完善，从改革开放初期一个县城只有一所幼儿园，发展到县县都有优质幼儿园、乡乡都有中心幼儿园，覆盖城乡的幼儿园体系已经形成。幼儿园数量的大幅增加，满足了适龄儿童的就读机会，保障了适龄儿童接受学前教育的权利，全省学前三年毛入园率持续增长，"入园难"问题得到有效缓解。

着力发展普惠性幼儿园，坚持公民办并举，实施公办园建设工程，进一步提高公办园提供普惠性学前教育服务能力；鼓励社会力量办园，积极引导和扶持民办园提供普惠性服务，扶持普惠性民办幼儿园。幼儿园普惠程度不断提高，"入园贵"问题得到有效缓解。

（二）学前教育差距逐步缩小，教育公平得以推进

从城乡差距来看，四川省通过落实"中西部农村学前教育推进项目"大力推进农村学前教育发展，进一步完善学前教育财政投入机制，加大对农村地区学前教育发展的支持力度。特别是实施学前教育三年行动计划后，农村幼儿园数量大幅增加，幼儿园教师得到有效补充，乡乡都有公办中心幼儿园的格局初步形成，农村学前教育资源得到较快增长，城乡差距逐步缩小，儿童受教育状况不断改善、入园机会增加并得以保障。

为保障低收入群体受教育权利，四川省实施差异化减免保教费学生资助政

（西昌市东风幼儿园）

别具特色的幼儿园环境创设

（北川县安昌幼儿园）

策，对家庭经济困难儿童每生每年减免1000元保教费，减轻贫困家庭儿童家庭负担，增加贫困儿童入学机会，推进教育公平。

从区域差距来看，四川省通过实施《民族自治地区"一村一幼"计划》，加大对民族地区学前教育发展的支持力度，使民族地区学前教育资源不断增加。对民族自治县所有在园幼儿每生每年减免600元保教费，提高贫困地区学前三年毛入园率，使教育区域差距不断缩小，民族地区学前教育取得长足发展。

改革开放四十多年以来，幼儿教育理念不断转变和更新，促使教育模式由单一向多元化发展，各种形式、不同规格的幼儿园得到了快速的发展，收托形式也更加灵活多样：有正规形式的幼儿园，包括全日制、寄宿制、学前班和混合班等；也有利用社区资源、动员多方力量创建，适应不同地区条件和需要的非正规形式的幼儿园。学前教育资源得到较好补充，进一步保障了适龄儿童受教育权利。政府主导、社会参与的学前教育办园体制逐步确立，公办园数量不断增加，普惠性幼儿园成为四川省学前教育发展的大趋势，让更多中低收入家庭子女以相对较低的价格享有高质量的学前教育，教育公平得以进一步推进。

（三）幼儿园深入课程改革，推进学前教育科学发展

改革开放以来，四川省各地幼儿园积极探索、主动实践，着力通过幼儿园课程改革提高幼儿园保育和教育质量，通过对课程理念、课程目标、课程方法、课程内容和课程评价的探索，寻找多样化的课程实施路径，使学前教育得以更加科学地发展，真正服务于幼儿成长发展的需要。

课程理念更加科学。改革开放后，各地幼儿园根据《幼儿园教育指导纲要（试行）》调整教育教学方法和教育手段，逐步明确幼儿园应该按照幼儿独特的年龄特点进行适宜的教育，逐步明确并树立"以儿童为本"的理念，更加关注儿童本身的权利，尊重儿童的主体地位，坚持课程应该促进儿童主动发展和终身发展。

课程目标更加科学合理。课程目标由预设为主、注重既定目标达成，转向关注儿童学习的过程与个体差异，由以往的单一关注学习目标向关注幼儿学习、生活技能和情感态度目标转变，更加注重幼儿的学习品质。明确学前教育是终身教育的奠基，课程要立足儿童的终身发展，应该为幼儿创设良好的环境，让每个幼儿富有个性化地发展，而不是将幼儿视为成人的缩小版，用统一的标准来衡量。

课程方法更加关注幼儿主动学习。幼儿园进行去除课程"小学化"倾向探索，改变过去只重视知识与技能的灌输、只注重及时学习效果和成绩的现象，更加关注幼儿主动学习、实际操作和亲身体验，由教师的"教"向幼儿主动的"学"转变。一是更加关注主题活动，逐步由分科式的集中教学转向综合式主题教育活动，打破以往分科教学教师机械"教"、幼儿被动"学"的灌输式教学现象，纠正以往教育中过度重视教师集中授课的方式，支持儿童通过直接经验学习，通过实施主题活动给予儿童自主学习、主动探究和实践的机会。二是更加关注游戏活动，将游戏的权利还给孩子，明确幼儿游戏是儿童的基本课程活动，要采取多样化的游戏活动激发幼儿的学习兴趣，鼓励幼儿主动学习，让幼儿在游戏活动中通过直接感知、实际操作、亲身体验进行学习，主动地、愉快地获得语言、社会、科学、艺术、健康等方面的知识与技能。同时，教育方法上更加重视环境对教育的作用，因为幼儿园不再是小学的"缩小版"，通过为幼儿创设有意义的环境，使教育目标、内容、手段与环境相互作用，达成教育目标。

课程内容更加开放丰富。改革开放以来，各地幼儿园开始整顿过去幼儿园

刘涛院长在全省学前教育"共同体"课程研讨中进行现场指导

中进行的不适宜的、超越幼儿年龄特点的教育内容，明确课程内容应适宜幼儿年龄特点和身心发展规律。课程内容不再局限于实施教学大纲按教材上课，而是由可以在统编教材的基础上进行创编或改变，向没有教学大纲、根据课程目标设置的动态的活动转变。课程内容的重点聚焦儿童活动和经验的获得，更加体现综合性、生活性和趣味性，教育内容更加灵动、个性、开放、丰富。在此背景下，各地具有本园特色的学前教育课程相继涌现，课程内容向多样化发展。

课程评价更加注重过程性、整合性和全面性。对幼儿的评价不再是以往的考试和留家庭作业，而是更加关注幼儿个性化发展、全面发展，不再以为小学做铺垫、以知识掌握和智力的发展为评价，更加关注儿童发展的真实过程，由量化评价走向定性评价和发展性评价方法。在评价主体上也更强调多元主体参与，将教师、家长、幼儿等作为课程评价主体，改变以往教师是唯一课程评价主体的现象，对课程的评价更加客观，同时也进一步推动家园合作。

（四）以课题推进园所改革，科研成果硕果累累

各地幼儿园以科研课题为抓手进行研究探索，打造具有本地区、本园特色的幼儿园；着力以科研课题解决幼儿园面临的困境，进一步推动高品质幼儿园建设，提高幼儿园保教质量。一大批有特色的幼儿园相继涌现，形成了一批有代表性的科研成果。

　　成都市第三幼儿园从游戏课程着手改革探索，通过实施"幼儿园自发游戏活动的实践与创新"课题，引导教师从观察、解读儿童"游戏反应""游戏表现"入手，去解读儿童、发现儿童，尊重幼儿在游戏中的自主权利，构建起启于四川、热议全国的大创游活动样式，获得国家教学成果奖。在"自主游戏特质"认识的引导下，还原游戏本来面貌，充分赋予幼儿的游戏自发权利，开展幼儿园自发游戏活动。在大型开放性活动中，幼儿的自主性、解决问题能力、自控能力、自理能力等得到显著发展；教师的教育价值观也得以重构，教师更加关注游戏中的自发、自主，自觉将游戏精神渗透进其他领域，更加关注幼儿按照他们自己的方式生活，更加尊重幼儿的主体地位，从而构建良好的师幼关系。

孩子用"自创符号"记账（绵阳市花园实验幼儿园）

　　绵阳市花园实验幼儿园结合园本实际，借力于教育教学改革，从儿童游戏活动着手，通过在自主游戏中引进"自创符号"手段，形成了具有特色的幼儿园现代化建设之路，丰富与深化了儿童游戏活动的形式与内涵，让儿童成为活动的主宰。"儿童自创符号运用研究"立足儿童本位，准确捕捉到符号作为提高幼儿游戏质量和学习效率的中介物，产生了全国有声音、全省有影响、全市领先的行业学术效应。教改成果"儿童自创符号运用研究"被列为"全国第五届教育改革创新典型案例"，课改项目"基于'云中心'的幼儿园一体化集成管理"被教育部认定为基础教育信息化应用典型案例。

　　成都市第十六幼儿园将游戏纳入幼儿园课程体系中，依托《3~6岁儿童学习与发展指南》实施"幼儿园课程资源区域整合的策略和联动运行"课题项目，推进幼儿园游戏课程建设，以游戏研究统领幼儿园发展，以对幼儿游戏活动的观察、解读与支持为重点，促使教师逐渐形成"观察、解读、支持"的思维和行为模式，有效推进游戏导向的微课程活动建设，出版《玩出来的课程》系列丛书，

（宜宾市市级机关幼儿园）

自主性游戏，让一切都悄然改变

（都江堰市机关幼儿园）

探索区域联动整合课程资源模式，带动区域学前教育质量不断提升。

宜宾市市级机关幼儿园以解决现实困境——幼儿园"小学化"倾向为改革项目，通过实施"构建儿童为本的新型课程管理范式"课题，确立儿童在课程中的主体地位，构建防止和纠正"小学化"倾向的管理机制，以幼儿园课程改革撬动幼小衔接、理论工作者与实践工作者对接、幼儿园与家庭合作等一系列改革，从长远上、根本上防止和纠正幼儿园"小学化"倾向，也为其他幼儿园提供有效的课程管理范式改革样本。

据统计，2013年评选的304项四川省第五届普教教学成果奖中，学前教育研究获得一等奖2项、二等奖9项、三等奖10项；而2017年评选的300项四川省第六届普教教学成果奖中，学前教育研究收获翻番，分别获得一等奖3项、二等奖19项、三等奖20项，其中成都市温江区实验幼儿园与成都师范学院的联合课题"幼儿园科学领域教玩具的适宜性配置的路径"获一等奖，成都市金牛区机关第三幼儿园自主研究课题"基于儿童本位的幼儿园美术教育活动的实施策略"获二等奖，泸州市铜店街幼儿园自主研究课题"幼儿园'玩·美'教育特色建设"获二等奖。在此期间，更多的幼儿园与政府相关部门、高校合作研究，更多的幼儿园将科研重心放在内涵发展上，科研成效显著，为幼儿园的发展乃至区域学前教育的发展起到积极作用。

（五）幼儿园管理更加规范，幼儿教师专业能力提升

改革开放以前，幼儿园的管理比较混乱，实行"工宣队""军宣队""革命委员会"等管理体制。改革开放后，为整顿幼儿园的正常工作秩序，明确在幼儿园实行园长负责制，给予园长充分的人、财、物自主权，调动了园长的积极性、主动性，增强了幼儿园的办学活力。为进一步规范幼儿园办园行为，提高保教质量，四川省印发了《四川省幼儿园办园行为督导评估实施办法》，明确幼儿园保教质量评估监管体系，规范幼儿园办园行为，提高幼儿园办园水平和能力。

（成都市双流区机关幼儿园）　　　　　（射洪市太和镇第三幼儿园）

常态推进高效的园本教研

幼儿教师从"技能型"向"研究型"转变，专业能力、专业素养和专业水平显著提升。改革开放以来，四川省幼儿园教师队伍建设不断完善，教师数量得到大规模补充，专任教师数量不断增加，教师学历也不断提高，本科、研究生毕业幼儿教师数量逐渐增加。随着政府对学前教育的重视，及社会对幼儿教师的期待，幼儿教师需要不断更新专业知识、提升专业能力，才能更好地适应职业角色，跟上时代的步伐。当前，进入幼儿教师行业都需要持专业学前教育教师资格证，教师角色从"喂饱睡好、保证孩子不摔"的看护者转变为观察儿童行为、发现教育契机、反思教育行为的研究者，园本教研成为教师专业成长主通道，自主

（成都市第十六幼儿园）

专家指导与园本教研的深度融合

构建课程成为教师的重要专业素养与能力。

教师与儿童双主体地位逐步明确，儿童主体性得到支持，良好的师幼互动不仅促进幼儿主体建构和发展，同时也促进教师在平等对话中汲取成长的养分，促进教师自身不断发展和提高。改革开放之初，幼儿园教育非常重视系统学科知识的教学，在教育方法上主要是以集体性的作业教学和教师有目的、有计划的教学为主，更强调教师的权威性和主导地位，强调知识的外部输入，忽略了儿童的主体性和能动性。受西方先进学前教育思想及我国政策调整影响，以及教师专业自觉和专业能力提升做支撑，四川各地幼儿园以课程改革为着力点，通过"课程观"的转变影响"教师观"的转变，使教师逐渐由过去的教导者走向儿童发展的支持者和合作者，活动由以教师为中心转向以儿童为中心，更加尊重儿童的主体性和个体性。

二　共研、共享，共同走向高品质

为持续推进高品质幼儿园建设，四川省通过搭建共同体平台，打破园所间、区域间、教师间、理论与实践间资源共享壁垒，通过整合资源、层级辐射，实现资源共享、共同成长，提高幼儿园办园质量，打造一批办园行为规范、园所文化凸显、课程建设有品质的幼儿园，整体推动学前教育规范、科学、有质量的发展。一是搭建学前教育教学改革研究共同体。以研究共同体为平台开展学术研讨活动，促进全省学前教育文化建设的实践经验交流，发挥《教育科学论坛》教育教学成果交流的平台作用，提升教师的文化素养和专业品质，推进幼儿园内涵发展与特色发展。二是搭建省农村学前教育教学改革研究共同体。全省150余所农村幼儿园加入共同体，45个深度贫困县各有一所幼儿园与省内优质幼儿园达成协议，"手拉手"结对帮扶。为研究改革共同体的搭建，四川省教科院不仅为农村学前教育搭建平台，提供专业发展支持，推进农村地区幼儿园质量提升、内涵发展，以提升农村学前教育质量，从而推动区域幼儿园整体质量提升，推进教育公平；还通过"手拉手"结对帮扶促进结对幼儿园交流互访、科研互动、经验共享、队伍共建等多种形式牵手发展。三是成立省级名园长工作室，以"培养一个、带动一批、辐射一片"为目标，成立"四川省何云竹名园长工作室"和"四川省李佳名园长工作室"，搭建学术交流平台，加强区域内名园长学习交流，促进名园长专业知识、管理能力和综合素质提升，通过培养一批优秀的名园长，建设一批优秀的名幼儿园，整体推进全川幼儿园办园质量提升。

在共研、共享，共同走向高品质的推进实践中，四川省"学前教育教学改革研究共同体"发挥了研究、引领、辐射、带动的核心作用。该共同体自2014年成立至今，已连续开展了12届专题学术研究活动，从其研究的历程中，我们可以清晰地感知到四川省学前教育在共研、共享，共同走向高品质路上的时代担当和坚定步伐。

筹备会

2014年4月，在成都市第三幼儿园召开"四川省学前教育教学改革研究共同体筹备会"。

第一届：园本特色课程建设

2014年10月15日至18日，四川省第一届"学前教育教学改革研究共同体"学术研讨活动在上海举行。东方幼儿园副园长诸君和长宁国际学校幼儿园副校长Lynn围绕"国际化背景下的学前教育课程设计与实施"展开专题交流。

在上海长宁国际学校幼儿园学习交流中的美好会一直留在心间

在紧张的学习中互动放松

老师们乐学观摩、好思求进

第二届：园本文化的多元生长与教师专业的品质超越

2015年4月22日至24日，四川省第二届"学前教育教学改革研究共同体"学术研讨活动在成都市新都区第一幼儿园举行。时任双流实验小学校长毛凤鸣和时任

省市领导出席会议，关心、支持学前教育改革

全省学前教育学术"共同体"成为四川一支教育教学改革先锋队

现场学术沙龙精彩纷呈

时任双流实验小学毛凤鸣校长作主题交流

时任中国教育科学研究院基础教育研究中心陈如平主任作专题讲座

成都市教育局普通教育处石斌处长（时任学前教育处处长）到会指导

中国教育科学研究院基础教育研究中心陈如平主任分别从实践和理论的视角，就文化建设的主题举办了专题讲座，并结合"幼小衔接"的教育热点问题，提出了自己的观点。

第三届：幼儿园课程游戏化与园本特色的有效结合

2015年11月4日至6日，四川省第三届"学前教育教学改革研究共同体"学术研讨活动在乐山市实验幼儿园召开。福建师范大学丁海东教授作了题为"幼儿园游戏课程的实践路径"的主题报告，解读了游戏作为学前教育中的专业标识在相

时任乐山市金永伟副市长在开幕式上讲话

乐山市实验幼儿园老师为参会代表介绍环境创设的思考

福建师大丁海东教授作专题讲座

四川师大鄢超云教授作专题交流

乐山市实验幼儿园涂蓉园长作交流发言

关政策中的规定，阐释了游戏作为课程实践的手段和内容的内涵，介绍了实现游戏工具价值和本体价值的基本路径，特别强调了游戏精神在课程实践中的"灵魂"地位。

第四届：教育，从观察解读儿童开始

2016年4月20日至22日，四川省第四届"学前教育教学改革研究共同体"学术研讨活动在绵阳市花园实验幼儿园召开。美国主动教育中国首席培训专家陈宇华博士作了题为"科学观测与解读儿童"的主题报告。她认为观察解读儿童最重要的是要保护儿童的意图；成人应通过重复表示倾听和接纳的态度，让孩子充分发表自己的意图；成人应通过模仿进行同步的活动，用同样的材料，做同样的事

专家引领，助力成长

情；成人要学会"装傻"，通过描述认可孩子的努力，通过倾听尊重孩子的感受，通过陪伴给孩子成长的力量。

陈宇华博士作专题讲座

现场参与孩子的游戏，践行观察解读

因为梦想，同心同行

第五届：幼儿园课程审议的实践与思考

2016年10月10日至13日，四川省第五届"学前教育教学改革研究共同体"学术研讨活动在南京举办，全国名师、江苏省特级教师崔利玲园长作了题为"'活教育'在鼓楼幼儿园——一切为了儿童的教育"的专题报告，详尽介绍了鼓楼幼儿园的办园宗旨、发展历程和改革的措施及愿景。

南京师范大学教育科学学院教授、全国著名幼儿教育专家虞永平作了题为"经验、质量与课程改革"的专题报告。

▲ 追寻名园足迹，探求发展之路

▶ 南京市鼓楼幼儿园崔利玲园长作专题报告

第六届：源于生命·追寻儿童——幼儿园课程领导力提升路径与策略

2017年4月26日至28日，四川省第六届"学前教育教学改革研究共同体"学术研讨会在宜宾市市级机关幼儿园召开。

四川省教育科学研究院刘涛院长认为优先办好学前教育是办好基础教育的关键，优先办好家长学校是办好学前教育的关键，丰富幼儿活动课程是提高学前教育质量的关键，幼儿教师的爱是成就未来发展的关键。

时任峨眉山市第一小学校长李庆九认为，课程建设是对零散活动的系统化、规范化和具体化，园长在课程建设中要加强办园思想力、课程规划力、教师激活力和实施评价力，要在课程建设全程保持清醒，起到引领作用。

重庆市教育科学研究院徐宇教研员认为，当下发展的主题在质量，教育质量的关键在课程，课程建设的关键在园长。

宜宾市市级机关幼儿园邹晓敏园长作主题交流

孩子们在园内自由游戏

刘涛院长与参会的领导、专家合影

交流发言老师喜获省教科院
颁发的证书

上海市特级教师、特级园长，原上海市浦东新区东方幼儿园园长毛美娟老师作专题讲座

上海市特级教师、特级园长，原上海市浦东新区东方幼儿园园长毛美娟老师以"幼儿园课程领导力的困境与对策"为题作了报告，就幼儿园课程领导力的几个重点问题做了专业解读和精到分析。她强调幼儿园的课程是为实现幼儿园教育目的的各种要素的协调组合，课程领导力主要体现在"预测"和"决策"两个方面。提升园长课程领导力，要求园长明确园本的办园理念和培养目标，根据国家要求、当地需要、园本实际、幼儿发展理清课程思路，遵循以人为本的理念，制订完整的课程纲要，以多种组织形式落实课程。在课程实施中，园长课程领导力还表现在赋权教师，促进专业发展；协调运作，提升团队凝聚力；提升情境能力，将理性分析和情感判断相结

合；在文化转型中发挥道德领导作用，促进愿景现实化。

四川省教科院周林研究员以"我看到的课程改革的岔路口"为话题谈了自己的观察和思考。他强调，教育改革研究有"崇尚思辨"和"坚信实践"两种取向，我们需要理论的指导，但园长的课程领导力来源于实践，要尊重实践，教师活力是课程领导力的基础、手段及最终归宿。

周林研究员现场点评研讨成果

师幼共同为大家演绎机关三幼园歌《三朵花在盛开》

金牛区教育局文贤代局长畅谈全区学前教育改革

四川省教科院陈立兵副院长致辞

第七届：高品质的未来教育

2017年11月2日至3日，四川省第七届"学前教育教学改革研究共同体"学术研讨活动在成都市金牛区机关第三幼儿园顺利召开。

四川省教科院刘涛院长作主题分享　　时任中国教科院基础教育研究所陈如平所长作主题报告

四川省教育科学研究院刘涛院长以"高品质幼儿园的教育意蕴"为题，阐述了"高品质教育"的内涵及其在学前阶段的一些重要体现。刘涛院长认为，品质是幼儿园发展的灵魂，传统幼儿园在促进幼儿身心发展的同时，也在一定程度上解放了家长劳动力；而高品质幼儿园，应为家长提供科学育儿指导，共同促进幼儿身心的良好发展。所谓"高品质"幼儿园，是指理念先进、环境优美、游戏科学、阳光自信的幼儿园，其建设要通过提升队伍、改革教学、科学监测、优化环境四大措施来完成。

时任中国教育科学研究院基础教育研究所陈如平所长对幼儿园面向未来的发展路径进行了高屋建瓴的分析。他强调，幼儿园走向未来，最重要的是转变思维方式，要找到自己的站位，明确改革价值，选择适当方法，找到落实抓手。

中国教育科学研究院基础教育研究所刘占兰研究员在大会上作了题为"幼儿园内涵发展与课程建设"的专题讲座，通过生动的案例和严密的理论支撑，为大家解读了幼儿园文化建设、整体规划、教育实践创新等内涵发展工作的开展思路和实践路径。

中国教科院刘占兰研究员作主题报告

成都市金牛区机关第三幼儿园高翔园长作专题汇报

成都市金牛区机关第三幼儿园黄莉副园长作专题汇报

　　机关三幼高翔园长、黄莉副园长与教师代表为大家作了专题汇报，介绍了机关三幼以"聪慧课程"为中心建设高品质幼儿园的研究与实践探索。

　　成都市教科院学前教育研究中心刘敏主任对机关三幼的汇报进行了专业的解读，呼吁大家在课程建设中注重规范性、全面性和均衡性。

现场学术沙龙，解读"零起点教学"

"小小讲解员"带领大家参观园区

第八届：走向高品质教育——幼儿园游戏活动与课程整合

2018年3月22日至24日，四川省第八届"学前教育教学改革研究共同体"学术研讨会在深圳市召开。这次会议主要是深入贯彻落实《幼儿园教育指导纲要（试行）》和《3~6岁儿童学习与发展指南》的精神，探讨游戏与课程的关系，学习交流深圳市在幼儿园课程游戏化构建与实施方面的经验。

部分参会代表与史勇萍园长合影

深圳市莲花北幼儿园的史勇萍园长作了题为"精粹教育"的主题分享。莲花北幼儿园从2004年开始探索实践幼儿园三位一体课程，在实践中愈发认识到管理的重要性。经过14年上下求索、默默耕耘，精粹的核心理念、精粹的管理、精粹的课程以及"六要素法"思维方法构成如今的莲花北幼儿园的精粹教育模式。

深圳市滨苑幼儿园园长王艺澄带来题为"构造园本课程，打造专业团队"的主题分享，介绍了园长发挥课程领导力，带动教师实现专业发展完成园本课程建

王艺澄园长作主题分享

参会老师边听边记边思，收获满满

构的课程变革经验，并解读了课程建设过程中的室内外学习环境一体化、一日生活整合与实施、主题深度探究与表征、传统文化体验与展示等方法。

深圳市学前教育协会副会长、深圳市学前教育专业发展委员会主任、深圳市明道教育机构教育总监、亚洲幼教年会联合创始人田敏女士作了题为"基于主题规划的项目学习——课程探索与管理实践"的专题报告，为与会者展现出"以课程为轴线，提升管理效能"的教育路径。

▲ 改革开放最前沿的"学习之旅"

▶ 田敏老师作专题报告

第九届：高品质幼儿园建设——滋养儿童生命成长的科学保教

2018年11月15日至16日，四川省第九届"学前教育教学改革研究共同体"学术研讨会在凉山州州级机关第二幼儿园顺利召开。

凉山州人民政府肖春副州长致辞

凉山州教育局游开军局长介绍凉山"一村一幼"的情况

四川省教科院董洪丹副院长分享观点

四川省教科院孙锋所长分享交流

　　四川省教育科学研究院董洪丹副院长提出了以下观点：第一，学前教育要科学规范。学前教育应科学办园，反对幼儿园小学化倾向等不科学行为；应以相关的标准、章程作为办园规范。第二，名优幼儿园应该发挥示范引领作用，同时要加强对家长的科学引导。

　　四川省教育科学研究院民族教育研究所孙锋所长表达了自己的三个观点：第一，高品质的学前教育需要理念先进的课程引领；第二，民族地区学前教育的重点在于双语教育；第三，要做好民族地区与非民族地区学前教育资源的互补。

　　凉山州州级机关第二幼儿园鲁华园长介绍了幼儿园基于和美文化的园本文化建设、课程建设和保教工作。

鲁华园长作主题报告

熊志刚社长作题为"幼儿园美育课程建设"的专题讲座

　　中国人民大学书报资料中心《幼儿教育导读》杂志社社长兼主编熊志刚作了题为"幼儿园美育课程建设"的专题讲座，针对幼儿美育的问题和研究进行了专业的解读，分享了美育数字课程资源库建设的研究进展，还展示了课程资源建设中的一些案例内容。

　　广西师范大学侯莉敏教授作了题为"幼儿园保教质量诊断：从经验走向科学"的专题讲座。侯教授从保教质量角度，为大家介绍了美国ECERS-R（E）、澳大利亚国家评估标准、PQA美国高瞻课程等质量评价工具，深入浅出地阐释了学前教育质量监控体

侯莉敏教授作题为"幼儿园保教质量诊断：从经验走向科学"的专题讲座

系的三个重点领域：机构服务质量、员工/教师质量、儿童发展质量。

　　会议还分为园所管理论坛、师幼互动论坛、幼儿保育论坛等主题进行研讨，并分为艺术、科学、健康三个小组同时进行展示活动。老师与幼儿积极互动，共同完成了一堂堂难忘的示范课例。

成都市教科院学前教育研究中心刘敏主任
点评园长发言

成都市第十六幼儿园余琳园长作主题交流

成都市金牛区机关第三幼儿园高翔园长作
主题交流

成都市第十四幼儿园何世红园长作主题交流

成都军区机关第一幼儿园谢蓉园长作主题交流

成都市金牛区机关第二幼儿园黄洁园长作
主题交流

成都市第三十三幼儿园王亚莉园长作主题交流

彭州市南街幼儿园刘晓清园长作主题交流

成都市温江区实验幼儿园彭海霞园长作主题交流

宜宾市市级机关幼儿园邹晓敏园长作主题交流

遂宁市蓬溪县机关幼儿园李佳园长作主题交流

凉山州州级机关第一幼儿园彭芳园长作主题交流

泸州市纳溪区幼儿园姜晴欣园长作主题交流

遂宁市河东实验幼儿园尹艳园长作主题交流

成都市第十六幼儿园赵三苏副园长展示课例

现场观摩活力十足的体育活动

"共同体"活动为凉山州"一村一幼"计划注入新的活力

第十届：高品质幼儿园的课程形态、环境特点和教师素养

2019年4月15日至17日，川渝对话·学前教育交流合作推进会暨四川省"学前教育教学改革研究共同体"幼儿园园长培训在重庆举行。

成都市第十六幼儿园余琳园长主持会议

成都市金牛区机关第三幼儿园高翔园长代表四川参会代表致辞

成都市金牛区机关第二幼儿园黄洁园长作主题交流

重庆市北碚区缙云幼儿园王琳园长作主题交流

成都市金牛区机关第二幼儿园黄洁园长阐述了自己对于幼儿园高品质课程形态的三个构想：一是指引儿童发现独特的自己；二是支持活动发生真实的学习；三是促使组织发展鲜明的文化。

重庆市北碚区缙云幼儿园王琳园长认为，高品质的幼儿园课程应当是有灵魂、有力量、有效的；幼儿发展是课程价值的本真追求；应通过三环课程结构来培养"五动儿童"。

重庆市教科院徐宇主任作主题交流

成都市温江区光华实验幼儿园何煦园长分享观点

重庆市江津区几江幼儿园钟运红园长分享观点

成都市教科院学前教育研究中心刘敏主任作主题交流

重庆市教育科学研究院学前教育研究中心主任徐宇针对当下课程建设中存在的碎片化、大杂烩、拼盘等误区，提出高品质的课程应当基于特定的哲学，是系统化的，是适合自己的；高品质课程应具备有灵魂的、有根的、要"实"、动态的四个特点。

成都市温江区光华实验幼儿园何煦园长谈到当前环境建设存在的三个困境，认为幼儿园环境是有生命的，具有外显性（高度、宽度和温度）和内隐性（真善美），并提出了五种环境范式。

重庆市江津区几江幼儿园钟运红园长以自己幼儿园户外环境的建设为例，详细阐述了如何把幼儿园建设成为花园、乐园和学园，并从儿童视角出发提出了创设四维发展环境。

成都市教科院学前教育研究中心刘敏主任提出环境应当支持课程，渗透园所的文化，支持儿童的发展；环境建设是一项系统性的工程，要注重其背后的理论支撑和价值追求；同时要做好前置规划和动态调整，既要关注当下儿童的特点，又要关注他们未来的发展，顺应天性，顺势而为。

成都市第十幼儿园教育集团王艳林园长在"创新体制机制，优化激励培训"的主旨演讲中，提出了高品质幼儿园应当是规范办园、科学保教、内涵发展的；应通过实施"两自一包"改革、"名师优师"专项激励机制等来激发教师热情。

成都市第十幼儿园教育集团王艳林园长分享观点

重庆市渝中区区级机关幼儿园庞青园长分享观点

《教育科学论坛》崔勇主编分享观点

绵阳市花园实验幼儿园何云竹园长作主题交流

重庆市渝中区区级机关幼儿园庞青园长提出，教师是幼儿园的第一资源，教师团队建设是培育和提升教师素养的有效路径，要通过团队建设培养教师的认同性、自主性、思考性和协作性，从而实现情智融合的教育。

四川省教育科学研究院《教育科学论坛》编辑部崔勇主编提出了自己鲜明的观点：课程是机会；环境是空间；教师是建设空间给孩子发展机会的人。他从三个问题出发，层层递进，阐述了自己对于人才观、高品质园长的素质、高品质幼儿园的动力机制等的看法；并结合自己的管理经验来谈教师队伍的建设：前置规划与动态调整，赋权赋能与过程指导。

乐山市实验幼儿园涂蓉园长作主题交流

都江堰市幼儿园王敏园长作主题交流

川渝两地的小学校长和幼儿园园长在现场学术沙龙交流

时任成都市双流区实验小学毛凤鸣校长分享观点

时任乐山市实验小学张必友校长分享观点

成都军区机关第一幼儿园谢蓉园长分享观点

成都市第十四幼儿园何世红园长分享观点

重庆市渝中区巴蜀幼儿园罗虹园长分享观点

成都市蒲江县北街幼儿园王红宇园长分享观点

宜宾市市级机关幼儿园邹晓敏园长分享观点

西南大学实验幼儿园宋武园长分享观点

泸州天立学校附属幼儿园王晓艳园长分享观点

攀枝花市实验幼儿园刁玲园长分享观点

指导专家与发言代表合影

第十一届：高品质幼儿园建设——多维度有效提升家园共育工作质量

2019年9月26日，四川省第十一届"学前教育教学改革研究共同体"学术研讨会在泸州天立学校附属幼儿园召开。

开幕式上，为迎接新中国70华诞，天立附幼表演了歌舞《我爱你，中国》，天立附幼家长合唱团和全场代表共同合唱了《歌唱祖国》，表达了大家对祖国的美好祝福。

泸州天立学校附属幼儿园教师、家长和参会代表合唱《歌唱祖国》

泸州市江阳区人民政府罗勇副区长致辞

泸州市教育局刘晓峰副局长致辞

　　会议创新研讨形式，六所幼儿园以情景剧的方式再现家园共育中的典型困境，剖析解决策略，尤其就家园合作解决"幼儿冲突""隔代教育""困境儿童教育"等热点难点问题的实践策略展开了探讨。

成都市第三十幼儿园冀娜园长解读情景剧

北川县安昌幼儿园梁娟园长解读情景剧

成都市第十六幼儿园谢幸希副园长解读情景剧

泸州天立学校附属幼儿园王晓艳园长作主题交流

西昌市东风幼儿园宋春遐园长作主题交流

成都七中八一学校附属幼儿园薛敏园长作主题交流

遂宁市船山区顺城街幼儿园翟英园长作主题交流

《育儿周刊》社赵刚社长作主题交流

四川师范大学博士生导师鄢超云教授认为，做好家园共育工作，要建构"多维"视角，从家长的角度和幼儿的角度综合审视幼儿园的各项工作，在"共什么""如何共"的问题上着力。

四川师大鄢超云教授作主题交流

成都市教科院学前教育研究中心刘敏主任
作主题交流

成都市教科院学前教育研究中心刘敏主任认为，要注重加强家园沟通的互动性、家园活动的适度性、家园合作的有效性，建立平等互助的家园关系，不做"对手"，要做"队友"，实现家园共育的常态化。

北京师范大学张燕教授以"回归生活的幼儿教育：自然质朴而有温度"为题作专题报告，引导大家重新审视自己的幼儿观和教育观。她强调，我们要认识童年的特有地位，让幼儿园成为孩子游戏的乐园。她还介绍了四环游戏小组的研究和实践，从中解读了家园共育的实质追求。

北师大张燕教授作专题交流

日本福山市立大学的刘乡英教授则从"以幼儿生活为基础""以游戏为载体""以全人教育为目标"等角度介绍了日本学前教育的发展和特点，并着重说明了日本家园教育的特色。

日本福山市立大学刘乡英教授作专题报告

现场观摩有趣的集体操

第十二届：高品质幼儿园建设——质量取向的幼儿园园本课程建设

2019年11月13日，四川省第十二届"学前教育教学改革研究共同体"学术研讨会在攀枝花召开。此次研讨活动旨在贯彻落实《3~6岁儿童学习与发展指南》，探讨以质量提升为目标的幼儿园园本课程建设的理论建构与实践路径，分享幼儿园园本课程建设的有益经验。

现场观摩幼儿篮球操演练

参会代表记录精彩时刻

攀枝花市教育和体育局副局长刘自力讲话

攀枝花市实验幼儿园刁玲园长作主题交流

绵阳市公园路幼儿园张春玉园长作主题交流

雅安市雨城区第一幼儿园田川园长作主题交流

绵阳市花园实验幼儿园何云竹园长作主题交流

峨眉山市教育局李庆九总督学作点评交流

成都市第十六幼儿园余琳园长作点评交流

成都市实验小学李蓓校长作专题报告

《教育科学论坛》崔勇主编作专题报告

峨眉山市教育局李庆九总督学指出，课程建设首先要思考"什么是课程""为什么要做园本课程"，并从幼儿园园本课程构建、实施、评价三个方面分享了他的思考。

成都市第十六幼儿园余琳园长谈道，走向高品质的园本课程建设，要进一步思考理想的课程、文本的课程、实施的课程、实效的课程之间的关系。

成都市实验小学校长李蓓以"小学生大课程——成都市实验小学课程建设的思考与实践"为题，介绍成都实验小学"小学生·大课程"课程群建设的探索路径，以跨学段的课程建设视点，引发幼儿园园本课程建设的思考。

四川省教科院《教育科学论坛》主编崔勇作题为"高品质幼儿园园长的三项修炼"的专题报告。他强调，高品质幼儿园呼唤高品质园长，并提出"愿景修炼：不断追求卓越""学术修炼：提升学术修养""心智修炼：转变思维方式"三项高品质园长修炼路径。

四川省教育科学研究院刘涛院长以"幼儿教育内容分类还有其他方式吗"为题作专题讲座。首先，他高度肯定了"高品质学校建设"

的时代意义，明确了"共同体"的定位，指出在新时代要依托教育科研促进教育上新台阶。其次，他介绍了当前四川省教育厅强劲的改革和四川省教科院全面的改革。他指出，四川学前教育的高品质发展，要准确把握新时代教育发展态势，认真贯彻落实国家和教育厅的相关政策，为四川教育鼎兴之路助力。最后，他详细解读了《3~6岁儿童学习与发展指南》的内涵，从内容、年龄段两个维度谈了其对幼儿教育内容分类的思考。他强调，幼儿教育一定要尊重儿童身心发展规律，去小学化，着力幼儿兴趣、习惯培养；一定要结合本市区、本园的实际情况，有针对性地做好课程内容选择。

四川省教科院刘涛院长作专题讲座

攀枝花市教科所彭伟所长出席会议

指导专家与发言代表合影

四川省农村学前教育共同体：高品质幼儿园的辐射引领

在四川省大力推进教育扶贫，助力脱贫攻坚的背景下，为进一步发挥四川省教育科学研究院的智力优势和《教育科学论坛》编辑部平台作用，为农村学前教育提供智力支持，推动全省学前教育优质均衡发展，《教育科学论坛》编辑部依托省教科院分批建成由省内名优幼儿园与深度贫困县幼儿园"手拉手"结对帮扶的四川省农村学前教育共同体。

扶贫先扶智：四川省教科院牵头成立农村幼儿园学术研究"共同体"，组织名优幼儿园与深度贫困县幼儿园开展"手拉手"帮扶活动

2018年4月12日，四川省农村学前教育教学改革研究共同体成立大会暨首届研讨会在成都市第十六幼儿园召开。全省150余所农村幼儿园在此次大会上加入共同体，45个深度贫困县各有一所幼儿园与省内优质幼儿园在会上达成协议，"手拉手"结对帮扶。四川省教科院和金牛区教育局的领导与200余位幼儿园代表共同见证了这个重要的时刻。代表们现场观摩了十六幼老师精彩的现场展示课，参观了十六幼的园所环境和早操展示，并与十六幼的老师们就环境创设的问题进行了交流分享。

成都市金牛区教育局文贤代局长讲话

四川省教科院刘涛院长作重要讲话。他强调，组建农村学前教育共同体主要是为农村学前教育搭建平台，提供支持，以提升学前教育质量，助力教育脱贫攻坚。他提出，我们应认真学习习总书记关于教育扶贫的重要论述，并重视学前教育在脱贫攻坚中的重要作用，在成就面前认清困难，在做好"扶志"和"扶智"的同时注重"扶质"，要重视幼儿成长的品质、家长教育的品质和幼儿园建设发展的品质。在讲话中，他明确提出"办有品质的农村幼儿教育"的目标，并指出，办有品质的农村幼儿园，要以"玩高兴"为逻辑起点，让孩子在幼儿园的活动中认识伙伴、共同玩耍、养成习惯、健体启智，努力克服缺老师、大班额、玩具少、小学化等问题。作为农村幼儿园的教师则应具备谦逊、慈爱、倾听、公平等必备素质。

四川省教科院刘涛院长作专题讲座

四川省教科院陈立兵副院长宣读帮扶协议

幼儿园结对帮扶现场签约

幼儿园结对帮扶现场签约

成都市第十六幼儿园余琳园长作为名优幼儿园代表发言

阿坝州九寨沟县第一幼儿园李静园长作为农村幼儿园代表发言

▲　参会代表现场录像以备深入研究

▶　成都市第十六幼儿园赵三苏副
　　园长作主题分享

　　结对帮扶：在省教科院引领下，名优幼儿园与深度贫困县幼儿园学术交流与工作互助逐步走向深入

　　2018年6月25日，四川省名优幼儿园与45个深度贫困县幼儿园"手拉手"（第二批）签约仪式暨幼儿园高品质队伍建设研讨会，在成都市金牛区机关第三幼儿园顺利举行。来自甘孜州、阿坝州、凉山州等地区贫困县的幼儿园与四川省名优园结成了32对帮扶对子，加入了这个推动全省学前教育优质均衡发展的共同体。研讨会紧紧围绕"幼儿园高品质队伍建设"这个话题进行，分为三大专题板块交流，分别是"优秀团队的专业成长""优秀团队的活力提升"以及"高品质团队管理中的激励策略"。

成都市金牛区教育局副局长刘启平讲话

幼儿园结对帮扶现场签约

幼儿园结对帮扶现场签约

成都市金牛区机关第三幼儿园老师展示课例

现场学术沙龙

现场观摩幼儿园升旗仪式

重点突破：四川省教科院召开全省第二届农村幼儿园学术研究"共同体"会议，聚焦农村幼儿园的共同关切

2018年10月18日至19日，四川省第二届"农村学前教育教学改革研究共同体"学术研讨会在绵阳市花园实验幼儿园召开。活动围绕"课程质量与儿童发展""环境品质与儿童发展""教师素质与儿童发展"三个主题展开研讨。近500名参会代表冒着淅淅沥沥的小雨，分组有序地观摩了绵阳市花园实验幼儿园的游戏乐园。

四川省教科院刘涛院长发表讲话。他充分肯定了农村学前教育"共同体"举办的重要意义，强调教师是幼儿园发展的第一资源，但教师队伍建设问题还任重而道远，其中，解决教师认识的问题是关键。刘涛院长还表示，今后省教科院将推行一系列举措，以切实促进全省幼儿园品质发展。

绵阳市教育和体育局胡东局长讲话

四川省教科院刘涛院长讲话

省市领导、专家出席活动开幕式

绵阳市花园实验幼儿园何云竹园长作主题报告

绵阳市教科所龚林泉所长作专题讲座

成都市茶店子小学李强校长主持研讨

四川师范大学鄢超云教授作专题讲座

峨眉山市教育局李庆九总督学主持研讨

成都市第十六幼儿园余琳园长作专题讲座

时任成都市双流区实验小学教育集团毛凤鸣校长主持研讨

共学共研：携手遇见最美的学前教育发展之旅

2019年11月1日至12月1日，"农村学前教育教学改革研究共同体"学术研讨从线下来到线上，通过网络研修的方式进行。参研幼儿园可以组织教师通过观摩学术沙龙、名师课例，学习专题论文，进行校本研修等形式进行研讨。截至活动结束，平台数据显示，已有3214人参加了网络教研，收到学习笔记和心得体会784份。根据反馈，幼儿园通过此次教研活动了解到名优幼儿园的先进理念和有效经验，收获很大，对自身改革有较大的启发。

学术担当：《教育科学论坛》为学前教育研究搭建起广阔平台

几年来，省教科院《教育科学论坛》编辑部作为学术研究"共同体"牵头部门，致力于在面上推进学前教育改革发展，还积极服务于各个幼儿园成员单位，到现场开展精准帮扶与探索活动，"共同体"焕发出勃勃生机。很多幼儿园的办园质量不断提升，一大批园长迅速成长，成为四川乃至全国学前教育理论与实践研究的领头雁。

在建立学术"共同体"的同时，为配合学术平台的立体建设，全面推广研讨成果与优秀经验，《教育科学论坛》杂志开始创新性地开设学前教育栏目。在各

为民族地区幼儿园赠送教学资源（凉山州盐源县幼儿园）

为学术研究"共同体"提供上门服务，省教科院《教育科学论坛》编辑部走进广安市第一幼儿园

为学术研究"共同体"提升办园理念支招
（都江堰市星星幼儿园）

为学术研究"共同体"园本课程建设献策
（绵阳市游仙区小岛幼稚园）

级教育主管部门和教科研机构的关心支持下，在各参研单位的能动跟进下，《教育科学论坛》长期致力于学前教育"真问题"研究，扎根一线，开展跨区域、跨学段协同攻关，在提升园长素质能力、促进教师专业成长、激活园所文化、构建园所课程体系等教研工作方面取得了丰硕的成果。6年多的时间里，《教育科学论坛》发表了学前教育研究论文近200篇，推出了一大批有价值的专题和文章。仅在近两年，已有9篇论文被人大书报资料中心全文转载，16篇入选索引目录。在"共同体"的研讨和期刊的推动下，越来越多的专家学者参与到改革的研究与实践中，越来越多的优秀成果呈现在学术平台上，越来越多的园长和老师在其中得到了成长的助力。

由普及、普惠，普遍提高办园水平，到共研、共享，共同走向高品质，四川省学前教育人正在新时代学前教育的研究路上不断探索，在"公平而有质量"的办园路上躬身实践、奋力而为，正在立足儿童、基于时代的高品质幼儿园建设路上笃定前行。

参考文献

[1] 中国学前教育研究会. 百年中国幼教[M]. 北京: 教育科学出版社, 2003.

[2] 唐淑. 学前教育史[M]. 北京: 人民教育出版社, 2013.

[3] 田景正, 龙金林, 周端云. 新中国70年我国学前教育政策发展考察[J]. 贵州大学学报(社会科版), 2019, 37(03): 90—99.

[4] 虞永平, 王春燕. 学前教育学[M]. 北京: 高等教育出版社, 2012.

[5] 黄人颂. 学前教育学[M]. 北京: 人民教育出版社, 1989.

[6] 朱家雄. 幼儿园教育活动设计[M]. 北京: 高等教育出版社, 2008.

[7] 虞永平, 原晋霞. 幼儿园课程[M]. 北京: 高等教育出版社, 2014.

[8] 陈鹤琴. 家庭教育[M]. 北京: 中国致公出版社, 2001.

[9] 李辉, 杨伟鹏, 陈君丽. 中国学前教育事业的发展历程及未来挑战[J]. 幼儿教育(教育科学), 2016, (11): 16—21.

[10] 鄢超云. 在游戏中培养儿童的学习品质[J]. 幼儿教育, 2017, (06): 12—15.

[11] 李晶. 科研与教研[J]. 辽宁教育, 2014, (10): 15.

[12] 许卓娅. 用历史生态的眼光看幼儿园的科研诊断工作[J]. 早期教育, 2004, (06): 6—8.

[13] 乐山市实验幼儿园. "家园融合"深度推进"家园共育"[J]. 教育科学论坛, 2016, (07): 5—16.

[14] 彭海霞. 基于幼儿生命成长的"实"文化追求[J]. 教育科学论坛. 2019, (06): 73—79.

[15] 王静. 幼儿园培养幼儿学习主动性现状、问题及对策研究[D]. 南充: 西华师范大学, 2018.

文化
——高品质幼儿园的底色

　　提起文化，我们或许会想到梁晓声说的"根植于内心的修养，无需提醒的自觉，以约束为前提的自由，为别人着想的善良"；或许会想到余秋雨说的"养成习惯的精神价值和生活方式"；或许会想到龙应台说的"品位、道德和智能"……而当我们把"文化"这个词放进"幼儿园"，这些表达都显得有些太"高大上"。幼儿园的文化是什么？高品质幼儿园的文化有哪些特征？要如何建设？当我们越来越认识到文化的重要性，如何理解、如何践行，便成了不可回避的问题。

　　幼儿园的文化建设没有独立负责的部门，也无法体现在每天的工作中，但又时时刻刻影响着教师和幼儿的思维方式和行为方式。因而我们称之为"底色"。有什么样的文化就必然有什么样的幼儿园，就必然培养什么样的幼儿。不注重文化建设，幼儿园的改革发展就会失去方向；但同时我们也要注意，强加的文化更会让教师和幼儿无所适从。高品质的幼儿园文化须说出师幼心底的共识，是从历史和现实中提炼出来的，其特征和路径应在于内生发展。

第一节　幼儿园文化的价值追问与功能定位

幼儿园的文化是什么？尽管我们每个人都身处其中，但我们每个人都有自己的理解，它似乎远在前方，却又扎根于我们身边。幼儿园文化是一个幼儿园在发展过程中累积的物质财富，更是精神财富的沉淀与丰盈，它是一种价值观、一种行为方式、一种氛围，更是一种影响力。这种植根于文化中每个人内心的修养和自觉，彰显出幼儿园独有的文化底蕴和追求，成为幼儿园源源不断的生命力，使幼儿园的发展蓬勃、昂扬。

一　文化让"你、我"变成了"我们"

幼儿园文化是幼儿园在自身发展过程中逐渐生成、优化并沉淀形成的相对稳定的存在形式和生存方式。幼儿园文化既内含于心，凝聚了幼儿园教育的价值追求，表现为办园思想、办园目标、行为规范等；也外显于形，表现为幼儿园建筑风格、园所环境、设施设备等，是内部与外部的统一。

师幼的生命样态是高品质幼儿园文化的主要内容，是幼儿和教师内在的生命发展需要。缘分让孩子们和老师们走到一起，共同生活三年，共享幼儿园生活中的美好与欢乐，共担成长中的忧虑与烦恼。在"人"的视野下关注教师和幼儿的发展，充满深刻而执着的人性与人生关怀，是幼儿园文化的核心体现。

高品质的幼儿园文化提倡"尊重生命、满足生命发展需要、提升生命质量"，其中的生命个体紧紧地连接在一起，汇聚成一个整体，精神相互依存，情感相互依赖，形成你中有我、我中有你、谁也离不开谁的多元格局，孕育出"生命共同体"，在幼儿园发展的过程当中产生生命的力量和生命的成长。高品质幼儿园文化所彰显的生命力、所激发出的强大力量促进幼儿、教师及幼儿园的生命成长。

（一）共创的记忆温暖人心

幼儿园文化是群体的"心声"，能从每个人心中听到共享的声音，这种声音外化为一个个动人的故事，成为共同的记忆，传承着幼儿园发展的历史，彰显着生命发展的历程，成为幼儿园文化的源泉。幼儿园发展的那些重要的时刻、教职工艰苦创业的奋斗故事、团队协作和互相学习的温暖故事、孩子们学习成长的动人故事、家园共育中的融合故事……幼儿园的孩子、老师、家长就是故事的主人公，是幼儿园发展的奋斗者和见证者。这些故事中的爱与尊重充盈着幼儿园，浸润着师生，带给师生像家一样的温暖、关爱、尊重和鼓励，让大家爱幼儿园，自觉维护幼儿园的制度和发展，为自己是其中一员感到自豪并愿意为之付出努力。

▲ （峨眉山市实验幼儿园）

▶ （成都市第十一幼儿园）

幼儿园里的成长记忆

（二）共享的愿景凝聚人心

文化犹如一条思想、情感与行为的河流，在幼儿园内部流淌，细水长流地浸润，潜移默化地影响，让幼儿园中的每个人具有共同的价值信念、共同的发展历史、共同的目标愿景、共同的行为方式。高品质幼儿园文化不仅关注生命需要，同时促进生命成长，支持引领幼儿学会学习、教师专业成长。高品质的管理文化坚持"以人为本"、彰显人文情怀，为幼儿、教师提供空间，搭建平台，欣赏学习过程和成果，让幼儿园成为抒发自我的幸福场所。共同的愿景犹如"黏合剂"将幼儿、教师、家长和社区凝聚在一起，增强每一个人对幼儿园的认同感、归宿感、自豪感和荣誉感，从而激发对工作和学习的热情，引领着幼儿园朝着共享的愿景发展。愿景共享的过程让大家找到更高的目标，不断挑战自我，提高自我效能感，不断实现自我价值和共同理想，引领幼儿园的发展。

"一样的阳光，不一样的成长" （成都市第三十幼儿园）

（三）共生的力量鼓舞人心

整体看来，幼儿园也是个生命体，其"血脉"就是文化。所谓"园所生命力"就是指幼儿园具有独属自己的新陈代谢系统——文化生态系统。高品质幼儿园文化以各生命个体的和谐美好、共融共生为追求，身处其中的幼儿、教师、干部及家长互相依存、互动共进、互相成就，实现生命共同成长；遵循幼儿身心发展规律，遵循学前教育规律，为幼儿园中的生命发展提供新的时空，于互动中传递生命的气息；关注生命的价值，感受生命的成长，使活动的过程成为生命意义不断显现的过程，形成幼儿园发展的生命力，能够在自己的文化生态中创新自己的存在样态，并如基因一般遗传下去。

高品质的文化是幼儿园的底色

（一）园所改革的底层脉络

幼儿园的改革发展看似是在解决一个又一个的问题，是在追逐时代的浪潮，然而，用长远的眼光向前眺望和向后追溯，又始终离不开文化的线索。在文化的深刻影响下，幼儿园改革的方式具有一致性，幼儿园发展的选择具有必然性。如果没有幼儿园文化作为支撑而启动园所改革，即使有十分清晰的策略，在实施中也会出现貌合神离的现象。没有幼儿园文化背景下的共同愿景，改革的理念和外来的建议难以得到园所成员的认同，改革的价值无法深入人心。外力强加的改革仅仅只是流于形式的"运动"，改革的压力一旦撤销，一切又将恢复原状。

成就儿童的自主发展（成都市第三幼儿园）

高品质幼儿园是在对园所文化传承和创新中去发现、挖掘、梳理园所改革的问题和起点，并在园所文化的滋养和生长下逐步去实现园所改革目标，一切改革发展的行动都根植于文化，才使得前行的步伐坚定而踏实。

成都市第三幼儿园的教育追求就是不断走向幼儿教育的本真，读懂儿童，一代又一代教师研读了儿童这本"生命奇书"，真切感受到儿童是值得尊重、必须尊重、自觉尊重的，从而在改革中坚守文化"根基""三自"办园理念："尊重人的自然发展，激励人的自信发展，成就人的自主发展"。如今三幼历经百年，拥有多家分园，而办园的初衷不改，正是由于他们选择了基于文化传承的改革发展之路。

（二）课程建构的底层逻辑

课程是一种特殊的文化形态，文化是课程存在和发展的基础，高品质幼儿园课程能嗅出属于园所本身独特的文化芳香。卢梭说："什么是最好的教育？最好的教育就是无所作为的教育，学生看不到教育的发生，却实实在在地影响着他们的心灵，帮助他们发挥了潜能。"课程是为实现这样的教育服务的，其建构不是凭空想象的，必然是幼儿园文化滋养和生成的。高品质幼儿园文化，是一种长期培育、苦心经营的强大教育力，这其中既有大家共同的愿景，也有在一种氛围下成就的一种行为习惯和思维习惯，而这也正是幼儿园课程谋划与建构的逻辑基础。生命的蓬勃必从根系中汲取养料，课程的发展也必须找到可供其立足并不断提供养料的根本，而这一根本往往存在于幼儿园的历史文化之中，课程只有在历史文化中找到根，并牢牢扎根其中，才能不被"风潮"带离方向。

成都市金牛区机关第三幼儿园"聪慧课程"的研究与实践，呈现出一个在文化孕育下充满生命力的课程，一方面是基于幼儿园相关的研究与传统的实践，另一方面是基于幼儿园办园理念的不断深化。这种继承和发展不仅体现了幼儿园对本园文化的尊重，更是对课程基础的夯实。

（三）教师发展的底层动力

幼儿园文化能借助精神纽带和心理势场把师幼同幼儿园紧密地联系在一起，产生巨大的凝聚力和向心力，并形成一种崇高的团队精神，这种精神转变成每个人心中的那股力量，激励着自己和他人向真向善向美的追求。高品质幼儿园文化是教师信念的母体，园所文化是全体成员共建、共享、共生的，一批批教师的成长和成熟又带动一批批青春、激情的青年教师。在周而复始的循环中，园所文化成为联结不同时代成长、不同生长路径的教师共同的动力支柱，有助于教师的成长和发展。

教师体育教研活动（成都市双流区棠外实验幼儿园）

活跃的课程讨论（泸州市人民南路幼儿园）

成都市双流区棠外实验幼儿园基于"快乐运动"的文化建设，培养了体操、足球、篮球、武术等项目的专职体能教师，通过多项举措提高幼儿园教师的运动素养和教学能力，还创建了"男孩工作室"，划拨专项师培和进修资金，充分给予男教师及特长教师专长发挥空间，营造了全园"快乐运动"的良好氛围，使教师专业发展和园本文化特色相得益彰。

（四）科研突破的底层资源

高品质幼儿园文化营造的共同体氛围，具有隐性的渗透力量，能在合力中寻找需要研究的真问题，在合作中探寻解决问题的方法和策略。幼儿园的发展既是师生与幼儿园的共同发展，也是在园所文化继承与创新中的持续发展，只有在园所文化的滋养下，才有不断改进教育方法与优化课程资源的可能，并且才能真正挖掘出符合园所发展实际的问题，而绝不是现在流行什么就研究什么。文化使科研落脚于幼儿发展，落实于教师身边的资源，而这些是园所最直接的外化表现，自然而然涌现源源不断的发展契机，推动园所持续进步。

凉山州机关二幼坚持"常规立园、科研兴园"的办园思想，以课题研究为抓手，以园本教研为载体。幼儿园从"和美文化"中汲取养分，以深厚的文化底蕴和人文关怀推动科研走向纵深，把教育科研根植于文化之下，纳入整体的育人工作，描绘教师行动蓝图，激发幼儿生命活力，唤醒教师教育观察反思的自觉，围绕教育实践中的"真问题"展开"真研究"，将科研做得扎实有效，把文化立得深入人心。

（五）环境创设的底层代码

园所文化是幼儿园的灵魂，幼儿园环境是园所文化的重要载体。高品质幼儿园的环境创设以园所文化作为指导，同时在环境创设中扩展幼儿园文化的内涵和外延，提升园所文化的能见度，力求让每一个角落都有文化的体现。高品质幼儿园的文化将《幼儿园教育指导纲要（试行）》《3~6岁儿童学习与发展指南》精神、教育理念、教育内容等物化到环境中，通过环境发挥隐性的教育价值，于无声的环境中，彰显幼儿园丰盈的文化内涵。高品质幼儿园里的一草一木、一砖一瓦都可彰显出这个幼儿园的文化内涵和教育追求，每一个角落都有对教育理念灵动、鲜活的体现。我们不难发现，高品质幼儿园的文化从内部到外部系统统筹着幼儿园的户外环境和班级环境创设的每一个细节。

成都市第十四幼儿园多年来在"和文化"的引领下，开展民俗节日文化教育。幼儿园非常注重创设具有民俗文化特色的环境。幼儿园起伏错落的民居墙

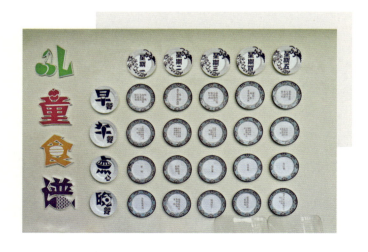

在环境创设中融入文化
元素（成都市第十四幼儿园）

裙，楼梯的生态竹转盘，墙上的民间玩具，地上的跳房图，精美的剪纸艺术，处处渗透着民俗文化特色，洋溢着浓浓的民俗韵味。同时，园所环境根据不同的民俗节日改造创生，营造氛围，促进幼儿在与环境的对话互动中增强对民俗文化的认同感和归属感。

（六）家园共育的底层信念

幼儿园与家庭作为促进幼儿发展的双主体，需要充分考虑对方的需求，在"培养什么样的孩子""用什么方法培养孩子"等核心问题上达成共识、形成合力，才能更好地支持和促进幼儿的发展。幼儿园文化作为家园合作的重要纽带，直接影响着家园共育的方向和内容，直接影响着家长的教育理念和行为。高品质幼儿的文化能够高度链接幼儿园和家长双方，维护积极的对话与合作。在幼儿园文化的浸润滋养下，家长的教育理念和教育方法得到转变和优化，同时幼儿园对于幼儿的培

家长参加篮球比赛（德阳市中江县大东街幼儿园）

养目标也进一步明确，从而有效地调整和优化教育教学。

重庆市巴蜀幼儿园以"创造幸福教育，享受幸福教育"为办园理念，与家长建立了密切的联系。幼儿园与家长达成共识，认同培养幼儿的创造性对于幼儿终身发展的重要价值，聚焦幼儿创造性发展这一核心，向家长传递创造教育的理念，将幼儿的发展指向创造性，通过有效的沟通与互动，明确观念、达成共识，形成家园合力，共同促进幼儿创造性发展。此外，在提升家长培养幼儿创造性能力的同时，家园共育的内容成为完善自在创造园本课程的重要资源。

（七）幼儿成长的底层基因

一所具有深度文化的幼儿园能深刻认识教育本质，关注人的生命成长。它能培育具有幸福生活能力和创新能力的综合性人才，使之适应当下社会的需要、应对未来可能的挑战。高品质幼儿园的文化是幼儿成长的底层基因，它深深内嵌于幼儿生命体的同时，表达在幼儿的生命成长中，潜移默化地影响着幼儿的行为，成为幼儿适应当下和未来发展的坚实基础。我们不难发现，一所高品质的幼儿园，其文化必然有着为幼儿终身发展奠基的深远力量。

温江区实验幼儿园以"实文化"思想为指引，在滋养幼儿生命成长、优化幼儿生命质量的道路上不断探索实践。在"蕴生活之美、尚科学之品"的理念下，追求在美好生活的蕴含中培育幼儿的科学素养，丰盈充实幼儿的生命。在园所文化的熏陶下，在自然真实的生活化教育环境中，在勤实教学团队的努力下，幼儿乐于探究、主动探索、勤于实践的科学品质得到培养并终身受用。

孩子在做科学实验（成都市温江区实验幼儿园）

第二节 高品质幼儿园文化建设的策略

高品质幼儿园文化建设的基本立场

（一）明确价值引领

愿景是"共同的愿望"，最能体现幼儿园的价值引领。对于幼儿园文化建设来说，愿景意味着全体师生对幼儿园文化美好愿望和景象的期许。清晰而美好的愿景永远是对幼儿园师生最好的激励。一所幼儿园没有愿景犹如一个人没有理想与追求，很难有大的发展与成就。明确的发展愿景，不但为行政人员提供了具体的行动方向，也可以使幼儿园各部门保持方向一致，形成合力，而且还能激发全体师生为幼儿园未来发展不断付出的热情与激情。

描绘幼儿园的文化建设的愿景，一方面要体现国家对幼儿教育的要求，始终围绕"为谁培养人，培养什么人，怎么培养人"来构建幼儿园文化建设的美好愿景；另一方面，认真分析本园情况，立足实际，鼓励全体教职工、家长共同参与，规划幼儿园发展愿景，准确定位，当愿景是大家内心的认同，真正成为共同渴望实现的目标时，愿景不再是"她们的愿景"，而是"我们的愿景"，幼儿园文化不再是"她们的文化"，而是"我们的文化"，并在幼儿一日生活及各项工作中将愿景落入具体的行动，为实现愿景而努力。

（二）改造行为范式

幼儿园文化建设不应该停留于"纸上谈兵"，幼儿园文化建设必须要与一线实际工作衔接，通过幼儿园一日生活的每个层面、每个环节，使核心理念逐步渗透，让抽象的"文化"体现在具体的行为中，使"文化"可感可循，真正成为园所可持续发展的不竭动力。幼儿园文化的核心价值观是不变的，但随着内外环境的不断变化，幼儿园也会不断面临新的挑战，其文化也会产生新的内涵。因此，幼儿园文化建设和实施应该是一个动态的过程，需要不断充实和完善；幼儿园中

"老师和我跳皮筋"
（成都市第二十四幼儿园）

师幼的行为范式也随之发生改变，跟随文化在不同时代、不同环境下呈现出不同的具体样态。总之，幼儿园文化是一步一步从实践中做出来的，一旦脱离实际工作，脱离了师幼的日常活动，幼儿园文化就成了空中楼阁。

（三）突出园本特色

幼儿园文化是共性与个性的统一体，幼儿园既要有相通的共性文化，也要有独树一帜的个性文化。高品质幼儿园文化独特、风格鲜明，具有鲜明的个性特征。独特的历史文化积淀使其具有不可复制的特点，这正是园所文化具有无限生命力，对成员具有巨大影响力、感召力的根源所在。高品质幼儿园在推进园所文化建设的过程中，可根据幼儿园实际，结合自身特点、历史渊源和发展趋势，注重建构幼儿园最突出、最典型，且有别于其他园所的教育风格，注重思考和挖掘人无我有、人有我优、人优我特、人特我妙的园所特质，在充分认识自我的基础上，逐步形成具有鲜明个性特征的园所文化。鲜明特色的文化是一所高品质幼儿园竞争力的内核。

同质化的办园模式必然被时代的浪潮所淘汰。《国家中长期教育改革和发展规划纲要（2010—2020年）》指出："要树立以提高质量为核心的教育发展观，注重教育内涵发展，鼓励学校办出特色、办出水平。"幼儿园内涵发展的核心是文化，幼儿园办园体现的差异性，彰显的独特与风格，不仅是幼儿园内涵发展与竞争的需要，也是顺应时代呼唤的需要。

高品质幼儿园文化的差异性不仅表现在教学质量、教育效果上的"优"，而且还能提供教育资源的"特"，提供个性的、多样化的教育以满足不同幼儿的兴趣、爱好、特长及潜能的需要，关注孩子的差异，为每一位孩子的发展留有自己的空间，致力于每个孩子的未来发展。

幼儿园毕业时的"开笔礼"（广元市市级机关幼儿园）

（四）保持生长活力

幼儿园文化建设基于特定的历史传统以及现实的沉淀积累，具有长期性、发展性、动态性的特点。幼儿园文化从过去走来，与发展的现实密切相联，与时俱进和主动创生，在幼儿园发展变革的过程中逐渐将幼儿园文化的精华积淀下来，渐渐舍去其他。取舍留存的过程激发出幼儿园文化生长的活力，同时在融合中不断生长。主要体现在：

一是传承中生长。文化生长基于传承，高品质的幼儿园文化坚持历史优秀经验的主旋律，园本文化是幼儿园优秀传统在当下的创新发展，其中也包含了当下对未来的展望，代代延续。

二是丰富中生长。文化主题、办园理念及培养目标并不是固定不变的，随着时代发展和幼儿园自身发展需要，幼儿园的文化被不断赋予新的内容，注入新的活力，不断与时俱进，不断完善。

三是互动中生长。在高品质的文化中，幼儿园成员的存在充分体现出富有人之尊严的主体性，传承本园名园长、名师的经验及所承载的文化，不断促进教师与园所的共同发展。在师幼互动、师师互动中，捕捉新教育理念实施中的幼儿生命成长的新样态，成为生长的活力。

"亲近自然"文化下的环境打造（成都市双流区西航港幼儿园）

 高品质幼儿园文化建设的主要阶段

（一）凝练内核

对一所幼儿园来说，凝练幼儿园文化的精神内核其实就是梳理、提炼和升华幼儿园的核心价值观和文化精神。凝练内核就是要铸造幼儿园文化建设之魂，这是幼儿园文化建设的首要任务。能不能准确凝练出园所特有的文化内核，使之贯通幼儿园实践的全过程，融入全体师生的血脉灵魂，真正成为行动指南和精神动力，是评价一所幼儿园文化建设的重要标准。文化内核的凝练是对各个幼儿园文化的独特实践的反映。

（泸州市纳溪区幼儿园）

园本文化的外显表达

（宜宾市市级机关幼儿园）

　　凝练幼儿园文化内核，必须与幼儿园优秀历史传统相承接，与幼儿园的办园目标、任务相贯通，与师生工作、学习和生活的实践特点相适应。层次上，文化内核是幼儿园文化的灵魂，在幼儿园文化框架体系中居于核心地位，对其他理念、规范和行为具有统摄作用。凝练文化内核，必须充分揭示幼儿园思想和精神的深层内容，反映全园师生的核心价值追求。可以从以下四点着手：

　　1. 从改革发展中提炼

　　幼儿园的改革发展是在学前教育政策和规律引领下不断自我更新、自我完善的过程。幼儿园发展、教师专业成长、师幼教学活动都不可能脱离幼儿园的改革进程而实现。改革发展的方向体现着幼儿园文化的价值取向，改革发展的动力蕴含着幼儿园教师队伍的精神风貌，改革发展的故事反映着幼儿园师幼活动的行为方式。在改革发展中发现那些让我们感动的瞬间、让我们认同的故事，从体会和感受中认识我们的想法，凝聚我们的理想，就更能够认清我们的文化是何种取向。从改革发展中提炼幼儿园的文化，能使得我们的文化根基深厚、源流清楚。

　　2. 从历史传统中寻踪

　　"如果不清楚幼儿园发展史及其现实，便无法提炼幼儿园精神和建构幼儿园文化。"教育不能只是变革，继承和发扬幼儿园优良传统与文化资源、立足于幼儿园的活动事实成为提炼和建构幼儿园文化的一种有效途径。可对幼儿园所在的地域和历史作本源性的追溯，通过追寻、整理、概括再现幼儿园的传统文化，帮助幼儿园师生了解本园的文化来源与历程，认清本园的文化实际，在继承、利用已经积累的文化价值的基础上加以改进，以形成符合现在及未来发展的高品质幼儿园文化。在幼儿园十几年甚至几十年的发展中，一定会沉淀一些支撑教职工精神的理念和思想。这些理念和思想，包含在幼儿园创业和发展的过程之中，隐藏在一些关键事件之中。把隐藏在这些事件中的精神和理念提炼出来，并进行加工整理，就能发现真正支撑幼儿园发展的深层次精神和理念，这就是幼儿园的精神和理念的内核。

长廊中的运动元素
（四川省直属机关玉泉幼儿园）

3. 从未来展望中设计

对学前教育事业的发展进行分析，对时代需求进行分析，对发展目标进行定位，是幼儿园走向明天的必经之路。认清未来，才能找到现状与目标的差距，才更能让我们看到今天的处境。同时，我们也要进一步回答：要想缩短差距，实现目标，幼儿园必须具备什么精神，应该用什么理念进行指导。按照这种指导要求，我们可以面向未来找到幼儿园发展的文化内核。

根据新的教育理念设计园本文化要素（泸州市江阳区天立学校附属幼儿园）

4. 从外部视角中定位

文化不仅可以从内部视角产生，也可以从外部视角来理解。邀请领导、专家、家长、同行、教师召开各种形式的座谈会、研讨会等，积极听取他们的意见建议，从他们的认识中反思自身，也可以定位形成我们的文化。外部视角的讨论要注重收集不同的认识、不同的凝练方式、不同的表达方式，要平等地看待每一种意见、建议，尊重家长和教师的选择，从不同的角度聚焦其中的共同点，从不同的层次回归文化的核心要素，使园本文化的表达充分体现幼儿园的思想共识和价值认同。

（二）系统设计

幼儿园文化的系统设计要解决三个主要问题，即"为什么""是什么""怎么办"，它不是能够快餐式速成的，而是需要一个不断发展、保持、推进的过程。它既可以是园徽、园旗、园歌、园服、吉祥物等文化载体，也可以是园训、发展目标、发展战略、办园理念等幼儿园精神，但这些内容不能是拼盘式的七拼八凑，一定要经过系统的构建，否则就只能成为文化乱象中的"四不像"。

系统设计是指基于文化主线，在文化主题和教育理念之下，把幼儿园各个教育要素组合构成一个有机整体，实现各个教育要素的创新和有机联系，包括环境创设、课程与游戏、教师团队、幼儿园管理、家园合作及社区合作。

例如成都市第四幼儿园通过对从抗战时期发端的历史名园的文化予以系统性的构建和呈现，从办园理念、环境创设、课程设置、师资培育等方面让大家深切感受到了四幼"尚善培元 育有兴邦"的文化精神。

进行系统设计要注意以下几点：

1. 理性思考，认真研究幼儿园文化的内涵

幼儿园文化包括物质文化、制度文化、精神文化，三个构成成分是三位一体、不可分割的。物质文化是幼儿园文化的外部彰显，精神文化是幼儿园文化的核心内容，而制度文化既是幼儿园物质文化建设的有力保障，又是幼儿园精神文化的外在显现。因此，幼儿园文化建设的三个构成成分是相互渗透、互为补充的，它们共同构成了一个有机的文化整体。

2. 立足实际，明确变革需要和发展方向

在系统设计的过程中，幼儿园要认真审视社会环境及幼儿园内部发展状况，

（巴中市平昌县示范幼儿园）▶

（成都市金牛区机关第三幼儿园王贾桥园区）

结合实际，规划发展

明确变革的需要，以幼儿的实际需求为落脚点，理性思考幼儿园文化建设的发展方向，架构切实可行的幼儿园文化体系。每个幼儿园都孕育在不同的土壤中，由于地域环境、传统文化、经济发展水平、社会风貌等内容的不同，幼儿园的特点就慢慢形成和凸显了。因此，幼儿园在文化建设的系统设计过程中，一定要考虑本园的特点、立足幼儿园活动、注重探索和创新，形成自身的理念和模式，这样才能充分发挥幼儿园文化的作用，引领幼儿园健康、长久地发展。

3. 紧跟时代潮流，结合历史传统

我们在进行幼儿园文化建设时虽然要紧跟时代的潮流，与时代的发展相一致，积极吸收时代发展的新思想、新理念，但绝不是可以完全抛弃幼儿园的传统，另辟蹊径，而是要继承幼儿园优良的传统，以优良的传统和实践的经验作为幼儿园文化的基石。将幼儿园的传统与时代发展相结合，求得两者之间的和谐统一，才能形成幼儿园自己的特色文化。

（三）生动表达

幼儿园文化既需要"内植于心"，也需要"外化于行"，从而将幼儿园文化内在的精神与信念物化，赋文化建设以形。幼儿园可结合顶层设计，综合考虑地域文化特征，辅以个性化、艺术化的外在表征，进一步打造具有浓郁文化氛围的高品质幼儿园。

顶层设计为幼儿园文化铸就了灵魂，那么文化建设的实践表达则为幼儿园文化赋予了生命和具体形象。幼儿园文化的表达可以使抽象文化概念得以具体直观，使内隐的文化内涵得以外化显现，让师生"看得见、摸得着、感受得到"，是对幼儿园文化的阐释、传递和传承，起着营造客观氛围、提供物质载体的作用。文化表达的过程是赋予幼儿园人文精神和文化内涵，充分挖掘和升华幼儿园价值的过程，也是幼儿园文化育人的过程。文化表达的根本目的是始终服务于幼儿园的价值主张与文化追求。幼儿园顶层设计的内容需要借由一定的物质和环境表达才能得以呈现，而这一过程也是幼儿园文化的显性过程。文化的表达丰富多元，不同的园所应以其文化建设的立足点为根据，辅以个性、特性、时代性的外在表征，可以是各种符号，找到多维度的外在表征，即是为幼儿园文化建设赋形的过程。

让阳光照进来（攀枝花市实验幼儿园）

把自然搬进来（成都市双流区彭镇幼儿园）

1. 通过建筑和环境表达

幼儿园文化表达要考虑每一个建筑和任何一处环境的文化意蕴。幼儿园通过建筑和环境进行文化表达，不仅体现在对已有环境和设施的美化和改造上，其实在每一处建筑、每一处景观、每一处绿化的设计上，都需要不断追问"环境的文化内涵"这一根本问题。通过建筑和环境进行文化表达的精妙之处不是把一个"躯体"修饰得如何美妙，而是如何为"躯体"注入生命和活力。

幼儿园的环境是静态的，建筑是固化的，但倘若为其赋予文化和历史的意义，所有的建筑和景观就会变得鲜活起来。环境文化表达应体现以儿童为主体的理念，幼儿园里每一处设计都应从孩子出发，赋予童趣的表达。

比如，天府新区华阳幼儿园门口有可爱的蘑菇建筑，孩子们和家长们都亲切称呼幼儿园为"蘑菇幼儿园"。幼儿园教师队伍建设也按"蘑菇新人、蘑菇丽人、蘑菇达人"分层培养，由此也衍生出了幼儿园的"蘑菇课程"。这样的环境既进行了童趣化的处理，以孩子们喜欢的造型呈现，让孩子们获得更多亲切的体验，同时又把环境对文化的表达运用到教师培养和课程建设中去，赋予了更多的文化内涵。

幼儿园的环境也可以是动态的，与师生交互成长。幼儿园文化建设要让环境会说话，让孩子能与原本静态的景观互动起来。环境作为教育的"隐性课程"，是一本立体的、多彩的、富有吸引力的无声教科书。

例如，崇州市正东街幼儿园的涂鸦墙上，各种不同材质的涂鸦底板和不同颜色的涂鸦材料，以及在整个幼儿园建筑设计之初就预留在墙体上的便于幼儿窥探的小洞洞，吸引着孩子

通过建筑和环境进行园所水文化表达（广安市邻水机关幼儿园）

们主动探索、积极尝试，永葆一颗好奇心。文化可以化育人心，潜移默化间体现着对环境对文化的精心表达，细节处的文化表达为幼儿园带来扑面而来的浓厚文化气息。

2. 通过形象识别表达

通过顶层设计提炼出幼儿园的核心理念后，就需要幼儿园设计一套形象识别系统来对幼儿园进行文化表达。形象识别表达，是加强幼儿园文化建设的良好切入点。它是借鉴"企业形象识别系统"发展而来的，其主要思想是从战略高度来研究丰富幼儿园的内涵和文化特征，将幼儿园的办园理念、行为规范、视觉识别等要素进行系统性分类整合，并对各类组合要素单元进行整合设计、重新塑造，

推动幼儿园管理的规范化、形象的统一化，从而达到树立幼儿园形象、全面推动幼儿园发展的目的。

形象识别系统由理念识别系统、行为识别系统和视觉识别系统三部分组成。

理念识别系统是幼儿园形象识别系统战略运作的原动力和核心部分，属于幼儿园上层建筑领域，由幼儿园领导层决定并执行。具体内容包括：办园宗旨，办园理念，教育目标，教育价值观，园所定位，办园特色，宣传口号，等等。

行为识别系统是幼儿园理念的具体体现和动态实施，用以规范幼儿园内部的管理，规范师生员工的工作行为。其目的在于通过幼儿园各类行为活动让幼儿园师生、社会公众掌握幼儿园信息，达到识别幼儿园、了解幼儿园、认同幼儿园的目的，并能在社会公众心目中树立幼儿园良好形象。具体内容包括：教育模式，课程设置，管理规范与制度，评价量表，等等。

视觉识别系统是幼儿园形象的静态表现，是从外观上对幼儿园的各种视觉因素进行全面统一的规划和设计，将幼儿园的办园理念、文化特质、专业特点等抽象因素转换为具体的符号概念，配合行为识别系统来表达和传播幼儿园信息。具体内容包括：幼儿园标志及寓意，园旗，园歌，吉祥物，名片，信封，文件夹，资料袋，员工服装，幼儿园标准色，等等。

恰当的形象识别表达会使幼儿园形象在极短的时间内发生巨大的变化，这无疑会在社会上、行业中及本园教职员工心里产生很大反响，使员工对新的形象、新的理念、新的战略目标产生兴趣，从而产生自豪感。在这个时候，贯彻幼儿园精神、幼儿园理念、幼儿园规章制度就会事半功倍。

如成都市锦西幼儿园以"生命乐园，多彩锦西"为办园理念，让孩子们在自由、轻松、愉快的环境中自主探索，充分发挥自己的创造力和想象力，在游玩中实现"梦想启航"。围绕这样的想法，幼儿园打造了"锦西大帆船"作为代表性的游戏区域，使孩子们在游戏的过程中体会到幼儿园倡导的文化。

充满童趣的"城堡乐园"
（凉山州宁南县机关幼儿园）

代表梦想的"锦西大帆船"
（成都市锦西幼儿园）

3. 通过行为主体表达

在文化建设中，行为主体主要包括教师、家长和幼儿。幼儿园文化通过行为主体表达主要以人的参与来实现，人的参与也是在为幼儿园文化赋形。人既是文化的载体，也是文化的创造者，因此在幼儿园文化建设过程中，人的参与极为重要。

首先，只有文化引领了教师的内心世界，才能最大限度实现教育使命。只有教师身上彰显了文化的特性，幼儿园教育才能呈现出文化的面相，也才能获得最优的教育效果，因此幼儿园文化建设必须通过教师的参与来进行。具体而言，幼儿园可以创立负责理念系统整理、具体实操环境文化创设以及课程文化研究的各种工作组，让教师们发挥文化建设主人公的热情。在共建共享的研讨实施过程中，文化建设变得切实可行，共同的办园愿景悄然生成。

其次，幼儿园文化需要幼儿的参与，孩子是幼儿园的主人。只有充分体现了幼儿的参与，幼儿园作为幼儿学习成长空间的本质属性才能得到彰显，幼儿园的文化才能切实发生积极的影响，起到潜移默化的作用，助力于全面育人、立德树人。

幼儿园文化需要幼儿的参与，孩子是幼儿园的主人（都江堰市聚源幼儿园）

例如，绵阳市花园实验幼儿园幼儿的主题探索活动"自创符号"，体现了幼儿园文化所倡导的儿童深度探究的学习方式。儿童创造性地使用一定的"符号"来表征自己身边的事物，幼儿广泛使用自创符号而非公共社会符号，让游戏和生活变得更加顺畅、深入、丰富。孩子们自主自信地参与幼儿园活动并最终让儿童成为有独立思考能力又兼具创新精神的生命个体，是对绵阳花园实验幼儿园文化的最好诠释和表达。

同时，幼儿园的文化表达需要家长的参与。《幼儿园教育指导纲要（试行）》明确指出："家庭是幼儿园重要的合作伙伴。师幼应本着尊重、平等、合作的原则，争取家长的理解、支持和主动参与……"一方面要以平等的态度唤醒家长的主人翁意识，激发家长主动参与幼儿园管理，为幼儿园的工作献计献策，使家园融为一体，形成教育的一致性，以促进幼儿全面发展；另一方面也要以一些家长活动、亲子活动为载体让家长参与到幼儿园的文化表达中。

例如，都江堰市幼儿园在幼儿园运动会的整个筹备及组织过程中，家长和幼儿园一起担当孩子的运动教师、活动策划和现场指挥。在家长的建议和支持下，原来单纯的运动会变成了"运动月"。有了家长的参与和带动加上幼儿园的精心组织，幼儿园开始了"运动月"的课程，这一改变为幼儿园的课程赋予了以儿童发展为主的课程文化内涵。

在家长参与下逐渐发展起来的"运动月"（都江堰市幼儿园）

4. 通过网络媒体表达

网络虽虚拟，但绝不虚无，而是幼儿园各种信息的真实表达，它在人与人、人与社会之间搭起沟通交流的桥梁。幼儿园依托网络媒体进行文化表达主要可采用微信公众号、网站、微博、直播平台等形式。这是不同于以往传统的文化表达形式，幼儿园利用得好，可以通过网络为幼儿园文化表达提供全新和快捷的途径，让幼儿园打破传统地域和时间限制，更好地传播文化和彰显文化。

例如，成都市金牛区机关第三幼儿园每一次大型活动都借用了微信公众号和直播平台进行活动前、中、后的全程跟进，这样既可以充分地对幼儿园的活动进行传播和宣传，也让更多的同行、家长和社会各界能够更好地感受和理解金牛区机关三幼的文化主张和价值追求。

在运用网络媒体进行文化表达时要注意严格审核，一定要与幼儿园整体的文化内涵相符合，否则便可能出现难以控制的负面效果。

5. 通过命名来表达

通过命名进行文化表达。命名是幼儿园文化表征的重要形式，一个具有文化意象的名字能够恰如其分地表达出幼儿园的文化追求。幼儿园应在分析区域自然

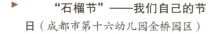

▲　　幼儿园文化通过活动报道得到生动呈现（宜宾市教工幼儿园）

▶　　"石榴节"——我们自己的节日（成都市第十六幼儿园金桥园区）

特征、历史文化和时代要求的基础上，经提炼和浓缩，以命名的形式为幼儿园的文化建设点睛，可以为幼儿园的建筑景观、曲径走廊、户外环境、功能场所、班牌等进行命名设计。

　　如成都市第十六幼儿园以"童年的院子"为整个幼儿园大环境命名，体现出了十六幼努力追求把幼儿园建成一所童年的院子，让幼儿园真正成为孩子们快乐撒欢、收获智慧、品味生活、放飞梦想的地方，这是十六幼对自己文化的表达。

　　又如成都市第十四幼集团的分园分别以和煦、和雅、和悦命名，让幼儿园的"和"文化通过这些名字得以彰显。

6. 通过文化活动表达

文化建设需要借助文化活动进行生动表达。在实际工作中要加强对优秀文化的丰富和实践，定期举办相应的文化活动。例如，在幼儿园举办科技节、音乐节、艺术节以及其他相关的社会实践和活动等，在弘扬幼儿园文化的同时启迪幼儿的价值观。通过活动的举办，幼儿园可以实现园内外的文化宣传，体现教职工对活动的认同和践行，增强其凝聚力，培养师幼的主人翁责任感。幼儿园文化活动的推行还应该深入到家庭与社区当中去，尤其是在社区中，文化活动会因为社区成员的多元组成而更加丰富多样。

传统文化在活动中浸润心灵（遂宁市大英县实验幼儿园）

（四）和谐共生

幼儿园文化的共生是过去与未来在当下共生，个体与群体在组织中共生，观念与行动在对话中共生。幼儿园文化不可能脱离一线工作而存在，一定共生于幼儿园保教工作的实处，体现在幼儿每一天的日常活动中，存在于教师的点滴教育行为中，也融合于家庭、社区的资源整合中。

1. 保教工作规范扎实

严格按照《幼儿园工作规程》《幼儿园教育指导纲要（试行）》《3~6岁儿

童学习与发展指南》精神，对幼儿园一日活动进行规范管理。文化建设应从内涵出发，在幼儿园保教工作中和谐共生，不能脱离保教工作谈文化，文化是共生于保教工作之中的。高品质的幼儿园文化须融入保教工作的点点滴滴之中，做细做实，明确各类工作人员的工作流程，以逐渐形成师幼良好的行为规范。

2. 培养内涵共生的专业教师团队

培养内涵共生的教师团队，既要关注管理层与教师群体的和谐共生，又要关注教师群体内部的共生融合，也要关注到教师个体内在与外在的和谐统一。皮亚杰在《教育科学与儿童心理学》一书中指出，在有关教育与教学的问题中，任何问题都是和师资培养相关的。如果得不到足够数量合格的教师，任何最使人钦佩的改革也势必要在实践中失败。可见，提高教师队伍专业水平是十分重要的。针对不同层次

丰厚的文化需要专业的教师（成都市蒲江县北街幼儿园）

的教师，需要创设不同的学习与发展平台，如培养新教师成为"学习型教师"，培养骨干教师成为"专家型教师"等。人是幼儿园文化建设形成与发展的根本因素，整体提高教师团队综合素质，让教师团队在共生中丰富和发展幼儿园的文化内涵，才能从根本上形成理想的文化氛围，才可能结出文化建设的果实。

3. 重视家庭、社区与幼儿园的和谐共生

幼儿园家长都是当地文化的载体，其中也不乏文化领域的佼佼者，引领幼儿家长参与幼儿园文化建设，不仅可以丰富幼儿园的文化内涵，还可以增加幼儿园的教育资源，进而使幼儿园的文化接地气，促进幼儿园与本地区的人文特点和地域文化相融合，保持良好的生长态势。例如，可以以中国传统节日主题活动为抓手，协同家庭、社区开展丰富多彩的亲子活动。以传统文化为纽带，突出节日民俗特色，密切家庭成员的合作与亲情关系，建立家园、社区共建共享的新型关系，引导家长与孩子共同成长。

（五）完善制度

幼儿园文化建设的本质是推动园所发展和师生共同成长，引领幼儿园文化走向从被动到主动的自觉。制度文化作为园所文化的内在机制，是幼儿园文化建设的根基，制度文化具有强烈的规范性、组织性、制度性的特点，一旦经过幼儿园教职工的高度认同后，对组织成员将起到规范约束、陶冶净化的作用，能促进园所良好行为和价值观念的形成，更能升华为一种无需强制就能在代代师生中自然传承的精神文化传统。

1. 兼容并蓄，规范制度

一所幼儿园必须要有明确的培养目标，有完整科学的规章制度，才能培养和锻炼出教师求真务实的敬业态度，才有可能培养出全面发展的儿童。幼儿园制度文化的积累需要一个长期的磨合过程，要通过一代甚至几代师生的共同努力，日积月累、相沿成习、形成传统，进而才能成为一种真正的文化。目前大多数幼儿园非常重视制度的建设，但是不同程度出现了制度过时、滞后、缺乏，在制度执行过程中存在着有章不循、无章可循、执行乏力等问题，这样一来何谈制度文化的建设与形成。

首先，要根据幼儿园自身发展情况，制订各层次工作计划，形成目标管理系统，全体成员明确职责、有章可循，既各司其职又分工合作；其次，根据目标要求和岗位职责，各条块有目标、有计划地逐层推进；最后，限期总结、评估，做到奖惩分明，从而达到实现幼儿园总目标的目的。

2. 修正调整，不断创新

制度文化的优化应以幼儿园核心理念为指导，对传统制度文化与幼儿园核心理念不一致的内容及时修改完善，针对新的情况以及时代变迁不断进行制度文化创新，充分发挥制度的规范、激励和惩戒功能。面对幼儿园以女性为主体的教职工队伍现状，更应在制度文化建设中充分考虑女性群体的思维和认知特点，在刚性和柔性管理中找到平衡点，引导全体教职工在幼儿园文化建设中从被动向主动转变，让幼儿园制度成为教职工内心的一种文化自觉。

3. 保障落实，形成共识

制度的执行与落实是园所制度文化建设的重要环节。幼儿园工作琐碎细致，各种理念只有真正落实到日常生活中才能真正发挥作用，才能有效促进师生的共同成长。因此，对保教工作常规细节的审视与落实应当成为制度建设的重要抓手。在制度建设的同时，应关注教职工对于制度的认同，形成共识，讲求效率，不断提升工作执行力。幼儿园制度文化构建是在幼儿园教职工中培植幼儿园倡导的价值观的过程，制度不应该只是挂在墙上、放在案上的资料文件，它应该是幼儿园所有员工共同认可、遵守并执行的一种共识。

第三节 高品质幼儿园文化建设典型案例

幼儿园的文化创生有共同的规律可以遵循，但由于不同的幼儿园有不同的发展样态，有不同的价值追求，幼儿园的文化也就有不同的来源，有不同的形成过程，并表现出千姿百态、五彩纷呈的多元面貌。从一些优秀的幼儿园文化建设案例中，我们可以更清晰地看到一所幼儿园文化理念逐渐明确、文化内涵逐步丰富的过程。

【案例一】聪慧之园，三朵花开——指向儿童核心素养的文化追求
（成都市金牛区机关第三幼儿园）

成都市金牛区机关第三幼儿园（以下简称"机关三幼"）是一所拥有六十年厚重历史底蕴的老园，是教育部幼儿园园长培训中心"实践教学"基地、四川省示范性幼儿园、成都市一级幼儿园。近年来，随着对儿童发展需求持续不断的深入剖析，幼儿园对文化建设有了更深刻、更园本化的理解，并不断改革创新、大胆尝试。

一、凝练育人目标，确定"聪慧"表达

培养目标的背后，是教育理念的更新、自我定位的调整和办园思想的深化。因此，机关三幼特别重视园本培养目标的确立，其培养目标的发展大致经过了三个阶段。

第一阶段：健康、聪明、能干

这是每个家长对孩子最单纯的期待和最朴素的要求。该培养目标鲜明地体现了对幼儿未来发展的美好愿望，但多是基于成人视角的解读，也忽视了儿童自我发展的内在规律和内生动力。

第二阶段：有自信、会思考、善表达、富有艺术气质

本阶段的培养目标，是在园本研究发生转向的背景下形成的。该目标站在儿童视角，更注重儿童成长的内涵，培养目标的焦点从儿童成长的外在表现，深入到儿童成长的内在品质，目标更加清晰，开始具有文化意识，体现出园本特色。

第三阶段：聪慧

此阶段通过对园本文化进行总结提炼，概括出"聪慧"这一儿童特征，并根据经济合作与发展组织（OECD）的核心素养体系，结合自身实际，确定了培养"聪慧儿童"的三大领域和七大核心素养。

第三阶段培养目标的确定，描绘了儿童成长的生动蓝图。"聪慧"成为机关三幼培养目标的精准表达，同时也成为办园理念的凝练概括、园本文化的重要主题和教育教学的根本追求。

二、定位办园思想，深化"聪慧"内涵

围绕"聪慧"这一关键词，机关三幼不断总结梳理园所发展内涵，催生出聪慧的园所文化，形成聪慧的育人理念，同时更加清晰地定位园所发展路径，提出了聪慧办园思想。

"聪慧儿童"演绎爱国歌曲

基于"三朵花"的环境色彩

"聪慧"是机关三幼儿童核心素养的核心，是儿童所要实现的内在发展目标。机关三幼在"聪慧"一词"聪明而有智慧"的本义基础上，不仅希望孩子们聪明而有智慧，更希望孩子们成长为睿智、富有内涵的人，能够从容应对人生中的种种挑战，收获别样精彩的幸福人生。

三、爱育三朵花开，拓展"聪慧"外延

机关三幼提倡办聪慧之园，同时也逐渐形成了具有机关三幼特色的"三朵花"文化符号，象征着孩子、教师和家长三大群体，强调三者的融合归一，但绝不抹杀他们独一无二的个性，每个人都有着不可取代的价值和地位。

三朵花开，彰显了聪慧宝贝在无声浸润中的成长风采，寓意着聪慧教师的专业发展一路向前，更体现着聪爸慧妈在教育中以爱为支撑，以智慧为动力，互助共建，积极参与和支持家园共育良好态势的形成。

案例解读：

追随着对儿童成长核心素养的关注与解读，机关三幼致力于不断梳理园所发展内涵，最终形成聪慧的育人理念，提出聪慧的办园思想，形成具有特色的"三朵花"文化符号。从机关三幼的实际探索中，我们可以得到以下经验：

园本文化建设以育人目标为导向。机关三幼不断研究，持续探索，在不同的时期修订育人目标，体现出幼儿园不同时期对幼儿和教育的要求，彰显了时代特征，保证了幼儿园正确的发展方向和良好的发展态势。

园本文化建设以"人"为中心。机关三幼在关注儿童发展的同时，将幼儿园中的教师、家长放置在同一文化视野中，重视教师、家长、幼儿在互动中的参与和智慧的凝聚。

机关三幼园所文化的凝练和深化，不仅凸显了其独特的儿童观和教育观，也体现了高品质幼儿园园本文化的不断发展和创新的生长脉络！

【案例二】从"困境"中"破壁"——基于园本的集团文化重塑
（成都市第十四幼儿园）

成都市第十四幼儿园（以下简称"十四幼"）创建于1993年，先后获得四川省示范幼儿园、成都市一级一等园、教育部幼儿园园长培训中心教学实践基地、成都市托幼工作先进集体等称号，"礼仪教育立常规，民俗教育显特色"体现了十四幼的办园思路。在大力发展公办园背景下，2012年十四幼走上集团发展之路。但随着集团办园规模的日益扩大，集团各园之间保教质量、师资队伍、社会认可度客观存在较大差距，总园文化的表面移植已不能满足集团发展的需要，文化重塑迫在眉睫。

一、困境：集团办园的挑战

在新建公办园数量快速增长的同时，领办园（总园）面临着前所未有的挑战。一是原有的骨干教师队伍逐步在"稀释"，同时外聘新教师大量进入带来教师队伍年龄结构显著变化，平均年龄已低于 23 岁。这样的教师队伍主体思维活跃、年轻富有朝气并有较好的专业背景，在为幼儿园发展注入新的活力的同时，也凸显了先进的教育理念与实际的专业能力存在差距的突出问题。二是各分园保教质量、师资队伍、社会认可度存在较大差距，往往会忽略自身实际情况，对总园产生"文化盲从"，从而失去自身的亮点和特色。

二、破壁：集团文化的重塑

"名园＋新园"的集团办园方式。名园领办并不是简单的"形式移植"和"文化复制"，要打通集团中园际的文化界限，共享优质教育资源，对原有文化进行重塑，是"破壁"的突破口和必然选择。

（一）确立新的文化追求

准确把握国家对学前教育发展的时代要求，丰富、更新名园文化的价值追求。十四幼在原有文化中增加"和"文化的追求，代表三层含义：

一是"和声"。"聚焦集团发展，谱写美丽和声"。集团发展背景下，不再是总园的独唱，而是集团内所有园所发出的以"促进孩子健康成长"为主旋律的最强音形成的和声。

二是"和而不同"。和声中能听到每所园发出的声音。不管是高音、低音、中音，都是适合自己的好听的声音，即体现文化重塑中总园低姿态的文化传承、分园高姿态的文化超越。

三是"和美"。集团内各分园、家庭、教师、幼儿等多个层面的合作与和谐，具有向上、向新的合力。

（二）确立文化重塑重点

根据国家对学前教育发展的重视和《3~6岁儿童学习与发展指南》的颁布对幼儿园发展的内外变化的影响，分析原有文化面临新挑战的缺陷，筛选出幼儿园发展的限制因素，以此确定文化重塑重点。

主体性：教师是幼儿园文化重塑的主体，是《3~6岁儿童学习与发展指南》具体的实施者，教师的教育观、儿童观、价值观如何，直接影响教育教学行为乃至培养目标的实现。为此需要帮助教师树立"以幼儿为本"的教育观、儿童观，使其成为文化重塑的主体。

舞龙舞狮迎新年

多元性：坚守多年来以多元智能引领教师、儿童的发展模式；增强对不同幼儿园发展模式的认知、欣赏和尊重，以及相应的判断、选择和认同能力，也包括对传统文化、自身发展道路的理解、感悟和接纳能力。

开放性：集团内各园内部各自构成的系统互相开放，在发展过程中加强内部子系统之间的有效沟通与联系，互相取长补短，相生互动，共生共融。

生命性：关注教师和幼儿的发展，充满人性与人文关怀，以新的文化反映教师的生命状态，并在幼儿园发展的过程当中感受到生命的力量和成长。

三、发展：集团文化的引领

（一）文化认同——追求"和声"

集团中的个体既指各分园，同时也指集团中的每一个教职工。

　　追求和声，需要做到将"一"的追求和"多"的特点创造性结合。"一"指一个主旋律，即集团发展理念——促进每个幼儿健康快乐发展；"多"指多个分园，秉承集团发展理念在融合中成长。呈现出的已不是十四幼单纯之美，而是集团各园多重叠加之美。

　　在以新园开园为契机，整合人力资源，抽调总园、分园人员抱团合力、携手共进，形成"和声"的同时，通过环境浸润、活动浸润、课题浸润等多重浸润，引导教师从进园开始就浸润于本园独有的文化情怀之中，接受来自文化的熏陶，在情绪情感的支配下主动投入，感知体验"三和"文化的魅力，萌发对幼儿园的喜爱之情，逐步形成对集团文化的认同。

　　（二）多元发展——追求"和而不同"

　　集团发展，并不是"复制"和简单形式上的移植。"和"是精神，差异是力量。在集团文化的引领下，各分园分析自身的优势与挑战，寻找空间，促进分园文化的生长，为一园一品奠定基础。"和悦"分园名字来源于集团"三和"文

民俗活动：赶花会

化，并生成"和乐其美、悦动童心"的办园理念及"和乐"园本课程。"和煦"分园则根据"三和"文化，利用所处"新升"小区取名，以"阳光教育"生成"阳光课程"。

案例解读：

在"和而不同，美美与共"的理念指导下，成都市第十四幼儿园集团立足园本，通过对集团自身发展困境的分析，对"名园+新园"的集团模式内涵进行深入剖析，以"文化重塑"为破壁口，通过整合资源、多元发展、联动合力等方式，在帮助新园打通文化界限、获得高起点园所文化支持的同时，也引导新园在感受"和声"美妙之余，避免了"文化盲从"和简单的"文化复制"，结合园所多方资源与需求，将总园优势文化基因与元素进行园本化处理，不断丰富和拓展文化的内涵和外延，形成了集团"三和"文化，让一园六区的集团发展呈现出资源共享、互相促进的发展格局。

十四幼集团从"困境"到"破壁"的文化重塑过程，即是其园所文化在基于园本的传承中创新生长的过程，更是对其"和而不同，美美与共"的办园理念不懈追求的过程，其基于园本的文化发展和重塑值得我们思考和借鉴。

【案例三】国学儿童化的理性辨析——基于思辨的园本文化凝练
（成都市新都区第一幼儿园）

四川省成都市新都区第一幼儿园是一所创建于1933年，有着80多年办园历史和丰富文化底蕴的省级示范幼儿园。该园大力倡导科研兴园、科学育儿，不断探索幼儿成长的规律，力求以最先进的教育理念凸显最优的教育，促进教师和幼儿的共同成长。十五市级科研课题"根据同伴交往的个别差异进行教育的策略研究"的深入开展，不仅促进了新都一幼"和而不同"的教师团队文化建设，也掀开了"多元、开放"的文化建设新篇章。

一、寻根——发现国学精粹的文化张力

新都一幼在幼儿园文化的建设过程中，始终坚信：园本文化的建设，要经历一个寻根的过程，只有找到了根，才能促进其生长。由此，新都一幼从幼儿园地理位置所在的新都的本土历史文化、中国传统文化精华的国学精粹、幼儿园自身长期积淀下来的价值观和价值追求等方面开始了寻根之旅。

寻根，让新都一幼人进一步认识到，国学精粹是园本文化最宽厚的土壤，它不仅是幼儿园文化的根，更是中华民族生生不息的根，这是一种绵延不绝的文化张力，不但可以启迪智慧、培育性情，更可以开创未来！

二、辨析——建立国学精粹与教育实践的文化凝练

国学精粹博大精深，对于唤起文化自觉，恢复文化自信，实现文化认同，增强民族凝聚力，无疑具有重要的意义。但在今天，当我们将其引入幼儿园，让其为幼儿园文化建设做支持、引领时，是否所有的精粹都能纳入其中呢？又应该如何去选择？新都一幼立足自身教育现状、幼儿与教师的发展需求，在追根溯源、

▲ 国学经典诵读活动

▶ 师幼共同创设有文化韵味的环境

核心提炼、反复论证的过程中，完成了国学精粹与教育的凝练。

（一）提炼国学精粹中的教育智慧

作为中华民族五千年来思想和文化的精华，国学精粹中有着大量的教育的养分与智慧，在反复研读的过程中，教师们发现，《礼记·学记》提出的"教学相长、尊师重道、启发诱导、长善救失"等教学原则，其中，"长善救失"最能体现师生之间的辩证互动关系，"长善救失"不仅指向幼儿，也指向我们教师，让幼儿与教师共生共长。而《礼记·曲礼》说："立必正方，不倾听。"其指出教育中的倾听既是教育的起点也是教育的终点，是调动和尊重儿童主体性的前提。这些内容，与新都一幼所追寻的教育价值和追求高度契合。

（二）发现教育实践中的教育需求

在科研课题的研究过程中，教师们领悟到要走进儿童的心灵，首先要学会聆听他们的倾诉。作为教师，倾听需要一种良好的心性、定力，更需要智慧；倾听也需要修炼，需要文化的功底。而关于"倾听"，老师们认为：幼儿园教育的对象是孩子，一切的工作和服务都是为了这个主体，只有真正了解孩子的成长需求，知道他们的心声，才能"长善救失"，有针对性地实施教育。进而，在讨论、反思、修正的过程中，新都一幼提出"倾听花语，长善救失"的办园理念。这不仅能充分体现园本文化的核心价值和未来发展的指向，而且具备传承性、开拓性和可操作性。

三、践行——探索园本文化的多元生长

新都一幼在"倾听花语，长善救失"的办园理念引领下，不断探索园本文化在管理方式、园本课程、教师教育智慧等方面的多元生长，让教师在自身"善"和"失"中找准成长定位，在"倾听花语"中解读儿童，回归教育理性，促进教师、幼儿的共同成长。

案例解读：

园本文化的建设，必须扎根，又必须生长。扎根，是找到可供其立足并不断汲取养料的根本，并牢牢扎根其中，这样才能不盲目跟风；生长，是不守旧，与时俱进，这样才能保障幼儿园高品质发展。

那么，如何寻根？又如何将"根"与"现实"进行整合而实现生长？新都一幼给我们提供了行动的样本。"倾听花语，长善救失"园本文化凝练的过程，从"寻根"到"聚焦"，再到"践行"，一方面是基于幼儿园相关的研究与传统的实践，另一方面是基于幼儿园对国学精粹的深入解读，处处紧扣自身的教育积淀、教育实践和教育需求，遵循教育规律，紧抓幼儿园中的幼儿、教师的学习特点、发展方向，不仅体现了幼儿园对历史的尊重，更是对文化基础的夯实和对"人"的重视。正是这种对历史和现状的理性思辨，让新都一幼在国学与教育之间寻找到与之契合的链接点，在传统与现代之间建立了与之适宜的教育通道，从而避免了园本文化建设的盲目性，使其在幼儿园原有发展基础上得到充实和提升，保持了整体工作的协调推进，有效促进了教师的专业发展，成就了幼儿灵性的释放！

参考文献

[1] 彭海霞.基于幼儿生命成长的"实"文化追求——对新时期高品质幼儿园管理的思考与实践[J]. 教育科学论坛, 2019, (17)：71—77.

[2] 余琳. 改变幼儿园 从园本文化开始[J]. 教育科学论坛, 2015, (14): 22—24.

[3] 刘先强. 幼儿园文化建设的系统性构建[EB/OL]. [2019–07–11] https://new.qq.com/rain/a/20190413A00AGJ.

[4] 李红英. 当前园本文化建设的突出问题及对策思考[J]. 幼儿教育, 2012, (02): 7—8.

[5] 余馥吴, 王艳嘉, 任建华. 幼儿园文化的传承与创新[J]. 教育现代化, 2017, 4(48): 355—357+364.

[6] 赵中建, 主编. 学校文化[M].上海：华东师范大学出版社, 2004.

[7] 姚艺. 对幼儿园文化建设的初步思考[J]. 学前教育研究, 2004, (9): 52—53.

[8] 冉翼. 幼儿园办园特色形成过程的个案研究[D]. 重庆：重庆师范大学, 2012.

[9] 沈亚娟. 新建幼儿园开展文化建设的意义与路径[J]. 学前教育研究, 2015, (06): 70—72.

[10] 杨达. 民办幼儿园之文化管理[J]. 教育与教学研究, 2012, 26, (09): 118—121.

[11] 线亚威. 幼儿园文化建设指导策略[M]. 北京：高等教育出版社, 2011.

[12] 高翔. 走向未来的教育, 培养聪慧的儿童——以课程改革为中心的高品质幼儿园建设[J]. 教育科学论坛, 2018, (05): 3—7.

[13] 何世红.名园集团文化重塑与教师专业成长[J]. 教育科学论坛, 2015, (16): 56—58.

[14] 赵敏. 园本文化的生长与教师的专业发展[J]. 教育科学论坛, 2015, (14): 52—56.

[15] 罗朝宣.现代学校治理制度设计：新建学校的第一步[J]. 新校长, 2018, 6: 90—93.

第三章

课程
——高品质幼儿园的摇篮

课程是教育中最重要，又是最难解的问题之一。课程既是关于教育目标、内容、方法和评价的一个系统，也是教育思想、教育理论转化为教育实践的桥梁。通常幼儿园的教育实践是以课程为轴心展开的，因此，幼儿园的教育改革也常常以课程改革为突破口。

对于课程的定义，至今为止仍然众说纷纭，"每一种课程定义都隐含着某种哲学假设和价值取向，隐含着某种意识形态以及对教育的某种信念，从而标明了这种课程最关注哪些方面"。幼儿园课程与其他各级各类教育课程的相同之处在于，不管课程的形式如何，它们都反映了社会价值和文化知识，并将这些整合到学习者的经验之中。而其不同之处在于，它更加注重幼儿发展的特点。由于幼儿园课程的对象是处于人生发展速度最快时期的3~6岁幼儿，其学习的发展极大依赖于自身的发展，因此幼儿园课程的建构需要充分考虑每一个幼儿的发展速度和水平。

目前高品质幼儿园已经逐步凸显出"多元融合"的课程建构与发展的特色。我们认为，课程应该将玩与学有机融合在一起，让幼儿学习在幼儿喜闻乐见的游戏中悄然发生；课程应该将幼儿的生活和学习融合在一起，使课程的开展过程就是幼儿生活的过程；课程应该既能够符合大部分幼儿身心发展的规律与特性，又能够让不同个性的幼儿都能够成功，将共性与个性融为一体；课程还应该是园所文化的载体，将幼儿园的人文文化、环境文化和制度文化自然融合在一起；课程更应该是生命与生命对话的过程，是多方参与科学动态建构与管理的过程，是教与不教共生、预设与生成共融的过程！

第一节　高品质幼儿园课程的价值追问与功能定位

幼儿园课程的建设是高品质幼儿园发展的必然要求。各种幼儿园课程之间的差异主要体现在它们所依据的教育哲学和所确定的教育目标上。四川高品质幼儿园在课程发展之路上，经历了彷徨、迷茫和困惑，也发生了诸多可喜的变化，逐渐走向多元融合。在发展的过程中我们逐渐意识到，幼儿园课程不仅要培养幼儿的社会性，为未来生活做好准备，还应该进行连续性的、奠基性的、预备性的知识的体验与学习，与中小学课程融通；不仅要传承中华民族优秀文化，也要满足时代发展的需求。课程既应该以幼儿为中心，通过对幼儿当前发展特征、需求和兴趣的分析来设计；又应该考虑幼儿未来的需要，保证他们能够通过课程具备核心的发展素养。

一　玩学融合，寓教于乐

课程是一个过程。幼儿园的课程首先是师幼之间自然、平等、主动、活泼的互动过程，是师幼作为"人"的交往过程，要充分尊重教师和幼儿各自的权利、意愿和个性；其次，幼儿园的课程也是有目的、有计划的教育过程，要依据幼儿成长的规律，把握节律性和关键期，促进幼儿的身心发展。因而，高品质的幼儿园课程一定是既能生动呈现师幼互动的自主性，又能鲜明体现幼儿发展的引领性的课程。概括来说，即是"快乐玩，有效学"。在高品质的课程中，幼儿在自然、轻松的状态下自主地玩，能够让幼儿体会到精神上的愉悦、心灵上的满足，让幼儿从内心感到幸福；同时，幼儿对身边的现象充满兴趣，专注探索，通过亲身体验不断强健体魄、获得新知、陶冶情意，作用于自身的发展，实现高品质的成长。

在游戏中学习（成都市
温江区光华实验幼儿园）

 平衡发展，和谐成长

纵观中外课程发展的历史长河，教育价值的选择表现为学生与社会总体的价值观、认识观、生活观的同步性。朱家雄教授指出在充分估计中国社会文化背景和知识性质的前提下，中国的幼儿园课程不仅在理念上，而且在实践上更多地将立足点放在儿童一边。儿童视角意味着要从幼儿的兴趣、需求出发，去思考课程目标、课程内容、课程实施、课程评价等各个细节。但同时高品质幼儿园课程不仅要站在儿童的视角，还要注意幼儿需求与社会需求的平衡，巧妙地平衡好看似对立的各种关系，以期达成最适宜幼儿发展需求的目标，才能让幼儿园课程实实在在地落地。

（一）课程内容融合知识与生活

陶行知倡导一日生活皆课程，认为生活即教育、社会即学校，主张教育和实际生活相联系。《幼儿园工作规程》《幼儿园教育指导纲要（试行）》《3~6岁儿童学习与发展指南》均指出："要充分关注幼儿的经验，引导幼儿在生活和活动中生动、活泼、主动地学习""要珍视游戏和生活的独特价值……"强调幼儿园课程既来源于生活、又要能回到生活中去。因此，幼儿园课程生活化，让幼儿在生活情境中构建有价值的经验知识体系，是幼儿园课程构建的重点。幼儿园课程的目标是让幼儿学会生活，课程实施的途径是在生活中展开，课程资源即"大自然、大社会"这些活教材。幼儿的生活本身就是课程，课程展开的过程，也就是幼儿生活的过程，这种生活是能体现幼儿生命成长诉求的。高品质幼儿园课程构建就是要从现实生活中发现和挖掘课程资源，把握幼儿生活中的寻常时刻与教育契机，让幼儿在实践、体验中将各领域的知识、技能及品质还原为经验，然后灵活运用于生活之中。

（二）课程形式协调引导与学习

当前学前教育主张以儿童主动活动代替教师的主导，以游戏作为幼儿园的基本活动，使幼儿在游戏中自由、自发、自主，能够充分调动幼儿的内驱力积极参与活动，是促进幼儿学习与发展的重要途径。在游戏中尽管没有成人的介入，幼儿也能在游戏中自我发展，但是有没有成人的介入和引导，对幼儿的发展还是有区别的。成人的作用就在于能够用教育的眼光来观照幼儿的游戏行为，在最适宜的时候推进幼儿的发展。由此可见，幼儿园课程游戏化既注重幼儿的独立自主学习，又强调活动中教师的引导。幼儿活动中的自我探索、经验积累与教师引导下的经验梳理、概念提升之间，形成了互为促进、互为生长的关系，有效地促进了幼儿经验的螺旋式提升。高品质的幼儿园课程就是要协调好幼儿的主动学习与教师引导之间的关系，在幼儿充分自主的活动中，教师有大量的机会观察与引导幼

生活小事也有大的教育价值（成都市双流区西航港幼儿园）

（德阳市淮河路幼儿园）▶

（成都市双流区棠外实验幼儿园）

在观察中学习

儿将更大的文化范畴中的要素带到他们的游戏世界中去，不断发挥发现、发明和创造的作用，去支持、引导幼儿，这是教师不断理解幼儿的成长并与之共同成长的过程。

（三）课程实施满足共性与个性

幼儿园课程构建是随着幼儿和社会的发展需要而不断更新变化的，是在实施过程中不断完善和发展的。幼儿园课程既能满足现时幼儿全面、和谐发展的需求，又适宜和促进幼儿未来的发展；既遵循幼儿身心发展的客观规律，根据其能力、特点，为幼儿提供适宜的课程，保证幼儿达到现阶段发展的应有水平，又依据幼儿的"最近发展区"，尊重其个性与个体差异，进行针对性教育，做到因材施教。因此在高品质幼儿园课程实施中，教师的观察是活动的起点，解读是确定目标的依据，分享是实施活动的手段，支持是深入活动的策略，教师在活动中尊重、解读与支持幼儿的主动学习，满足幼儿的个体需要，真正促进每一位幼儿全面和谐而富有个性地发展。

三 滋养生命，提升品质

高品质幼儿园课程建设作为幼儿园持续发展的核心与精髓，滋养着园所内所有生命的成长，不仅关注课程本身带给幼儿的发展，还肩负着推动教师发展与幼儿园发展的重任。无论教师专业的成长，还是幼儿园文化的凝练与品牌的彰显，无不体现着高品质幼儿园课程建设的品质与成效。

（一）园本文化的载体

幼儿园文化包含着人文文化、环境文化、制度文化和课程文化。而幼儿园人文文化、环境文化和制度文化总是围绕着幼儿园课程文化而建设的。因此，幼儿园课程建设是幼儿园文化建设的核心。高品质幼儿园课程直接反映着幼儿园的办园理念和育人目标，是幼儿园文化的具体呈现，只有坚持以动态、开放、和谐的原则进行高品质幼儿园课程建设，关注教师是否达成课程建设的共识，形成课程实施的意识自觉，才能建设形成和谐共生、独具魅力的幼儿园文化；也只有高度重视高品质课程建设对幼儿园文化形成的深远影响，才能最大限度地激发课程建设作为彰显园本文化的载体的积极效能。

孩子学习扎染晾晒（成都市新都区第一幼儿园）

展示国画中的简单技法（广元市利州区北街幼儿园）

（二）教师教学的依托

课程，曾经被人看作是教师按部就班的教育载体。而在高品质幼儿园中，课程不仅是教师教学的行动指南，也是教师课程开发实现专业成长的脚手架。课程建设为教师实施课程提供了一张有目的、有方向的预设架构网，但又在预设活动中留存有生成活动的空间。教师摆脱了呆板的课程执行者的束缚与定位，成为鲜活的课程建设参与者和构建者，在课程建设的实践道路上，以切身感悟引发深刻反思和深入探索，从实践层面为课程建设提供反馈和建议，由下至上影响幼儿园的课程建设。

小小音乐会（泸州市铜店街幼儿园）

（三）幼儿成长的阶梯

幼儿的年龄特点使其处于具体形象思维阶段，对于抽象的概念并不能理解，因此他们必须通过活动、通过操作习得经验，这是幼儿学习的独特方式与特点。好的幼儿园课程是一连串以幼儿问题为线索，由一个经验不断牵引出新经验的活动序列，正是在活动中遇到的这些问题带给幼儿不断发展的机会。通过生动的、多感官参与的活动，幼儿完成经验的积累和叠加，并在吸收经验、统整经验、重塑经验的过程中不断发展观察、分析、识别、表达、沟通、创新等各种能力，在想学、爱学、会学的内部驱动下培养主动、好奇、坚持、专注、想象、反思、创造等良好学习品质，实现幼儿的终身长远发展。

专注观察绿色植物（都江堰市星星幼儿园）

科学游戏助健康成长（宜宾市兴文县古宋第一幼儿园）

（四）家园协作的平台

幼儿的发展离不开家园携手共同参与，良好的家园协作是支持幼儿更好发展的平台和基础。只有家园达成教育理念的一致，实现教育步调的统一，家园协作的助力才能被最大限度地挖掘和发挥。高品质幼儿园课程不仅有助于向家长浸润先进科学的育儿观，引领家长树立正确教养观念，帮助家长实现从"旁观"到"助教"的角色转变，同时善于挖掘家长背后丰富的教育资源，进而充实课程内容，扩展幼儿学习视野，为幼儿的发展提供更多的增量。

第二节　高品质幼儿园课程的构建策略

幼儿园课程构建是从理想走向实际、从理论走向实践的过程。理清课程构建的基本原则，有助于幼儿园课程的构建和优化。高品质幼儿园的课程需在原则之上，从课程目标、内容、实施、评价等多个角度进行立体、动态构建，以促进围绕幼儿实施教育的整个系统的整体发展，进而最大限度满足园本幼儿发展需求。

 高品质幼儿园课程构建的原则

幼儿园课程是由多元主体参与统筹建设的完整系统，应根据幼儿的发展需求、时代发展的需求不断动态调整。

（一）多方参与的原则

幼儿园课程是生命与生命、生命与环境的对话过程。直接或间接参与幼儿在园生命活动的所有相关人员都是课程建设的积极参与者。园长、教师、专家、幼儿、家长、社区等多元主体平等对话，影响着课程规划、课程实施、课程评价等一系列课程建设过程。

园长作为"领导者"，整体把握幼儿园课程的系统走向，统筹课程的建设、优化过程。

教师是"实施者"，理解幼儿园课程并直接参与课程环境创设、师幼互动等，决定着幼儿园课程的实际质量。

家长参与的活动课程
（遂宁市大英县蓬莱幼儿园）

专家作为"引航员"，对课程规划与实施进行适宜的指导，有助于课程的质量提升。

幼儿作为"参与者"，直接与课程环境互动、与教师互动、与同伴互动，课程的质量也直接体现在幼儿的生命活动状态以及发展状态中。

"合作者"——家长、社区等社会资源也直接或间接地参与课程建设，让课程更加丰富、更加科学、更具可操作性，是重要且难得的课程资源。

（二）系统建构的原则

幼儿园课程是一个理论与实践、理想与现实、物质与人文有机融合的整体。在课程目标的引领下，幼儿园对环境、师资、时间等进行统筹，在不断对话的过程中实现课程结构的最优化。

课程体系的建构有三大关键环节。

一是基于对国家政策、培养对象、园本情况的分析确立园本课程目标。

二是目标引领实施。幼儿园对园级和班级空间、材料、人力资源进行统一规划，以适当的环境、合理的时间安排，发挥教学活动、游戏活动、生活活动、环境创设和家园合作等各类活动的作用，使其相互配合、相互支持，共同促进幼儿

在手工作坊里做陶艺（成都市第三十三幼儿园）

园本课程须加强开发完善（成都市双流区实验小学附属幼儿园）

的发展。

三是目标引导评价。幼儿园在动态评价的过程中优化课程环境、课程安排、活动组织等。

（三）动态管理的原则

幼儿园课程建设"是一件正在发生着的事"，它是思考的过程，更是实践的过程。在课程发生的过程中，幼儿园逐步完善相关课程的理念、目标、基本架构、内容和活动。幼儿园统筹规划的课程有着预设的活动，更有生成的空间。课程生成走向的不确定性，给课程本身的动态、丰富与多元提供了空间。更重要的是，为适应幼儿未来发展的需求，幼儿园课程建设还要与时俱进：既能满足现时幼儿全面、和谐发展的需求，又适宜和促进幼儿未来的发展；既遵循幼儿身心发展的客观规律，根据其能力、特点、兴趣和需要，为幼儿提供适宜的课程，保证幼儿达到现阶段发展的应有水平，又依据幼儿的"最近发展区"，为幼儿的终身发展奠定基础。

 具化高品质幼儿园课程的组织实施

幼儿园课程构建是整体、系统的工程，是在课程理念的架构下，将课程目标、课程内容、课程实施、课程评价等要素组织起来，形成相对具体的"静态"的课程计划的过程。

（一）描绘愿景，梳理课程目标

幼儿园课程目标是幼儿园课程实施方案构成的主要成分，它既是幼儿园课程设计的出发点，又是幼儿园课程设计的归宿。幼儿园借助课程目标的描述勾勒出经课程实施后幼儿园儿童发展的最终水平和状态。

1. 立足儿童发展

儿童发展包含三个方面的内容：儿童的全面发展、可持续发展、符合社会需要的发展。《幼儿园教育指导纲要（试行）》明确要求："幼儿园教育应当贯彻国家的教育方针，坚持保育与教育相结合的原则，对幼儿实施体、智、德、美诸方面全面的教育，为幼儿一生的发展打好基础，全面落实《幼儿园工作规程》所提出的保育教育目标。"因此，制定幼儿园课程目标应立足教育对象即儿童的身心发展规律与特点，立足终身发展理念，努力体现既顺应幼儿的发展，又将幼儿的发展纳入社会需求的轨道，使课程目标有效地发挥引导、促进儿童学习与发展的作用，最终实现课程希望培养什么样的人的目的。

例如，成都市金牛区机关第三幼儿园的课程目标的制定能够让我们清楚地看到如何从"未来人"的发展分解到"三幼儿童"的发展，最终形成课程目标的过程：首先立足"人"的发展，从国际经合组织提出的未来人才的十大基本素养出发，搭建"面向未来的人"的基本框架；接着根据《幼儿园教育指导纲要（试行）》《3~6岁儿童学习与发展指南》确定了"人与自然、人与工具、人与社会"三大板块的目标内容，并继续分解为"自信、自主、勇敢、尚美、合作、善良和创新"七大核心素养，继而按照七大素养目标指导分段目标的确定并以此作为"聪慧课程"的课程目标框架，课程目标直接指向儿童的预期发展结果，明确指

自主活动，自信表达（成都市金牛区机关第三幼儿园）

明了该园课程实施后幼儿身心发展的最终状态和水平。立足儿童发展构建课程目标的方法能够更加清晰地勾勒出教育对象的发展样态，是直指培养目标的课程目标构建方法。

2. 源于课程理念

幼儿园课程理念反映课程构建者关于教育教学的认识和信念，它是课程的灵魂和支点，其包含人才观、儿童观、知识观、教师观、学习观、教育观等。不同的教育观念决定了究竟要培养什么样的人、怎样培养，因此课程理念与课程目标之间具有密切的相关性，彼此之间有内在的逻辑关系，课程理念指导课程目标的价值取向，而课程目标则是把课程理念变得更具体与实在。

例如，成都市天府新区华阳幼儿园的课程目标就是在其课程理念的基础上形成的。华阳幼儿园坚持"顺应自然、回归朴素、适宜儿童、翻转课程"，强调自然主义的课程理念在园本课程理念中的主要位置，认为在自然与生活的真实情境中，通过活动与环境互动获得经验是更适宜幼儿教育的方式，儿童应该在一种符合大自然生命的状态下接受教育。华阳幼儿园在这种课程理念的指导下提出课程目标。源于课程理念构建课程目标的方法能够更加全面地反映课程设计者的认识论，是推导与梳理结合的课程目标构建方法。

3. 根植园所文化

园所文化是幼儿园在自身发展过程中逐渐生成、优化并沉淀形成的相对稳定的存在形式和生存方式，是一所幼儿园的灵魂，它既是幼儿园在发展过程中累积的物质财富如幼儿园建筑风格、园所环境、设施设备等的展现，也是精神财富如办园思想、办园目标、行为规范等内在意义的气质体现，是内部与外部两大系统的统一。优秀的物质财富和精神财富应该被园所重视，并不断传承和发扬光大。

例如，成都市第三幼儿园创办于1914年，最初名为树基儿童学园，源于其所信仰的蒙养教育，提出了博爱、平等的教育理念。经过百余年的时代变迁，该园一直秉承"传承中奠基、研究中崛起"的文化引领，承载着丰厚的园所文化底

瞧我设计的飞机！
（西部战区空军直属机关
第二幼儿园）

蕴；怀着"树健康之基、树心灵之基、树智慧之基"的教育梦想，提出了"面向未来，以真教育成就儿童美丽梦想"的课程目标，努力实现课程的预期教育追求。根植园所文化构建课程目标的方法能够厚植园所文化内涵，是传承和创新结合的目标构建方法。

（二）丰富内容，优化课程系统

高品质幼儿园课程内容的选择和构建既是活动积累的过程，也是运用课程思维不断优化的过程，一般来说包含课程内容开发、序列化和结构化、活动设计、教学玩具开发等一系列工作。下面介绍六种具体策略，前四种策略侧重介绍课程内容的选择，后两种策略侧重介绍课程内容的结构，最终将零散的活动整合为具有内在联系的课程框架。

1. 根据幼儿兴趣指向选择课程内容

人们常说"兴趣是最好的老师"，有研究认为当一个人对某种事物发生了兴趣，就会对该事物产生集中而持久的注意力，会引起丰富的联想和复杂的思维活动并产生积极的效果；当人在从事自己感兴趣的工作时，其身心会感到愉悦，其智力发展也是最优良的。日常工作中我们也发现，幼儿对活动的兴趣直接影响课程内容的学习效果，如果幼儿的兴趣与我们所选择的课程内容相一致，会大大促进学习的效果，反之，如果幼儿的课程内容是成人的意愿，不是幼儿感兴趣的，幼儿会表现出注意力不集中甚至回避等行为，无法体会到学习带来的愉悦感，相应的学习效果也会大打折扣。

根据幼儿兴趣开展"石头大玩家"游戏（乐山市机关幼儿园）

例如，乐山市机关幼儿园"石头大玩家"案例就体现了由幼儿兴趣、经验累积、交流拓展形成的课程内容：在自然野趣的环境里，幼儿由对天然的鹅卵石感兴趣，从而引发了找石头、堆石头、叠石头等一系列探索活动，其中有幼儿因对棋类游戏的经验而引发兴趣点——石头棋，有幼儿因对建筑的经验而引发兴趣点——石头房子，有幼儿因对迷宫的经验而引发兴趣点——石头迷宫，有幼儿对绘画引发的兴趣点——石头画等。有了教师的介入后，每一个兴趣点都有了更深层次的探索，幼儿逐渐建立起石头棋的规则，探索倒三角的稳定性、迷宫幼儿园等。由幼儿兴趣引发的课程内容在教师有意识的环境、材料、互动支持下，延伸兴趣、积累经验、延续快乐，让游戏的愉悦性贯穿课程的始终。

2. 根据时代热点话题丰富课程内容

时代热点包括人们生活中发生的具有一定影响的事件观点等，反映了人们的关注程度。社会生态系统理论认为，"个人的行为不仅受社会环境中的生活事件的直接影响。而且也受发生在更大范围的社区、国家、世界中的事件的间接影响"。这一表述形象阐明了幼儿是在与环境（人、事、物）的相互作用中成长与发展的。时代热点话题是组成幼儿生活环境中有影响的重要部分，只要教师留意选取，挖掘教育价值，其就能够成为高品质课程内容的资源。

邀请亲自参加国庆70周年阅兵的家长教小朋友学习走正步（成都军区机关第一幼儿园）

例如，成都军区机关第一幼儿园抓住中国人民抗日战争暨世界反法西斯战争胜利70周年时机，支持幼儿用各种方式体现自己的感受，比如"打仗"游戏、"修战争工事"游戏、"制作航天飞船"等活动，同时开展了"每周一幼儿升国旗"活动，每名大班幼儿均有机会穿上升旗服轮流担任升旗手和护旗手，全园幼儿齐唱国歌，观看护旗队的表演，升旗形式的改变再次丰富了班级课程内容——"如何确定轮流顺序""国旗的含义""我是中国人""解放军叔叔是怎样走正步的"等活动应运而生。这阶段由热点引发的园所固定的传统课程内容被传承保留下来。新中国成立70周年之际，园所再次抓住时代热点开展活动：请参加了国庆阅兵的家长来幼儿园讲述阅兵村的故事、教小朋友学习走正步，开展"我爱祖国""阅兵式""天安门"等主题或项目活动。这阶段由热点引发的活动在原有传统课程内容基础上不断系列化，其整合了多领域学习的课程内容，使幼儿获得了更广泛的学习经验。

3. 根据地域资源构建特色课程内容

地域资源是指具有地域特点的人文、自然、社会等资源。四川省位于中国大陆西南腹地，幅员辽阔，特点迥异——有平原、丘陵、高原等截然不同的地理环境；有藏族、彝族、羌族、汉族等多种民族；有相对发达的现代化城市，也有相对落后的贫困山区……不同的地域特点为幼儿园课程内容的选择提供了更丰富的贴近幼儿生活的课程资源。

例如，四川省北川县安昌幼儿园基于羌族文化开发了"贯古老文化于游戏"的不同课程内容：将羌族民间朗朗上口诙谐有趣的儿歌如"叼鸡""吆牛牛"等纳入课程；将趣味性强、游戏规则简单易学的羌族游戏如"斗鸡""抱蛋""打窝""押加"等纳入课程；将羌族传统乐器融入课程内容，让孩子们了解和探索羌族乐器羊皮鼓、芦笙、锣；将羌族节日传统活动融入幼儿园课程内容；将羌族人民生活物品背篼、提苑、鱼篓、筛子等运用到游戏材料中；在重大节日穿上羌族服装，戴上羌族服饰，让幼儿从小感受不同的文化之美……这些活动取材于当地，把地域文化、民族文化有机融合在幼儿园课程内容中，将与众不同的地域课程特色体现得淋漓尽致。

羌族游戏"摔跤"（北川县安昌幼儿园）

4. 根据中华文化理解传承课程内容

中国传统文化是中华文明演化过程中汇集成的一种反映民族特质和风貌的民族文化，是中华民族历史上各种思想文化、观念形态的总体表征，是中华民族及其祖先所创造的、为中华民族世世代代所继承发展，具有鲜明民族特色且历史悠久、传统优良的文化。中华文化通过不同载体反映民族文明，如"诸子百家思想""琴棋书画""语言文字""传统文学""神话传说""传统节日""饮食厨艺""中国戏剧""中国音乐""中国建筑""地域文化""医药医学""民间工艺""中华武术""衣冠服饰"……其内涵之博大精深令世界叹为观止。源远流长的中华文化潜移默化影响着生活在中国大地的幼儿，是幼儿园取之不尽、用之不竭的切合国情实际的宝贵课程资源。

例如，成都市第十四幼儿园经过十余年的探索，深入挖掘各种民俗文化要素，利用丰富多彩的民俗资源建构具有民族文化生长力的幼儿园民俗课程，很好地将中华文化理解传承到课程内容中——在"民俗课程"内容选择上，落脚点放在与幼儿生活息息相关的"民俗节日"和"民俗生活"中，比如针对传统节日开发的课程内容有"欢欢喜喜迎春节""不一样的清明节""端午的故事""中秋月儿圆""乐重阳"等主题活动；针对民俗活动开发的课程内容有"成都赶花会""都江堰放水节之河水清又清"等主题活动；针对民俗生活开发的课程内容有"辣巴适火锅""坝坝宴真热闹""成都老茶馆"等创造性游戏。这些从浩瀚

民俗课程主题活动"五月五过端午"（成都市第十四幼儿园）

的中华文化理解中选择的课程内容，不仅使中华优良文化得到延续传承，而且为幼儿园课程注入更深刻的内涵。

5. 根据幼儿年龄特点组织课程内容

课程内容选择后，需要思考如何组织并系列化课程内容，根据幼儿的年龄特点组织课程内容是最基本的符合教育规律的组织方法。《3~6岁儿童学习与发展指南》指出："幼儿的发展是一个持续、渐进的过程，同时也表现出一定的阶段性特征……"教师应该根据这个阶段性特征组织课程内容。高品质幼儿园教师不仅应该熟练掌握幼儿的年龄特征，还应该深刻领会《3~6岁儿童学习与发展指南》所提出的各年龄段的发展目标，根据幼儿各年龄段能够达到的发展目标设计不同的活动。

四川省直属机关玉泉幼儿园"爱运动，慧生活"园本课程按照儿童年龄特点组织课程内容。在关于"跑"的课程内容中，针对3~4岁幼儿年龄特点提出的要求是"双脚交替，自然地跑"，开展了"飞人大战""小飞人""追

运动课程"跑"的游戏"奔跑吧小猴子"（四川省直属机关玉泉幼儿园）

追乐""超级跨越"等活动；针对4~5岁幼儿年龄特点提出的要求是"按节奏上下肢协调地跑"，开展了"超级邮递员""小小消防员""超级邮递员""海底总动员"等活动；针对5~6岁幼儿年龄特点提出的要求是"身体稍前倾，前脚掌着地跑"，开展了"爱冒险的小兔——采蘑菇""会跑的贴纸""爱飞盘的小狗""森林小动物"等活动。这些根据幼儿年龄特点组织开展的户外运动课程，遵循幼儿年龄发展水平因材施教，体现出高品质幼儿园课程内容组织的适宜性。

6. 根据领域知识逻辑均衡课程内容

学科领域知识是人们对人类已经掌握的所有知识的相对领域划分，具有完整性、条理性、系统性的特点。《幼儿园教育指导纲要（试行）》指出："幼儿园教育内容应该是全面的、启蒙的，可按照幼儿学习活动范畴相对划分为健康、社会、科学、语言、艺术五个方面……在教育过程中应依据幼儿已有经验和学习的兴趣与特点，灵活、综合地组织和安排各方面的教育内容，使幼儿获得相对完整的经验。"《3~6岁儿童学习与发展指南》也明确提出："要关注幼儿学习与发展的整体性。"学科领域知识所具有的特点能够帮助幼儿获得更加完整、均衡的经验，从而平衡和完善幼儿尚未获得的经验。

师生共构活动"下雨了"（成都市第五幼儿园）

成都市第五幼儿园"智慧学习 快乐成长"园本课程在组织课程内容时就体现了这种方式。该园课程内容主要包括共同性课程和选择性课程两个部分。共同性课程是课程建构的基础部分，面向全体幼儿，重在促进幼儿基本发展，着眼于最基本的经验积累和技能的学习，使每名幼儿都积累相应的体验和感受，获得最基本的发展。共同性课程是一日活动的基本框架，是达成目标的基础，涵盖了语言、科学、社会、艺术、健康五大领域的所有内容。选择性课程是指因园而异、因人而异，体现幼儿园和幼儿的个性化发展的课程，它也是彰显幼儿园办园特色的课程。选择性课程的活动内容是在共同性课程基础上根据本班幼儿兴趣而预设或生成的活动，它将共同性课程中各个领域知识、经验有效地结合起来，包含了"主题教育活动""师生共构活动""儿童哲学活动"，兼顾儿童兴趣、情感学习、学习品质等方面的课程内容。这样由基础课程和特色课程相结合组成的课程，既能均衡各领域知识，又能突出课程选择的特色。

（三）把握契机，深化课程实施

如何在课程实施过程中深入推动课程开展？把握教育契机是关键。只有心怀目标，读懂儿童，才能精准把握契机，从而练就敏锐的课程洞察力和高效的课程执行力。

1. 教与不教共生

随着课程改革如火如荼地进行，幼儿园课程不再是教师独有的，而变成了与幼儿共有的。幼儿在课程的选择与开展中逐渐成为主体，教师的"教"从权威的讲授变成了引导、支持与合作。教师顺应幼儿的主动探索，幼儿在教师的引导下收获成长。"教"的意图埋藏在"不教"的姿态之下，"不教"其实又蕴含了"教"的苦心与智慧。

华阳新区天府幼儿园关于"统计"的活动案例很好地说明了这个变化。为了装饰户外操场，幼儿需要了解操场周围可利用的材料，包括有什么、分别有多少。当幼儿快速完成粗略统计，找到树、花、石头等大类别物品时，教师追问："到底有哪些树？有哪些花？开花的有哪些？不开花的有哪些？红色的花有多少？粉色的花有多少？画过的石头有多少？没有画过的石头又有多少？"由此引导幼儿再次开展新一轮更加细致的统计。"如何才能将统计结果准确地记录并呈现给其他人？"幼儿在教师的组织下展开讨论，由此又生发出统计表的设计和统计结果的检验。整个活动虽然是由教师牵引，但却能清楚地看到教师退到了幼儿的身后，担当起了幼儿学习的观察者、引导者和支持者。幼儿由被动的接受者走到了课程的台前，成为学习的主体，在教师的引导支持下积极主动地学习。

孩子和老师正在为装饰操场做"统计"
（成都市华阳新区天府幼儿园）

幼儿自己设计"舞台区"和"观众区"
（乐山市实验幼儿园）

2. 预设与生成共融

幼儿园的课程一般由幼儿自发或教师引发。自发的课程虽然体现了幼儿学习的主体性，但幼儿的学习兴趣容易转移，学习内容也随机散乱缺乏系统；教师引发的课程往往具有一定的主观色彩，并不能真实地反映幼儿所思所想，不一定能回应幼儿的关注与需要。自发表现着生成，引发体现着预设；预设中有生成的空间，生成中有预设的基础，二者共融共生，你中有我，我中有你，在一定条件下可以相互转化。

乐山市实验幼儿园"星星舞会"活动案例很好地说明了这一关系。游戏活动来源于幼儿提出要举办一场舞会，并且要求教师准备灯光。教师并没有制止，而是买来电筒支持幼儿的游戏意图。在初次游戏时，每个幼儿各玩各的，非常混乱。游戏结束后，教师带领幼儿一起讨论："真实的舞会是怎样的？我的舞会需要什么？"通过讨论，幼儿清楚了舞会需要的材料、流程，在接下来的游戏中，幼儿带着问题深入活动，但舞会招聘会结束后却发现报名单谁也看不明白、排练节目时遇到不太听话的演员、灯光师经常不在位等问题，如何才能统筹安排好所有环节、组织好所有的参加人员成了幼儿需要重点解决的问题。幼儿解决这些问题后新的问题又出现了，教师跟随幼儿自己发现的问题并帮助幼儿自己解决场地太小、需要制作节目单、准备节目道具、邀请观众等问题，每一次解决问题的过程都是幼儿学习的过程。可见，教师在课程实施的过程中准确把握好了预设与生成的关系，把课程每一步的生成当作下一步的预设来宏观把控课程的进程，就能够推动课程深入开展。

3. 教育契机的把握与敏锐的洞察力

在课程实施过程中，教师要不断观察、发现和跟随幼儿的需求和兴趣，及时调整活动目标和进程，支持、引导幼儿的活动，充分发挥幼儿的自主性，使课程不断发生和发展。这对教师而言具有一定的挑战性，它要求教师在具备相应的专业知识和技能的同时，还要有教育机智和教育智慧，才能在教育过程中通过敏锐的观察及时把握住教育契机，以调动和激发每个幼儿的潜能。

比如，成都市十六幼的"玩帐篷"案例，课程的起点是连续几天先有孩子大喊一声"怪兽来了"，然后几位小朋友争先恐后躲到桌子下面，为此，教师不断地识别和支持孩子们的兴趣，使课程经历了从"桌子底下玩"到"搭帐篷"再到"帐篷医院"三个阶段，在教师努力去"注意—识别—回应"的过程中，幼儿拥有了为他们量身定做的回应性课程。所以，教师不仅要注意孩子们在做什么和玩

"搭帐篷"之初体验——"桌子底下玩"（成都市第十六幼儿园）

什么，更应注意孩子们在游戏时是怎么玩的和说了些什么，其中的教育契机也许就是课程创生的起点。

4. 解读与支持的师幼互动

课程的实施从始至终都是在师幼互动中进行和完成的，高品质幼儿园课程必然需要师幼通过积极的互动来提高教育的有效性。《3~6岁儿童学习与发展指南》指出："要关注幼儿在活动中的表现和反应，敏感地观察他们的需要，及时以适当的方式应答，形成合作探究式的师幼互动。"在有来有回的教师与幼儿的双向互动中，教师需要通过正确解读幼儿的行为，及时接住幼儿抛来的"球"，通过语言、行动、材料等的支持将"球"打回去。这样持续循环的由幼儿自发或引发—教师推动—幼儿回应的师幼关系的不断发生，让学习成为一种自觉而主动的行为，课程实施得以高质量完成。

教师的追问和点拨导引幼儿游戏走向深入（彭州市南街幼儿园）

比如，彭州市南街幼儿园的"南幼高铁站诞生记"就是一场高质量"抛接球"互动。搭火车是幼儿园常见的建构活动，教师却并未无视这种司空见惯的平常，而是在活动中敏锐地解读幼儿当前的需要。从"看起来怎么不像火车呢"，到"我坐过的火车都是有车头的"，再到"火车从哪里开"，教师不断以善意的"刺头"身份介入活动，不断支持幼儿将简单、单纯的火车建构逐步推动到大型、复杂的高铁站搭建，并且通过"高铁站这么挤可怎么办"的巧妙质疑，成功激发出各类型高铁站工作人员如安保人员、售票人员、安检人员的设置和职责分工，最终将一个建构游戏演变成为一场大型的社会性游戏。幼儿在这个过程中收获的积极情绪体验不断在内部形成充满力量的探究内驱力，推动幼儿在解决问题的过程中，在教师适宜的设疑和追问下主动思考、梳理经验，通过大胆探索、验证想法，将活动不断持续地推向深入，建构知识经验。这样的师幼互动让幼儿的探究更加主动和聚焦，在课程实施过程中使幼儿获得更加有效的学习和发展。

（四）审议调整，完善课程评价

在高品质幼儿园课程的构建中，作为课程调整和教育改进的依据，评价是必不可少的环节，也是困扰诸多幼儿园的难点所在。2001年教育部颁发的《幼儿园教育指导纲要（试行）》明确指出："教育评价是幼儿园教育工作的重要组成部分，是运用评价手段了解教育活动对幼儿发展的适宜性和有效性，以利于调整改进工作，提高教育质量的必要手段。"2012年教育部颁布的《3~6岁儿童学习与发展指南》提出："要尊重幼儿的个别差异……成人不能用自己的标准评判幼儿。"这些都突显了课程评价的重要性和必要性。

1. 建构多方参与的评价组织

教育评价是对教育实践显性或隐性成效及价值的判断，是一个多主体共同参与、协作的过程。这里的"多主体"指的是评价者的多元性。高品质幼儿园课程评价主体应该由各种不同类型的人员组成，如课程指导专家、课程管理人员、课程实施的教师、幼儿及家长等。课程指导专家参与园本课程构建和修正完善，课程管理人员关注教育过程而非教育结果，教师在课程实施过程中关注、评价幼儿的学习和发展状况，以及家长和地方行政机构等对幼儿园课程进行评判，这样诸多主体参与的多元性课程评价视角才能实现对课程的合理性和科学性的认定，进一步调整和完善现有的课程体系。

2. 建构内容立体的评价体系

高品质幼儿园课程评价内容包括三个部分：课程方案评价、实施过程评价、课程效果评价。幼儿园课程评价不应窄化为某一范围，它是立体的、伴随整个教育过程的。课程方案评价是对课程计划本身的评价，如课程理念的科学性、课程内容的适宜性、课程框架的设定方式等，目的是找出正在进行的课程方案的优劣，为修订完善课程方案提供建议。实施过程评价是随时随地发生的，是课程管理人员在课程实施过程中对遇到的问题的反思；教师在课程实施中对课程目标、内容、方式是否适合幼儿发展需要的直接感受，以及幼儿在课程实施进程中的真

课程讨论和评议（成都市第十六幼儿园金桥园区）

实反应等都是对课程的有效评价。课程效果评价是指课程实施后导致的变化，更多地指向幼儿通过课程学习所获得的发展，通过观察、谈话、作品分析等多种方式形成的幼儿发展评价是了解教育的适宜性、有效性的重要手段。

3. 建构关注过程的评价机制

高品质幼儿园的课程不是静态的文本，而是动态的过程；幼儿园课程的建设是一个实践的进程，而不是单纯的书写过程或计划编制的过程，这是幼儿园课程的特质。作为课程构建中的课程评价更应关注过程性。《幼儿园教育指导纲要（试行）》指出"评价应自然地伴随整个教育过程进行"，清晰地指出了评价的过程性特点。幼儿园应在真实、自然的具体情境中，在课程运行的过程当中渗透课程评价形成不断反思，并及时调整教育策略、改善教育措施。与之相对的是活动结束后对课程的评价，这种结果性的评价缺失了调整、修正课程的机会。所以，无论是课程方案的构建，还是课程价值的判断，都需要动态地贯穿于课程运行的始终，与课程运行融为一体。

第三节　　高品质幼儿园课程建设典型案例

四川省内的众多知名幼儿园，围绕课程改革开展了丰富的实践，为高品质幼儿园的课程建设提供了鲜活的案例，开启了高品质幼儿园课程建设的"新视界"。

【案例一】"蘑菇翻转课程"
（成都市天府新区华阳幼儿园）

一、课程理念

园本化课程是孕育、扎根和生长于每一种独一无二的园所文化中的发展适宜性课程，是动态的、多元的。

儿童发展适宜性下，提倡教育归本，以朴素的思想来认识教育，这是一种最基本的教育态度与情怀，以人为本，追溯教育本真。回归儿童的天性，坚持以游戏为基本活动，做有趣的教育；回归教育的本质，遵循慢的艺术，尊重儿童自然成长，因材施教；回归自然的生活，着眼儿童终身的发展，守望幸福的童年。在发展适宜性理念指导下，幼儿园确立了"顺应自然、回归朴素、适宜儿童、翻转课程"的课程理念。

二、课程目标

我们的孩子是自然徒步者、旅程探索者、未来创造者、文化传承者。

（一）自然徒步者——独立自主、善良坚毅

在自然中真实地学习与成长，成为独立自主、善良坚毅的自然徒步者。

（二）旅程探索者——积极自信、合作探索

在学习旅程中感知、探索与发现，成为积极自信、合作探索的旅程探索者。

（三）未来创造者——身心均衡、善思创造

在游戏中提高解决问题的能力，在游戏中奇思妙想，成为身心均衡、善思创造的未来创造者。

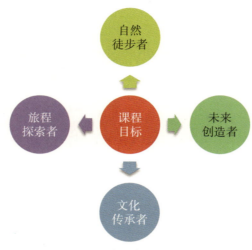

课程目标逻辑关系图

（四）文化传承者——开放多元、传承文化

以开放之心、包容之行理解多元文化，成为中华文化、世界文化的传承者。

三、课程内容

（一）户外课程

户外课程重在"玩"，主张玩在户外、玩中发展。翻转空间，打破了游戏区域空间的局限，使孩子们的游戏和学习场所从教室延伸到户外，走向自然和真实的生活中去。

（二）领域课程

领域课程是指面向各类幼儿园和全体幼儿，体现促进幼儿基本发展的课程。它着眼于最基本的经验积累和技能的学习，使每名幼儿都积累相应的体验和感受，获得最基本的发展。领域课程包括健康、语言、科学、艺术、社会五大领域，以生活活动、运动活动、游戏活动、学习活动四种活动途径，在幼儿的一日活动中得到实施。

（三）活动课程

基于陶行知的生活教育理论，通过对"生活教育""实践活动""大区角活动"的探究，以及"每月一个小活动，每期一个大活动"的开展，将幼儿的学习从教室延伸到户外，从幼儿园拓展到社区，让孩子们在丰富多彩的实践活动中自主探究、发展能力。幼儿园现已形成了"在生活中学习，在活动中发展，在实践中收获"的课程实施模式，并归纳形成了具有幼儿园特色的自主性体验"六大人文主题活动课程"："文明礼仪""爱与感恩""幼小衔接""环保卫士""爱国主义""种养活动"。

（四）家园课程

"家园犹如自行车上的两个轮子，两者缺一不可，只有两个轮子朝着同一方向转动，才能共同地作用于幼儿，促进其发展。"幼儿园一直秉承"家、园、社区三位一体"的教育理念，长期坚持开放办学，坚持推行家长义工活动，固化"家园共构教育主题活动日"的开展，让家长们通过体验和参与真正了解幼儿园的教育教学，也充分利用了家长的专业特长，弥补了幼儿园教育资源的不足，为孩子成长提供更加良好的条件。

四、课程实施

教师执行课程方案，需要在实施课程的过程中进行分解和细化，基于儿童视

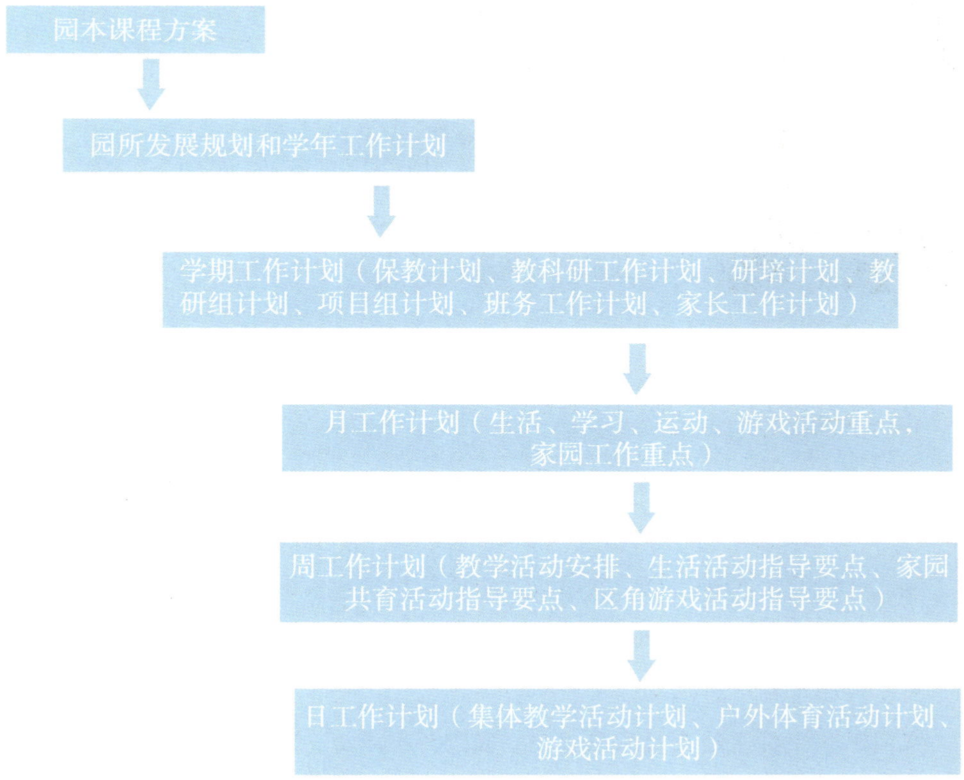

园本课程方案

↓

园所发展规划和学年工作计划

↓

学期工作计划（保教计划、教科研工作计划、研培计划、教研组计划、项目组计划、班务工作计划、家长工作计划）

↓

月工作计划（生活、学习、运动、游戏活动重点、家园工作重点）

↓

周工作计划（教学活动安排、生活活动指导要点、家园共育活动指导要点、区角游戏活动指导要点）

↓

日工作计划（集体教学活动计划、户外体育活动计划、游戏活动计划）

园本课程方案的落实

角与需求，制订出与课程方案相呼应的学年、学期、月、周、日工作计划。

1. 户外课程具体实施

户外课程包含五大领域的学习内容，以游戏的方式进行。根据班级幼儿的情况，选择课程的内容和活动组织形式。

2.领域课程具体实施

领域课程主要采用《幼儿园渗透式领域课程》这套指导用书，共有五本即《健康》《语言》《社会》《科学》《艺术》。课程以分科教学的形式进行，但对指导用书全套进行整体研究，了解课程结构，把握各个领域和领域各部分之间的关系。同时根据班级幼儿的情况，选择相应课程的内容和活动组织形式。

连接起来

3. 活动课程具体实施

活动课程着眼于幼儿经验的扩展和提升，满足幼儿的兴趣、爱好和特殊需要等，尊重幼儿园的自主权和幼儿的选择权，使之形成个性化风格和特色。结合我园实际情况和幼儿发展需要，我园的活动课程为"六大主题活动课程"，根据班级幼儿的情况，选择相应课程的内容和活动组织形式。

4. 家园课程具体实施

家园课程主要通过互动式家长会、家园共构活动、家长学校、家长进课堂、亲子户外活动等实施。

五、课程评价

（一）课程评价原则

基于当前幼儿园课程评价理论及实践的学习，我园结合自身园本课程特点确立了以下基本评价原则：

1. 注重评价兼顾幼儿的整体发展特点与个体差异

注重对影响全体幼儿发展的核心素养开展评价，同时也强调评价关注每一个孩子的发展特点与差异；既要通过评价了解孩子们同样精彩的地方，也要通过评价彰显每一个孩子不一样的特点与长处。

2. 基于自然、真实与客观的情境开展评价

强调评价的过程应真实、客观、自然，立足于具体的情境，关注幼儿在日常生活、户外游戏等自然生活情境中的真实表现。

3. 强调评价的目的是促进发展

课程评价的目的是促进课程的改善、幼儿的发展、教师的发展，鼓励教师以自评为主，综合应用过程性评价与终结性评价，但更强调过程性评价。

4. 综合应用多种评价工具、评价方式

定性与定量评价相结合，综合运用学习故事、访谈法、问卷调查法、观察记录表、成长档案袋、建桥评价等多种评价工具。

（二）课程内容及效果评价

1. 幼儿发展评价

李季湄认为，评价幼儿的发展，不单是评价他们掌握与课程有关的具体知识的情况，更重要的是评价他们在学习活动中的态度、方法、行为方式等。基于上述理解，我们认为课程中幼儿发展的评价，不仅包括认知方面的发展，也包括幼儿的情绪、行为、方法、态度等重要因素。结合课程目标，我们将幼儿发展的评价划分为身体与情绪、行为与态度、认知与方法、文化理解与认同。

2. 教师执行评价

教师是课程的重要实施者。幼儿园依托"双考核"机制（专业晋级考核和绩效考核），对教师的课程设计和课程实施情况进行评价。

幼儿园成立了以教师、教研组长、家长代表、教学管理人员等为成员的课程管理小组，通过每月定期、学期开始和结束时的课程管理小组例会，收集、汇总

来自各方面的反馈信息，对园本课程实施方案进行全面回顾与梳理，发现矛盾并进行调整，同时研讨出课程实施的改进措施与方法。

3. 常用的评价方式与工具

（1）观察记录：教师通过撰写观察记录、观察片段关注并分析幼儿成长表现。

（2）档案评价：建立幼儿档案，从入园开始为每个幼儿建立档案，收集能反映幼儿情感变化、行为表现等的各种信息，整理归档。教师、家长可从档案中看到孩子在园三年时间的发展变化。在幼儿成长档案里，将幼儿各方面的活动进行归类。我们在这个"展示平台"上可以看到幼儿在不同阶段的变化和发展。

（3）学习故事："学习故事"评价是用叙事的方式对儿童的学习进行形成性评价。教师主要运用学习故事和现场照片的方式，记录幼儿学习过程中的精彩时刻。

量一量

（4）问卷调查：根据课程目标的各项要求，制作家长问卷调查表，从教师的教育方法、态度、幼儿在活动中的参与情况和变化，以及教师与幼儿的互动方式等几个方面进行调查，通过对家长意见、建议的收集和了解，进一步了解我们的课程对幼儿发展情况的促进作用，及时调整不适宜的教育目标和教育行为。这一方法能较为系统和全面地让我们掌握教师对课程实施的情况。

（5）访谈：与教师谈话，了解课程实施过程中教师遇到的困惑和问题，积极有效地沟通，从而保证园本课程的实施质量。与幼儿谈话，从而让我们的课程始终保持对幼儿的吸引力和生命力。与家长谈话，一方面可以了解课程是否得到家长的认同，另一方面也会发现很多关于课程实施过程中的不足或问题。

案例解读：

幼儿园课程的框架方案，恰如课程建设的指路明灯，是幼儿园园本课程建设过程中有效经验的提炼，影响着课程建设的方向和质量。一般而言，幼儿园课程的要素包括课程理念、课程目标、课程内容、课程组织与实施以及课程评价五个方面。成都市天府新区华阳幼儿园"蘑菇翻转课程"有顺应自然、回归朴素、适宜儿童、翻转课程的课程理念，有明确的课程育人目标，有结构完整的课程内容，有具体的课程实施方案，有课程评价的原则及相关评价内容，不失为高品质幼儿园课程建设的典型范本。

【案例二】"园本情感教育课程"
（成都市金牛区机关第二幼儿园）

一、园本情感教育课程总目标

围绕健全情感、塑造灵魂、培育精神、完善人格的课程核心价值追求，珍视童年期对儿童情感个性发展的奠基作用，以快乐教育为载体，以培养幼儿积极的情绪状态、健康的情感品质、初步的情感能力为基本方向，发展幼儿的兴趣、个性、道德感、审美感等，培养乐观健康、自信友善、探索创新、求真尚美的社会主

友善的小伙伴

义建设者和接班人。

二、分类目标

按幼儿情感培育的方向，我们在实践中从情绪状态、情感品质、情感能力三个维度梳理了儿童情感教育的分类教育目标。

（一）情绪状态：从小能对生活、对周围环境抱有浓厚兴趣，保持愉快情绪，能热情参加各项活动，形成活泼开朗的性格。

（二）情感品质：在感受被爱与学习付出爱中，建立与社会环境（物和人）的依恋信任感、同情合群感、好奇求知感、审美感、秩序感等。

（三）情感能力：形成初步的感受觉察能力、共鸣移情能力、表达反应能力、情绪调控能力和人际交往能力。

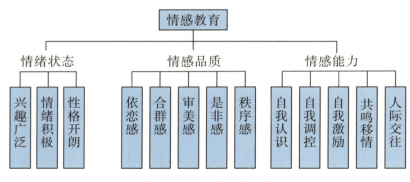

情感教育的分类教育目标

三、阶段目标

（一）我园幼儿在语言、艺术、健康、社会、科学五大领域的阶段发展目标以《3~6岁儿童学习与发展指南》的目标为指导方向。

（二）我园自主设置了幼儿情感能力发展的阶段目标。

案例解读：

成都市金牛区机关第二幼儿园以"融情教育，智慧幼学"为办园思想，追求办成一所"情感学园，幸福乐园"的目标，打造了在全国有一定知名度的"幼儿情感教育"特色品牌。"园本情感教育课程"的目标首先是从园所长期的文化底色中自然生长而成的。

金牛区机关第二幼儿园围绕课程总体理念构建儿童情感教育课程框架，不断完善课程的内容和途径，将幼儿情感教育的目标以五大领域为途径进行融合实施，尊重了儿童各年龄段特点，尊重了知识和学科逻辑，又以幼儿与自我、与他人、与家庭、与

在活动中增强情感体验

自然、与社会的关系为线索，分别确定学期内每个月的主题，尊重了情感教育内容的完整性与逻辑性。

二十多年来，金牛区机关第二幼儿园立足儿童发展，围绕儿童情感教育开展了五轮课题研究，从心理学角度剖析情感能力的培育，既有总体目标，又有不同维度的分类目标，且在分类目标下还有各阶段发展目标，目标体系完整，方向明确，对于课程的具体实施具有精准的导向意义。

【案例三】"顺应自然 因性而教"自然教育课程
（成都市蒲江县南街幼儿园）

蒲江南街幼儿园"顺应自然 因性而教"自然教育课程内容以基础课程为主，将特色课程融于基础课程之中。

一、游戏

（一）基础课程：幼儿自主游戏

自主游戏的内容来自幼儿的生活，来自主题活动中生成的热点，来自周围发

生的事。

（二）特色课程

1. 户外自主游戏

打水仗

幼儿在香蕉林、植物迷宫中打野战，在树林下、后花园中"过家家"，在沙池中开蛋糕店……从主题产生到材料收集、情节发展，都由幼儿自己去制作、推动，力求让幼儿成为游戏的主人。

2. 自然区角游戏

幼儿按自己的兴趣和需要自主选择操作，给幼儿充分的自主权，如探索制作花颜料、制作稻草人、舀豆豆等，幼儿在与材料、同伴的互动中，积极动脑筋、想办法，主动解决面临的各种问题，积累各种经验，培养独立、自信、自主等个性品质。此外，我们还把区角游戏拓展到了大自然中，如组装工具打捞树叶、在沙池中修建房屋、分离沙豆等。各类自然资源让孩子们在玩耍中亲身经历知识概念及技能的学习建构，支持幼儿快乐而深入地进行有效学习。

二、生活

（一）基础课程

1. 生活课程的内容包括：除了"做力所能及的事、文明的行为举止、保护自己、适应集体"等基本生活能力，还要让幼儿学会自助、求助（有技巧）及帮助他人。

2. 根据不同年龄层次，有侧重地关注幼儿生活经验的获得。小班重在游戏中生活经验的积累，中班、大班重在运动、学习中生活经验的获得。

3. 在一日活动中落实生活教育，帮助幼儿养成良好的生活与卫生习惯。

（二）特色课程：关爱生命、珍惜资源

午餐前后，他们会来到种植饲养园，为植物除草、浇水，喂养小动物；自由

除杂草

活动时，他们像"小小自然科学家"一样在幼儿园各个角落观察、研究昆虫及各类花草树木；喝水、洗手时，注意节约用水意识和行为的养成；散步时，春天到大自然中寻找春意、采野花，夏天则到草地上捉蚂蚱，到树下挖"知了"，秋天观察常绿树、落叶树的变化，采摘果子，冬天到地里挖萝卜，到幼儿园各个角落寻找还未冬眠的小昆虫，就连路边的一棵枯树，被孩子们散步时发现，也开展了"枯树死亡原因"大讨论……

三、学习

（一）基础课程：五大领域学习目标及要求

具体活动内容由各班教师结合总目标、分目标进行选择，在每期开学计划中体现，教研组长召集本组教师进行讨论审核后，由各年龄班教师根据本班幼儿在各领域的实际发展水平进行选择、生成，在月计划、周活动安排中呈现，保教主任负责对各班在五大领域课程中的实施情况进行检查、落实、指导。

（二）特色课程：以自然为源，启探索之旅

	主题探索	种植饲养活动	随机学习
大班	"树朋友" "我们来养鱼" "种胡豆" "蜗牛" "快乐香蕉林" "好玩的水"	种植：甘蔗、蚕豆、黄瓜、西红柿、辣椒、花生、向日葵、玉米； 饲养：鱼、兔、鸭子、小蝌蚪、蚕等	开展"打野战"游戏； 在小溪中捉蝌蚪、泥鳅等； 探索芙蓉花的色彩变化； 区分植物迷宫中的茶树与绿化小树、学习摘茶； 亲自采摘香蕉； 利用沙池开展漏沙、量沙等活动； 利用花草树木进行实地写生； 收集不同树叶进行拓印、粘贴等多种方式作画； 收集树叶进行分类、计数、排序等计算活动； 统计幼儿园树的种类,对种植园植物进行比较、测量； ……
中班	"奇妙的竹子" "好玩的沙子" "可爱的蚯蚓" "种萝卜"	种植：萝卜、向日葵、花、豆类、黄瓜、玉米、茄子、辣椒、西红柿； 饲养：鸡、兔、鸭子、蝌蚪、鱼	探索用沙、土做蛋糕、包粽子等； 利用小溪开展放船、探索沉浮、打捞树叶等活动； 关注香蕉林的变化、探索香蕉变黄的过程； 寻找园内的各种果树； 观察描述园内动植物的明显变化； 尝试制作沙画、进行沙与土的对比种植实验； 照顾饲养角的小动物； 利用各类自然物进行比较、涂色、粘贴、点数、排序等活动； ……
小班	"小鸡" "好玩的沙子" "水果宝宝" "蚕宝宝"	种植：萝卜、番茄、胡豆、苦瓜、花； 饲养：小鸡、小兔、乌龟、小鸭	在草地上开展"娃娃家"游戏； 用水进行变色活动； 在小溪中捞物体、玩玩具、踩水玩等； 夏天赤脚走小路； 在沙池中开展"寻宝""挖东西"等活动； 到鸟语林及动物饲养角对小动物说话； 走迷宫； 到香蕉林山上练习爬、滚、滑； 到草丛中寻找昆虫； 利用落叶做游戏； 利用各类废旧自然物进行撕、拼、印等活动； ……

四、运动

（一）基础课程：各年龄班体育运动目标

（二）特色课程：全园大型混合型体育活动

案例解读：

成都市蒲江县南街幼儿园"顺应自然 因性而教"自然教育课程内容丰富多样，能结合园所特色环境，立足幼儿一日生活，从生活、运动、游戏、学习等四大板块整体推进，对幼儿进行"能适应未来生活的基本素质"启蒙，保障儿童在自身教育和成长中的主动地位，真正做到以幼儿的发展为本。

【实例四】"发现·全生活课程"实施要点
（金苹果新蒙特梭利幼稚园·南苑园）

一、快乐生活实施要点

（一）生活体验活动实施要点

1.创设生活体验活动场景，投放真实的、有层次的材料和工具，设计、实施活动。

2.实施生活体验活动的基本步骤："感知——体验——表达"。

3.组织生活体验活动的指导方式。

具体制订行之有效的活动规则，注重活动的连贯性和工序性，兼顾技艺性和创造性，并根据活动内容的需要，允许有一定专业知识和能力的幼儿园其他部门的员工或家长轮流担任，以丰富生活体验坊"坊主"的专业资源。

（二）游戏活动实施要点

丰富的游戏活动是幼儿接受教育的最好课堂，不仅有利于促进幼儿身心的健康发展，也有利于培养他们勤动手、勤思考的习惯，以此学会一些生活的基本常识，同时，也能极大地提高幼儿的感知力、想象力与创造力。

二、健康生活实施要点

（一）日常生活活动实施要点

我们保证每天3~3.5小时充裕的生活活动，包括自我服务、文明交往、自我保护、环境卫生、生活规则、服务他人等，强调教育要回归生活，注重让幼儿养成良好的习惯、适应共同的生活。

（二）运动活动实施要点

我们采用各年龄段幼儿分时间段户外运动，保证幼儿每天有两个小时户外活动时间，包括早操、户外体育活动、散步活动等。定期组织园级幼儿运动会、亲子运动会、亲子远足活动等。

三、智慧生活实施要点

（一）主题探究活动实施要点

幼儿园实施的探究性活动以幼儿在突发情景中所生成的问题为切入点，再与教师的预设相结合，形成师生共同探究知识的过程。幼儿是在教师的指导下，从自然、社会、生活的探究活动中主动地获取知识、应用知识、解决问题的。形成了"激发兴趣—发现问题—解决问题—交流分享—获取知识"的学习模式。

充分利用社区和家长资源是社会实践活动开展的强力后盾。各种参观、体验、感受活动都使孩子们在不知不觉中体验到了分享、交往的快乐，为幼儿良好情感的发展提供了丰富的养分，也是幼儿巩固所学知识、吸收新知识、发展智能的重要途径。

（二）节日生活活动实施要点

我们采用创新丰富节日环境、挖掘节日文化内涵、形成节日文化共识等方式，对幼儿进行爱国主义教育；利用传统的节日活动，对幼儿进行感恩教育；等等。

（三）文创艺术活动实施要点

我们选择孩子们熟悉的生活内容来支持孩子们体验生活，体会艺术情趣。引导幼儿在日常生活中体验生活的状态，延展思维和想象，通过艺术表现来感受生活的多样性与情绪的丰富性，拉进艺术与幼儿生活的距离，启发多元的艺术语言形式。通过教学主题、艺术交流等方式来实现艺术内容的整合，通过教学设备实现艺术形式的整合，通过幼儿的互动来实现教学情感的整合，获得全面发展。

案例解读：

金苹果新蒙特梭利幼稚园·南苑园"发现·全生活课程"的实施要点紧贴幼儿的日常生活，符合大多数幼儿的发展水平，做到了全体性；同时紧扣幼儿一日生活各环节，保证活动时间的科学安排和空间的合理利用，具有较强的可操作性；紧系幼儿的自主发展，重视儿童"生活精神""生活态度""生活实践"，强调了教育回归儿童生活本位。

参考文献

[1]　朱家雄. 幼儿园课程[M]. 上海: 华东师范大学出版社, 2005.

[2]　施良方. 课程理论[M]. 北京: 教育科学出版社, 1996.

[3]　虞永平. 学前课程价值论[M]. 南京: 江苏教育出版社, 2002.

[4]　虞永平. 生活化的幼儿园课程[M]. 北京: 高等教育出版社, 2010.

[5]　何耀婵. 有效指导幼儿进行自主游戏的方法[J]. 广西教育(义务教育), 2018, (10): 145—146.

[6]　杨威. 幼儿园课程建设的问题及其操作原则[J]. 现代教育科学 (小学教师）, 2012, (3): 97.

[7]　王振宇. 论游戏课程化[J]. 幼儿教育·教育科学, 2018, (4): 3—8.

[8]　崔勇, 张文龙. 基于课程愿景的课程领导[J]. 教育科学论坛, 2018, (10): 5—10.

[9]　朱萌. 试论我国学前教育的未来发展[J]. 科教文汇, 2016, (26): 111—112.

[10] 彭丽. 皮影艺术在学前专业美术课程中的应用研究[J]. 教育艺术, 2018, (9): 19—20.

[11] 王原平, 朱朝霞, 黄俊民. 幼儿养成教育课程评价的原则与方法[J]. 江西教育学院学报, 2013, (6): 124—127.

[12] 徐途琼. 构筑园区教师专业成长发展路径[J]. 教育科学论坛, 2018, (20): 54—56.

[13] 姚艺. 我园主题探究活动课程的开发与实践[J]. 学前教育研究, 2002, (6): 61—63.

[14] 李文玲, 舒华. 优质幼儿园课程建设: 理念与教学实践[M]. 北京: 北京师范大学出版社, 2011.

[15] 顾剑英. 爱上民间艺术: 民间艺术教育融入幼儿园课程建设的实践研究[M]. 上海: 上海社会科学院出版社, 2012.

[16] 虞永平, 张辉娟, 钱雨, 等. 幼儿园课程评价[M]. 南京: 江苏教育出版社, 2005.

教师
——高品质幼儿园的中坚

百年大计，教育为本；

幼教蔚起，教育之根。

育才兴邦，教师为本；

人才凝聚，幼有所育。

从古至今，教育是一个永不褪色的话题，伴着新时代的曙光，从"有学上"到"上好学"，高品质成为人们对教育的诉求，党和国家对加快推进教育现代化，建设教育强国，办好人民满意的教育予以高度重视。如何在幼有所育上不断取得新进展？这就不得不提到教师。教师是立教之本、兴教之源，是教育发展的核心力量和第一资源，承担着传播知识、传播思想、传播真理的历史使命，肩负着塑造灵魂、塑造生命、塑造人的时代重任。全面推进高品质学前教育改革发展势必需要一支高品质教师队伍做强有力的支撑，培育高品质教师是幼儿园走向高品质的关键。然而，高品质教师的培育却没有同一的"教材"和统一的模式，由此它就成了一个极其复杂且难以把握的问题。

第一节　幼儿园教师培育的价值追问与功能定位

高品质幼儿园教师是多元、有特色、有创造性的教师，专业自觉是培育高品质幼儿园教师的必然选择。

一　专业自觉：高品质幼儿园教师培育的必然选择

在探索高品质幼儿园教师培育的问题上，费孝通先生的文化自觉论给了我们启示。文化自觉是着眼于国家和民族文化发展与振兴角度提出来的，其包括两层含义：一是文化认同，指生活在一定文化背景下的人对其文化要有自知之明，对它的来历、形成过程、所具特色和发展趋势有充分的认识，即对文化的自我觉醒、自我反省、自我创建。二是自主发展，即在认识自己的文化，理解并接触到多种文化的基础上，正确处理自己的文化与其他民族文化之间的关系，通过自主适应与发展，在多元文化世界中确立自己的位置。费孝通先生用"各美其美，美人之美，美美与共，天下大同"高度概括文化自觉的本质内涵。

尽管文化自觉是基于社会学的研究，但它对高品质幼儿园教师做培育具有方法上的指导作用，为幼儿园教师的培育提供了新的视角和可行路径——教师专业自觉。

（一）专业自觉是党和国家对幼儿园教师的殷切期盼

党和国家从宏观保障和外培机制上厚植新时代教师队伍建设。2012年出台的《幼儿园教师专业标准》，对教师提出了基本专业要求。2017年11月，《关于全面深化新时代教师队伍建设改革的意见》中就如何加强教师师德师风建设、提升教师专业素质提出要求，指出要全面提高幼儿园教师质量，建设一支高素质善保教的教师队伍。2018年11月，《中共中央　国务院关于学前教育深化改革规范发展的若干意见》再次强调要提高教师专业化水平和科学保教能力，强化师德师风建设，提高教师职业素养。2019年8月，《国务院关于学前教育事业改革和发展情况的报告》指出要破解教师队伍建设难题，提高教师科学保教水平。不难看出，提升专业素养将成为幼儿园教师队伍建设的核心。从长远发展战略来看，只有幼儿园教师以自觉的姿态面对专业发展，实现从"要我发展"到"我要发展"的蜕变时，幼儿园教师培育才具备了最深沉、最持久的动力。专业自觉是幼儿园教师培育潜在的力量和柔性战略管理手段，为进一步提升幼儿园教师专业素养提供张力。

教师共研促专业发展（成都市第十幼儿园）

专业教师为孩子健康成长保驾护航
（绵阳市公园路幼儿园）

（二）专业自觉是助力幼儿园教师专业发展的关键素养

师者，传道授业解惑也。新时代赋予了教师新使命，培养德智体美全面发展的社会主义建设者和接班人是新时代教师的根本任务。在幼儿教育活动中，教师作为幼儿人际互动圈中的"第一对话人"，教师的积极性、主动性影响着幼儿的生活态度及选择；教师作为幼儿价值取向的引领者，影响着幼儿人生观、价值观的建立；教师作为班级建设的领导者，影响着幼儿发展的方向、宽度和深度。概言之，教师承担着幼儿成长的启蒙作用，教师的专业程度直接影响着幼儿全面和谐发展的程度。因此，只有争做有理想信念、有道德情操、有扎实学识、有仁爱之心的新时代教师，以高标准、高站位要求自己，才不负师者之称。专业自觉就是助力幼儿园教师专业发展的有效举措。

（三）专业自觉是幼儿园教师克服自身"随养"的最佳良方

在教育强国的逐梦之旅中，我们在庆贺教育取得快速发展新成绩的同时，也应该清醒地认识到教师队伍建设滞后的不争事实。作为幼儿园教师，当教育观念不精进，教育预设不充分，教学只是我讲你听，教育就缺少了灵动与生机；当教育方法不精到，生成教育不及时，游戏只是你玩我看，教育就缺少了邂逅随机教学的美好；当教育手段不精通，生活教育不充足，保育只是我管你从，教育就缺失了重要身份；当教育功能不精准，情意教育不生动，评价只是你喊我做，教育就脱离了为什么而出发的初衷。幼儿园教师队伍建设的"痛点"归根结底是教师专业"随养"。引领幼儿园教师走向专业自觉是破解"随养"的最佳良方，当教师

▲　　活动中老师们展示"绝技"（巴中市艺体幼儿园）

▶　　"全能"教师应对孩子的各种好奇（凉山州州级机关第一幼儿园）

对自身职业具有了高度认同，懂得自我教育、自我实现、自主发展，从根源克服专业"随养"，精进专业时，教师队伍建设滞后的难题便可迎刃而解。

专业自觉：高品质幼儿园教师的画像

专业自觉是识别高品质幼儿园教师的"二维码"。这样的教师并非不食人间烟火，而是有血有肉，有情有爱，有人格魅力，追求教育真谛，多层次、多形象的有机复合体。

（一）善于自省的思考者

专业自觉的幼儿园教师是善于自省的思考者，从认识层面看，至少有以下几点：

其一，对自身教师职业的认同。作为"人"的教育者、培育者，专业自觉的幼儿园教师对"教师"这重身份有高度的职业认同，对其所在的职业，所处的岗位，所承担的责任均有清晰的认识，并对自己的职业身份充满幸福感、成就感和荣誉感，从而树立远大的职业理想和崇高的教育信仰，在实践工作中以此为内生动力，一步一个脚印地去践行。

其二，对教育行为的自我反思。专业自觉的幼儿园教师善于对自身的教育行为展开开放、深度的理性思考，不断精进教育观念和行为。这样的教师善于向书本学习，让理论成为指导实践活动的方向标，向实践学习，让经验成为指导实践活动的指南针，从而实现理论学习与实践操作的有机结合。具体表现为对学前教育理论的钻研和运用，对有效经验、教育成果的总结、归纳和提炼，对自己教育行为的主动反思和调整，对教育问题提出周全而有效的解决策略等。近年来，随着幼儿园扩张和集团化办园的快速发展，教师队伍的结构发生了明显变化，青年教师占据相当比例，成为幼儿园教育的中坚力量。刚入职、角色未完全转换的幼儿园新教师，抑或是区域集团化办园中批量的青年教师，树立专业自觉意识显得尤为重要。

（二）耐心等待的坚守者

专业自觉的幼儿园教师是耐心等待的坚守者。首先是坚守"热爱"。工作时

教师用温柔的等待呵护孩子 ▶
（成都市第十九幼儿园）

教师支持幼儿的探索与成长
（成都市第三十三幼儿园）

教师支持幼儿的探索与成长
（成都市温江区金马镇中心幼儿园）

限的长短从来不是限制教师保持教育热情的唯一因素，专业自觉的教师会坚守持久性的自我建设与自主发展，在长期的实践中沉淀专业经验和专业能力，并源源不断地释放专业成长的内生动力与激情，做成熟、有内涵而不失激情的守望者。

其次是坚守"成长"。教育不是急功近利的"快餐式"行业，专业自觉的教师懂得尊重幼儿、尊重自己，相信自己和幼儿都是有能力的学习者，会营造轻松自主的空间，为自己和幼儿的终身学习与发展创设成长的"土壤"。对幼儿，专业自觉的教师会悉心呵护，耐心等待，以用心之爱、智慧之爱让幼儿获得成长的资源，等待一个个鲜活的生命从容成长。对自己，专业自觉的教师会树立正确行为规范和价值观，汲取成长的"养分"，获取成长的动力，体验成长的快乐。

（三）积极主动的建构者

专业自觉的幼儿园教师是积极主动的建构者。主要体现在主动发展，敢于作为。他们乐学、乐思、乐行，将"教师"视为终身追求的事业，制定长远的发展目标与规划，自我教育，主动发展。在工作中寄情于幼儿，懂得用发现的眼睛观察孩子；注重合作，用真诚的心灵倾听同伴；执着研究，用自信的语言表达想法；着力发展，用积极的行为践行教育。主动建构的教师无岗位之别，无论处于何处、何职、何级，他们都敢于主动担当与作为，用专注、专情、专业展现教师的魅力，铸就教育的发展。

（四）乐于创新的突破者

专业自觉的幼儿园教师是乐于创新的突破者。传承与创新是专业自觉的精髓，没有传承，教育就失去了根基，没有创新，教育则失去了活力和生命。"善思、善悟、善学、善用"是专业自觉型教师的标识，他们懂得正确处理传承与创新之间的关系。他们善于对已有教育成果和经验进行传承，且不止于现状，在传承的基础上进一步凝练、拓展与创新；他们主动与时俱进，更新自身的知识结构，扩展知识范围，将新知识、新经验投入实践运用；他们凝聚起教育创新的巨大动能，突破固化思维和传统方式，通过多角度思考、多方法并举去应对、解决教育实际问题，由此形成行之有效的个性化教学策略、团队管理风格和后勤保障机制。

郑静老师在学术活动中分享交流（绵阳市教工幼儿园）

专业自觉的幼儿园教师还具有综合性、发展性、长远性的教育视野。他们具有"跳出学前教育看教育"的融合意识，在教育实践中常常表现为：专业视野长远，知识学习宽广，成长路径多样，大局意识深厚。这在教学教师和管理人员身上表现得尤为突出，如在教学设计中能对幼儿深入分析，在活动实施中适当调整，在活动评价中客观且全面；既关注幼儿园的活动课堂，又涉猎国家大教育的背景和教育政策、方针等。

（五）美美与共的合作者

专业自觉的幼儿园教师是美美与共的合作者。"各美其美"，找到各自的专业发展优势。专业自觉的教师团队是一个集"教学型、研究型、技能型、管理型、服务型"于一体的"多元、融合"的教师"智库"，他们会借助各种学习平台提升自我，在熟练把握常规工作的基础上寻找专业发展优势，突显自己的专业价值，会与同伴在彼此尊重的基础上各司其职，在各自擅长的领域尽显所能、各展所长。

教师共研（成都市锦西幼儿园）

"美美与共"，在团队中成就自我、成就同伴。专业自觉的教师懂得正确处理竞争与合作的关系，会让竞争与合作并存。在竞争中"不止于现状"，在不满足中进步。他们会以同伴为竞争对手和学习目标，让自己的发展有参照，有方向和动力。在合作中助力同伴成功，同时成就自己。和平共处、对话沟通、取长补短、共存共荣是他们的团队关系；教育、赏识、调整，接受同伴教育，欣赏同伴，鼓励同伴，感受同伴教育的魅力，找到团队归属感是他们的相处模式。专业自觉的教师懂得与同伴相互学习、互助互长，共同尝试在新的领域开拓新的天地，从而营造出浓郁的"美美与共"团队氛围。

专业自觉：高品质幼儿园教师培育的持久力量

（一）专业自觉是高品质幼儿园教师专业发展的目标引领

专业自觉是高品质幼儿园教师共同制定的奋斗目标，具有目标引领功能。专业自觉的价值认同会激励全园教师去共同设计适宜的、每位团队成员均认同的发展目标，并寻找目标达成的有效策略，分解目标任务，制订行动方案，让工作"忙有目的，忙有头绪"。它让每一位教师都有"奔头"，有施展才华的用武之地，有实现自身职业价值的愿望和强烈动力，从而将发展目标落实于行动，明确自己的职责分工，加强自我管理、自我规划，在实现团队目标的过程中，设计清晰的个人成长思路和方案，让团队目标和个人目标共同引领教育行动。

（二）专业自觉是高品质幼儿园教师共同拥有的价值取向

专业自觉是高品质幼儿园教师共同拥有的价值取向，具有价值导向功能。有什么样的专业自觉就有什么样的教师。积极乐观的价值取向是专业自觉教师的核心和"基因"，它因观念而引发，会潜移默化地影响着教师的一言一行，让教师在言谈举止和精神面貌上表现出强烈的专业自信，传递活力十足的正能量。当面对压力、挑战时，能斗志昂扬、精力充沛地去应对；当面对是非黑白时，能坚持正直、正义的立场；当面对荣誉、赞美时，能保持谦逊、清醒的头

（西部战区空军直属机关第二幼儿园） （绵阳市安州区实验幼儿园）

教师积极乐观的情绪感染着孩子

老师们在环创中大显身手（眉山市东坡区同升幼儿园）

脑。专业自觉让教师在面对抉择时，在价值导向的积极作用下，作出理性的判断和正确的选择。

（三）专业自觉是高品质幼儿园教师的精神源泉

专业自觉是高品质幼儿园教师共同的精神家园，具有成长激励功能。在一个专业自觉的团队氛围中，教师本身也会潜移默化地强化专业自觉的意识与行为。它让教师的精神家园丰盈美好，在心灵上获得幸福感，也让这种幸福效应加倍。这种幸福感来自何处呢？因奋斗目标明晰而幸福，因自身的价值凸显而幸福，因创造和追求而幸福，因耕耘和收获而幸福。此外，专业自觉让教师获得了通过事业开辟幸福的通道，在钟情于事业的过程中对抗倦怠和压力，化解困惑、牢骚与怨愤，让成长成为自己的内需与渴求。

（四）专业自觉是高品质幼儿园教师的"工作方式"之一

专业自觉是高品质幼儿园教师的工作方式，具有行为规范功能。一位教师有怎样的专业自觉，很大程度上决定了他的工作方式和状态，以及工作中的抉择力、执行力，从而影响工作效果和业绩。专业自觉是一个团队共同建构的意识和处事模式，是一个团队共同约定的行为准则，具有行为规范功能，代表着工作的总体要求和总体理念，它能让教师衍生出共同意识、价值观念、行为规范和准则等，由此，专业自觉对于教师发展的影响也就不言而喻了。他们会以"自我修正、自我完善、自我提升"为座右铭；立足教育改革和内涵发展，以文化治园、文化育人为管理风格；以尊重儿童、读懂儿童，让儿童玩得健康、玩得快乐、玩出深度为工作准则；以追求职业尊严与职业幸福为工作信念，不断追求教育的"真、善、美"，追求教育的高品质发展。

（五）专业自觉让高品质幼儿园教师工作出现"增值效应"

专业自觉是提升幼儿园教师工作效率和质量的有力"杠杆"，具有效应增值功能。就教师个人而言，专业自觉的教师具备工作的自觉意识和较高的工作素养，懂得权衡事情的利弊，寻找便捷、优化的方式，追求最大可能的工作效益，让工作达到事半功倍的效果。从区域发展看，在示范辐射的作用下，通过直接培训和辐射培训，调动区域教师走向专业自觉，起到"发展一个，带动一批，辐射一片"的效果，从而激活和整合区域教师的巨大力量和潜能，共同打造高品质学前教育。

读懂孩子，陪伴孩子的游戏与成长（宜宾市市级机关幼儿园）

在新时代学前教育不断发展与教育现代化的大背景下，"专业自觉"是幼儿教师新的"代言词"。秉持"高品质学前教育"这一共同愿景，打造"专业自觉"的高水平教师队伍，需要教师个体、幼儿园、教育机构以及社会各界的通力合作。让我们携手关注学前教育质量提升和高位发展，关心幼儿教师专业成长，实现"各美其美，美人之美，美美与共，教育大同"的幼儿教师培育之梦。

第二节　高品质幼儿园教师的培育策略

基于幼儿园教师培育的价值追问与功能定位，我们认为，高品质幼儿园需要一支专业自觉的教师队伍做支撑，而专业自觉包括职业认同和自主发展两个层次。寻找教师自觉的专业发展之"道"，成为当下高品质幼儿园教师培育亟待解决的重要命题。

《墨经》曾指出个体学习有三种方式："传授之，闻也；方不障，说也；身观焉，亲也。"古人的智慧无疑为我们在新时代更好地理解幼儿园教师的专业发展之路发挥了可资借鉴的重要价值。立足当前发展实际，我们认为，高品质幼儿园教师的培育需从三大引领、四个专业化、五条路径入手，促进教师职业认同和自主发展，最终实现专业自觉的教师培育理想追求。

一　三大引领——激发幼儿园教师职业认同

职业认同是一项认知工程，是促进幼儿园教师发展的动力因素，可以通过以下策略帮助幼儿园教师认识并产生职业认同。

（一）理念引领，消除幼儿园教师的职业倦怠感

幼儿园教师以女性居多，与其他社会群体有着不同的心理需求和特征。一方面，她们注重自我形象，关心成绩和荣誉，希望得到社会和家长的认可；另一方面，她们也肩负着社会和家庭的责任，加之从业年龄普遍较低，因此经常出现工作倦怠、频繁跳槽的现象。面对这样的特殊群体，什么样的管理才能更好地缓解或消除她们的工作倦怠感，激发工作动力，调动工作积极性呢？我们认为首先需要在思想或者理念上加强引领。实践证明，以人为本的理念引领是解决上述问题

（成都市第十四幼儿园）

职业认同是教师身心投入的前提

（达州市大竹县教科局幼儿园）

的最佳良方。只有把幼儿园教师视为独立的个体，摆在首位，予以充分了解和尊重，她们才能以饱满的热情和活力投入工作中，幼儿园才能真正肩负起促进儿童健康发展的终极目标。同样，只有当教师被尊重、被重视，其主体性才能真正突显出来。而人本管理的核心本质就在于帮助教师认识到"学前教育工作者"的职业价值及社会使命，并以理念和发展愿景为基础，将教师个人成长与幼儿园发展融合起来，肯定并重视教师的个体能力，从而获得职业认同感。

（二）机制引领，提升幼儿园教师的价值存在感

有用武之地，在职场得到家长、同事、领导的认可，是幼儿园教师获得价值存在感的前提，而具备过硬的专业素质和技能是获得价值存在感的关键。因此，我们着眼于教师专业成长，从职前、职后入手，让教师培育一脉相承。

1. 职前培育：以用导学

幼儿园教师身处教学一线，面对纷繁的教学工作，需要树立以达成目标为导向的思维意识，即目标感。教师有了目标感，工作才有动力、有意义和价值，才会保有对工作的积极状态、坚强的意志，从而激发充足的内生动力，以用导学，以扎实的学识功底和丰富的实践经验实现对自身专业成长的融会贯通。

（1）高校培训：着眼实践间需求，理清经验重培养

国家出台教育"十二五"规划后，《教师教育课程标准》和《幼儿园教师专业标准》对学前教师教育起着重要的引领和导向作用，两份文件都强调了实践教学的重要性。基于当前学前教育与实际需求存在知识、技能、态度不匹配的现实，高校的职前培育应着眼幼儿园一线教学实践，追问幼儿园实际需求，在课程内容设置和人才培育方式上厘清以往的经验型培养方式与方法的不足。

首先，在教材内容的选择上应注重新旧教育理念的衔接，设置兼具科学性、适宜性的与时俱进的教学内容。其次，在课程设置方面应兼具理论与技能并重的原则，以理论指导实践，以实践印证理论，为职前教师的实践学习提供支持和保障。最后，实现以活动为载体的职前学生德育培养模式，激发职前学生对教师职业道德的深切认知以及对学前教育事业专业态度的执着追求，从而实现职前学生教学生涯的美好开端。

（2）见习、实习："因园而定"设目标，落实任务重实效

见习、实习不是"浅尝辄止"的"围观"，不是零散的班级代教，更不是班级教师的角色互换。它需要高校在组织学生开展见习和实习过程中强引领、有计划、分步骤地推进。具体策略为：

①"因园而定"设目标

每一所高校在安排学生职前见习、实习时一般都有明确的目标任务和规划方案，但往往缺乏对园所本身的实际调查，导致见习、实习效果不佳。因此，高校在制订职前学生见习、实习计划时，应做好与实习园所的有效衔接，做到有计划、按步骤稳步推进，确保达成预期目标。

②落实任务重实效

基于当前见习、实习存在的问题，要做到见习、实习有实效，应该从以下几方面入手：首先，高校建立切实可行的任务落实和管理机制体系；其次，整个见习、实习的任务与引领指导及评价考核应形成"闭环式"的任务落实机制体系；最后，将见习、实习成效作为职前教师考核的硬性指标，以切实弥补职前教师专业理念与师德规范、专业知识与专业能力不匹配所造成的专业空缺。

新教师工作会（成都市金牛区机关第二幼儿园）

2. 职后培育：以用促学

（1）形成三级联动培训机制

从教师专业成长视角，实施"国家—地方—幼儿园"三级联动培训机制，着力于教师职后培育。一是建立地方高校与幼儿园的协同合作关系，实施专业共建。幼儿园要主动与地方高校建立起专业发展共同体，让高校成为幼儿园教师的专业发展基地。发挥高校理论优势和幼儿园实践优势的双重结合作用，实现教师的专业共建，弥补理论与实践的断层。二是参与国家、地方组织的专业培训活动。幼儿园应主动参与国家、地方组织的相关教师培育培训活动，主动吸纳更多更广的理念信息，并学以致用。三是建立行之有效的园本培训机制。幼儿园自身要因地制宜制订教师专业成长培养方案，引入国家、地方专家资源，建立"国家—地方—幼儿园"三位一体联动机制，整合专业人力资源，在课程建设、师资队伍、教学实践、教学评价等方面不断优化完善园本培训，弥补培训体系的断层，真正凸显教师培育的实效。

（2）教培结合强化专业引领

要实现高品质幼儿园教师的专业发展，应当引入专业人员实施教育培训的专业引领。

一是调研教师发展存在的问题。幼儿园应深入调研教师专业发展存在的典型问题和共性问题，深入剖析梳理，形成切合教师发展实际的路径，为教师专业发展提供依据。

二是建立专业人员甄选机制。打造教研培训专业资源库，甄别、筛选专家和专业人员资源，为教师的专业引领做好储备。

三是建立科学的教研培训机制。幼儿园要建立科学系统的教研培训机制，针对教师发展的问题选择适宜的内容和形式，实施研讨和专题培训，增强教师的研究学习意识，提升教师的专业能力。

四是建立科学系统的教培考核机制。制定教研培训考核标准和细则，科学导向教师的专业发展，通过专业人员引领，助力教师专业的纵深发展。

（3）学用结合强化培训实效

按照学用结合、因材施教的要求，确立具有针对性、操作性和实效性的培训内容。

新教师岗前培训活动
（成都市温江区实验幼儿园）

一是明确培训内容。结合教师实际需求，制订菜单式培训计划。教师根据自身的需求和发展实际，选修菜单中的培训项目，确定自己的培训目标。

二是注重培训实效。制定培训的实践考核细则，围绕教师参培后的教学行为和业绩进行过程性、结果性考评和检验，着力提升教师的培训实效。

三是建立培训学习分享机制。打破"一对多集中面授"的形式，开辟培训新形式和新路径。凡是外派到园、区、市、省、国家级等各类机构学习培训的教师，均要开展归来辐射培训。建立学习分享机制能拓宽学习面，在交流碰撞中实现培训效能的最大化。

（4）科学系统建立评价机制

教育部2012年颁布的《幼儿园教师专业标准》从专业理念与师德、专业知识和专业能力三个维度，对幼儿园教师的专业素质提出了要求。为切实促进幼儿园教师的专业发展，需要将理念上的专业标准转化为具体、科学、可操作的评价体系。但目前，幼儿园评价考核多重技轻德、重技轻能，高品质幼儿园教师需要回归教学活动关注教师整体发展状态的评价。

基于此，围绕教师的师德师风、观察解读儿童、教学活动设计、环境创设、课程反思评价等各方面能力，建立一套与之相呼应的评价标准，以确保教学工作始终贴近儿童发展与教师工作实际状态，实现评价科学导向，培育具有专业深度的幼儿园教师。

（三）团队引领，强化幼儿园教师的职业幸福感

充分发挥团队的专业引领作用，让教师在集体中得以成长，获得幸福感。其一，构建共荣共进的团队文化，让教师在园所文化理念的熏陶下快乐工作，让教师获得家一般的温暖。其二，管理团队要把教师职业生涯规划由个人行为转变为组织行为，通过思想交流、学习培训、活动展示、教学研讨、奖励成效等，激发教师对职业的热情。其三，形成团队共建、共进的成长氛围。以年级组长为领头人，带领组内成员就教育科研、课程开发及实施、班务管理等进行有针对性的研修学习，鼓励教师乐于实践、献计献策，在互动互助中共同提升普适性的专业能力；以有经验的特长型教师为核心，建立研修工作坊，让教师在实践—提炼—指导—精进中找准专业发展定位，挖掘专业优势，突显专业价值；让教师感受到自己的成长受到了同伴、集体的关注与帮助，自己并非一个人在战斗，从而萌发职业幸福感。

以成都市温江区实验幼儿园为例，该园在园所文化中对教师团队的画像是"勤朴慎思 慧美博实"，以一个核心——博爱，两种方法——勤学、善思，三种品质——朴实、严谨、慧美，引领着教师规范师德品质，增强教师的职业尊严感

和专业价值感。

二 四个专业化——引领幼儿园教师自主发展

自主发展是一项行为工程。通过帮助幼儿园教师明晰专业发展之道，在专业态度、专业知识、专业能力、专业视野上着力，让教师的专业发展有章可循，使其走向自主发展。

（一）消除松懈、懒散的工作作风，重塑幼儿园教师专业态度

青年教师沙龙（德阳市中江县大东街幼儿园）

态度决定成败。要消除部分幼儿园教师工作中意志松懈、行为懒散的消极情绪，重塑教师个人职业规划，增强专业发展内生动力是关键。作为幼儿园管理者，要剖析教师消极、倦怠的根本原因，有针对性地制定合理措施，调动教师工作的积极性，激发教师工作激情：建设积极、健康的校园文化环境，制定切实可行的教师职业发展规划、人性化的管理和奖励机制、行之有效的园本研修制度等，助力幼儿园和教师良性发展。

（二）摒弃无目标、无计划的自培模式，丰富幼儿园教师专业知识

教育资源的相对贫乏和不均衡，导致很多民族区域、农村地区学前教育发展滞后、局限。具体表现为幼儿园教师专业发展无目标、无计划，方法"随养"，缺乏专业知识和经验，实践工作缺乏有效的理论支撑，这需要多方发力来丰富教师的专业知识和经验。行政职能部门要出台相应政策，加大教育资源贫乏的民族区域和农村地区教师的培养力度，积极构建符合当地教师实际的专业成长培训体

系，强调理论学习和能力提升。高校在培养准幼儿教师的过程中，要以幼儿园教师专业发展标准和行业需求构建适宜的课程体系，将幼儿的发展特点、幼儿教师的专业成长、幼儿教育的最新理念融入课程设置中。幼儿园作为教师职业生涯的落脚点，应积极为教师提供优质的专业发展环境，教师个体要博众家之长丰实自身的专业知识，实现自身专业发展。

（三）避免教条、本本主义的他培模式，提升幼儿园教师专业能力

刚入职或入职年限短的新教师，在教育教学中容易出现信奉书本、忽略实际、考虑问题不周全等现象。幼儿园教师避免"教条主义""本本主义"，提升专业能力是关键。作为学前教育师范生的培养基地——高校，必须突破现有重理论轻实践的培养模式，在扎实理论学习的同时强调教育教学实践能力的提升，突出实践教学，强调"学习—实践—反思—学习—实践"的学习过程，培养学生解决实际问题的能力。幼儿园管理团队要制定行之有效的研培机制，为刚入职或入职年限短的新教师，创建多渠道的实践操作平台，特别是在大力发展集团化办园，骨干教师被稀释，大量新教师涌入的情况下，本地研培"组合拳"方式是丰富新教师实践经验的有效路径。教师自身则要树立终身学习的理念，具备较强的自我发展意识，走出一条理论与实践相结合的发展之路。

教学现场，研培结合
（凉山州州级机关第二幼儿园）

（四）突破圈困、束缚的教育行为，开拓幼儿园教师专业视野

教师的视野决定教育观念，教育观念决定教育行为。当下两大问题严重束缚了幼儿园教师的教育行为：一是局限于专业知识的习得，忽视专业能力的提升。表现为具备专业知识，缺乏实践能力。二是目光锁定于眼下的学前教育，缺少综合性、发展性、长远性的教育视野，表现为墨守成规，缺乏创造性。

要突破这一瓶颈，一是教师要加强自身的教育融合意识和大格局意识，扩宽教育视野，加强政治学习，了解时代背景和国家的教育方针政策，提升教育格局；二是学校要提供接触新事物的多元学习平台，采用请进来、走出去的模式，将专家、名师请到幼儿园进行手把手指导教学，派遣教师到学前教育发达的地区进行研修、跟岗学习，组织教师进行新思想、新政策、新方向的理论学习，发展专业理论素养。

三　五条路径——强化幼儿园教师专业自觉

在幼儿园教师借助外部条件建立了专业自觉意识之后，还需主动作为，让专业自觉意识不断固化、加强。

（一）自我觉醒，践行教育信仰

教育信仰是教育之魂，它是有限生命向无限生命的延伸，是教育的生命动力。践行教育信仰需要不折不挠的精神和科学的方法路径。

一是树立良好的师德师风，这不仅是教师职业的需求，更是园方必须重视的工作。首先要注重提升自主建构德性的意识。其次要关注提高师德培育的针对性和实践性，强化教师对职业道德的深切认知和践行能力，切实做到从"不知"到"知"、从"知"到"行"。在签订师德承诺书时不流于形式，应组织教师学习相关理论知识，进行师德案例分享。

二是科学制定职业规划，明确自己的专业发展方向。应按短、中、长期分步确立目标，按照规划逐步实现个人发展目标；主动参与教育科研，主动发现问题，潜心钻研，实现专业能力的不断提升。

三是善于学习反思，提高个人的教育境界。教师要学会追寻大师的精神和境界，善于学习，勤于反思，在学习反思中发现自己的不足，激发超越自我的内驱力，更以百折不挠的精神践行自己的教育信仰。

（二）激活内驱，培植内生动力

当前学生、家长、社会对幼儿园教师的要求越来越高，我们必须不断激发教师的内生动力，才能促进教师专业成长，满足新时代社会发展的需求。教师发展的内生动力受外因和内因的影响，外部环境是条件，内部动力是决定性要素。

教师需主动生成有利于自身成长的内部动力。首先消除职业倦怠感。职业倦怠感是人主观的疲倦感，也叫瓶颈期，表现为"三无"：无动力、无激情、无价值。消除职业倦怠感要求教师有善于学习的态度，培养较强的职业兴趣，保持高昂的工作激情。最重要的是自我觉醒，即对自己工作状态有正确客观的评价，发现自己有职业倦怠感时要主动重建。

朝气蓬勃的教师团队
（泸州市铜店街幼儿园）

（三）找准定位，研制发展规划

高品质幼儿园要求教师必须热爱教育事业，必须创新教育智慧，在不断丰富自己的精神家园的同时寻求职业理想的高度，有意识地规划专业发展方向及途径，从而寻求最大化的自我发展。

1. "量体裁衣"订计划

结合自身情况制订自身专业发展规划和学习培训计划，从先确定可实现的短期目标或学期目标开始，循序渐进地制定长远目标。

2. "主动学习"有意识

培育教师主动学习的意识，教师有自主选择校内培训的权利和积极参加自主学习的义务。为教师提供学习培训的机会和平台，让教师有机会参与学习和展示。

3. "不断超越"得进步

优秀的幼儿园教师的目标是做一名专家型教师。从新教师到专家型教师须通过自身不断的努力，积累丰富的专业能力不断超越自我，实现从新教师到合格教师、到骨干教师、到知名教师、最后到专家型教师的专业发展路径。

4. "抓住机会"有提升

从教师专业成长视角，幼儿园教师应该善于抓住国家、地方、园所为教师职后培训提供的有利平台，着力于教师自身的职后培育。一是着力进行学历提升，很多地方都鼓励教师学历提升且有政策支持。二是主动参与国家、地方组织的相关教师培育培训活动，主动吸纳更多更广的教育教学理念，并学以致用。三是参加园所组织的教研培训。幼儿园要建立科学系统的教研培训机制，针对教师的发展问题选择适宜的内容和形式，实施研讨和专题培训，强化教师的研究学习意识，提升教师的专业能力。

（四）思行合一，落实教育行动

自我反省，是促进教师专业成长的有效途径。教师是教育发展的主体，幼儿园应满足教师专业成长的需求，激发教师专业成长的内生动力，在园所文化的熏陶下帮助教师养成主动学习、善于反思的习惯，激励教师在反复的教育实践探索中不断实现自我完善与提升。

1. 乐于学习，不断更新教育理念

社会的进步促进教育不断发展。正如南宋著名学者朱熹所说："问渠那得清如许，为有源头活水来！"教师只有不断地学习，教育才富有生命。这就要求教师秉持终身学习理念，养成良好的学习习惯，学会学习、享受学习，不断重构和丰富自己的教育认知结构和行为，获取新的教育理念，探索新的教育方法。幼儿

教师学习教育新理念
（绵阳市花园实验幼儿园）

园为教师营造良好的学习氛围，提供良好的学习环境及条件，建立相应的考核激励制度。

2. 善于反思，不断调整教育行为

反思自己的教育教学行为。幼儿园教师在"学习—运用—反思—提升"中明确反思的目的，掌握反思的方法，养成反思的习惯，从而进行自我修正、自我完善与自我提升。

（1）明确目的，做有价值的反思

于漪老师说："我当了一辈子的教师，一辈子学做教师。""我上了一辈子的课，上了一辈子令人遗憾的课。"反思是教师对自身教育观念和行为的思考。教师通过反思可以不断改进教育行为，更新教育思想，使教学活动更科学合理，也使自己的教育能力不断提升。

教师在反思教育行为时，要明确反思目的。明确这不是一般的课堂回顾过程，而是对自己的教育行为及产生的结果、对学生的教学反馈进行理性审视和分析的过程。每次的反思既要全面又需有侧重点，如反思教学目标设定的合理性，反思教学过程设计的科学性，反思教学应变能力等。

（2）掌握方法，让反思有章可循

反思的核心是问题研究，即教师在教学过程中不断反省、思考、探索和解决教育教学过程中存在的问题，它具有研究的性质。教师可以充分利用日常教学活动和课题研究中的问题进行反思。反思的基本方法有两种，一是在教学实践中提高反思能力，二是在理论学习中提高教学反思能力。一位优秀的教师一定会养成反思的兴趣和习惯，将自己观察与思考的点滴记录下来，有意识地记录教学设计的不足、教学设计的成功经验和学生的表现。教师也要通过积极地学习和研究先进的教育理论，在教学活动中以理论知识为指导反思自己的教学行为。通过反思，教师能不断融合理论与实践，更新个人的教育理念，改变自己的教育行为，从而积累丰富的教学经验。

（3）养成习惯，在反思中提升

美国著名心理学家波斯纳曾经提出教师成长公式：教师成长=经验+反思。"教育家"与"教书匠"的区别就在于是否善于反思，一名研究型教师要乐于反思、善于反思，把反思作为自己专业发展的源泉。要做好反思，首先将反思当作自觉的行为，养成反思的习惯。教师的反思习惯不仅要依靠学校的教学研讨、课例展示等活动，更要依靠教师养成课前有计划、课中有观察、得失有记录、课后有调整的习惯，做到课间思、日日思、周后思、月终思、期末思。当教师在不断反思中碰撞出新的教育实践智慧，把教育反思视为自我专业提升的有效途径时，方能感受到反思的乐趣和价值。

（五）团队合作，实现成长增值

1. 重视管理队伍建设，充分发挥领导班子的带头作用

幼儿园教师团队建设首先应围绕创建"团结、合作、奉献、实干"的领导班子，从顶层设计科学管理幼儿园的制度，提升管理人员的自觉性。

2. 重视团队文化建设，不断强化教师队伍的执行力

幼儿园教师应该是合作的、积极的、共进的一种关系，重点提升教师的工作积极性，形成团队合力。可以通过"特长组工程""年级组"发挥教师的职业特长，发扬团结协作精神，更好地达成团队发展目标。

3. 营造良好的校园文化氛围

幼儿园为教师提供良好的学习环境及条件，创建全体教职工认可的园本文化，营造管理一条心、教师同协力的园所氛围，让教师在园所文化理念的熏陶中

示范引领学得快（绵阳市机关幼儿园）

分组教研效率高（绵阳市实验幼儿园）

快乐成长。

例如，成都市温江区实验幼儿园对教师团队的画像是"勤扑慎思 慧美博实"，以一个核心——博爱，两种方法——勤学、善思，三种品质——朴实、严谨、慧美，引领教师规范师德品质，增强教师的职业尊严感和专业价值感，丰富了教师的校园生活，营造了求知求真求实的校园文化氛围。

4."线上线下"合作互助式教研提升幼儿园教师的专业能力

采取"线上+线下"模式搭建丰富的资源平台，线上建立学习研修共同体，利用网络资源，共同讨论学习问题，促进教师之间的合作学习；线下教师利用现场教研和教学时机，共享集体智慧和团队资源，不断助推自己成为具有独特教学魅力、乐于创新教学形式、善于创建智能高效课堂、勇于形成新教育理念的新时代研究型教师。

"人生百年，立于幼学"，高品质幼儿园发展的关键在于教师队伍建设。专业自觉的高品质幼儿园教师队伍能成就幼儿的发展，成就学前教育高品质发展的美好未来。

第三节　高品质幼儿园教师培育典型案例

高品质幼儿园教师是专业自觉的教师，专业自觉的教师发展之路是在自主发展和团队共建的基础之上实现的。自主是专业成长的根基，团队是专业成长的土壤，机制是专业成长的保障，科研是专业成长的推手。探索多元的自主发展路径，促进专业能力纵深发展，优化研培机制，推动区域幼儿园教师横向均衡发展，是实现高品质幼儿园教师走向专业自觉的有效途径。

【案例一】基于"对话"的自主发展之路
（成都市第十二幼儿园）

小王老师2014年6月毕业于重庆师范大学学前教育专业，7月在成都市第十二幼儿园开启了幼儿教师的职业生涯，先后成为幼儿园市级课题主研、班主任、成华区中心教研组成员、幼儿园骨干教师、教研组长、幼儿园保教主任。5年时间里，她通过多维"对话"路径，自主发展，逐渐走向专业自觉。

一、与自己"对话"，自我反思

利用视频、照片、录音、文字、符号等相结合的复合型记录手段记录教学活动中存在的问题，记录幼儿间的冲突、趣味对话、惊奇发现、情绪变化等，分析幼儿的兴趣、个性、年龄特点及发展情况，反思自己的教育行为，改进教育教学方法。

二、与同伴"对话"，助力成长

与优秀教师"对话"。借助幼儿园"师徒结对"平台，向优秀教师学习突发事件处理技巧、家园共育窍门、班务管理经验等。与班级老师"对话"。召开班级周例会，与班级老师交流班务管理及幼儿情况，共享教学经验。与家长"对话"。定期开展家园交流、家长助教等活动，让家长了解幼儿在园情况，增进家园感情，形成教育合力。由一线教师变为保教主任后，着力提升管理能力：根据

与优秀教师对话学习

教师需求组织教师开展常规及专题教研活动，共同打造幼儿园环境文化，积极参与讲座、实操等培训活动，强化自我修炼，协调处理各部门关系，让幼儿园工作有序开展。

三、与教科研"对话"，精进专业

（一）参与幼儿园科研，解决困惑

积极参与幼儿园科研活动。将教育教学中的问题与困惑带到科研中去，将科研中梳理出的方法策略返还到教学实践。进一步学会观察、解读、记录、支持幼儿游戏行为，提升活动观察能力，及时有效地回应幼儿，抓住游戏深入开展的关键点，支持幼儿深度学习。

（二）参与各级研修活动，共享经验

积极参与各级各类研修活动，与来自不同幼儿园的教师共同教研，吸收优秀资源及经验，将研修集体智慧和经验运用于工作实践，不断优化教育教学行为。

案例解读：

当青年教师有了专业自觉意识，通过与自己"对话"、与同伴"对话"、与科研"对话"，便会不断寻得自主发展之道。

【案例二】打破"传统"，改革从教研开始
（成都市金牛区机关第三幼儿园，成都市金苹果半岛幼稚园）

自上而下的传统教研模式导致"四单"问题出现：教研现场"单打独斗"、指导方式"单向"、研究者"形单影只"、研究成效"单薄"。成都市金苹果幼儿园"组中组"教研和成都市金牛区机关第三幼儿园"三纵三横"教研着力探索突破此难题。

一、"组中组"教研模式

"组中组"教研模式包含三个维度：组织架构、自主选题、自主研究。即在原有的大专题大教研组的基础上建立第三级组织——教师自愿结队的小专题研究组。该模式让教师找到最适合自己的组织和角色、最适合的学习方式、最舒服的研究感觉。教师根据兴趣和需求自选研讨主题，确定研讨内容，自主研究。

"组中组"教研模式建立了纵横交错的学习型教研平台。

"纵"：将教研大专题层层分解到小专题组教师个人身上，在保证研究方向一致的前提下，寻找更聚焦的研究点位。

"横"：以教研为契机，为老师搭建横向交流互动平台。教师在组内自主互动，提供研究现场、分享研究成效。期末开展"跨界"汇报交流，让各组的研究成果辐射全园教师。

二、"三纵三横"教研组织

"三纵三横"是让教研"立地生根"的教研组织方式。

三纵：课题教研组、名师工作坊、青年教师工作室。

三横：年级教研组、基础研培组、膳食研培组。

（一）三纵教研组

课题教研组。教研组成员分别纵向贯穿于大、中、小三个年龄段教学班级。以课题研究引领教师建立儿童视角，研发并完善园本课程。以工作会明确研究目标，以教研开展课程建设，在课题阶段汇报时回顾梳理，总结提炼。

名师工作坊。幼儿园建立美术工作坊和音乐工作坊，工作坊面向所有教师招募成员，教师根据自身需求和兴趣爱好自愿选择，聚焦问题，自主研究。

青年教师工作室。由青年教师（入职5年内）、助教及保育员组成。采用与名师师徒结对、名师课堂指导与观摩等形式开展活动。

（二）三横教研组

年级教研组。由大、中、小班的所有教师组成，分管行政牵头，以探究本年级组幼儿的特点、共性问题和适宜的课程为研究主题，开展教研、培训、练兵赛课以及个别指导等活动，提升教师专业水平。

基础研培组。由保育教师组成，分管行政牵头，聚焦提升保育专业人员素养。

膳食研培组。由保健室医生和后勤食堂人员组成，聚焦儿童营养膳食研发。

案例解读：

合作互助式的教研模式让教师在团队智慧和力量中实现成长增值。"组中组"教研模式让研究力量整合成效实现最大化，让教研成为教师专业发展的有效途径，让教师利用团队智慧和力量拓展研究思维，提升研究能力。"三纵三横"教研组织体现了教研的园本性、科研性、人本性与牵引性。在立足园本实际的基础上，横到边、纵到底的组织架构和教研制度，满足全园不同层级、不同水平教师的发展需求，让每位教师都能找到自主发展的方向与提升空间，逐渐走向专业自觉。

【案例三】基于科研的教师专业成长思与行
（成都市温江区实验幼儿园）

温江区实验幼儿园教师专业发展存在以下问题：理论知识欠缺、学识功底不厚实；"师本位"教育观念导致儿童观不落地；年轻教师对幼儿园课程实施存在困惑，教学设计、组织与研究能力薄弱；不善于整合教育资源，在班级创设环境以及课程评价方面零散薄弱。对此，温江区实验幼儿园探索出以科研引领教师专业发展的有效路径。

一、"学研结合"——唤醒教师专业自觉

任务驱动式学习，提升教师的理论素养。教师以任务驱动为外引，对标省市级名优教师标准，制定个人发展规划，明确发展目标。

彭海霞园长领衔教研活动

互动对话式学习，提升教师的专业认知。通过交流互动对话机制，开展主题活动（读书演讲、才艺展示）、研训一体式活动、实幼微讲堂等活动。

名师工作室典范带教学习，唤醒教师的专业意识。以市区两级"彭海霞名师工作室"为载体，采用"点带面"和"1+5+9"层级帮扶策略，提供教师交流学习平台。

二、"做研相融"——达成教师专业自主

（一）"五维一体"重塑文化，引领教师专业价值取向

从环境创设、教师队伍、课程建设、园所管理和家园工作"五维一体"构建

模式重塑幼儿园"实"文化——真实、博实、丰实、务实、朴实，指引教师专业价值取向。

（二）"科创∞"课程重塑，提升教师课程实施能力

重研《园本课程方案》，打造"科创∞基础大本营""科创∞项目俱乐部"和"科创∞七小梦工厂"并存的园本课程体系。细化目标和内容，匹配主题课程、生成项目活动；引入STEM教育理念，变革课程实施模式，着力提升教师的课程实施能力。

（三）整合人力资源，提升教师课程开发能力

充分挖掘幼儿园环境资源，整合家长、社区、集团园、联盟组、结对帮扶园资源，建立成果研究共同体。通过对"幼儿科学游戏广场"园级区域、"幼儿科学游戏共享体验场"、功能室等共用区域以及班级"五图一墙"主题墙和区域活动环境的打造，有效提升教师的课程开发能力。

（四）"研训一体"涟漪式循环，提升教师课程管理能力

通过组建"一个主体、两个支撑、三组教研、全体参与"的研究网络，建立全覆盖研究机制，以"问题导向"为中心，形成"理念引领—实践检验—研讨反思—再实践检验—研讨提炼—解决问题"的"涟漪式"循环研究路径，提升教师的课程管理能力。

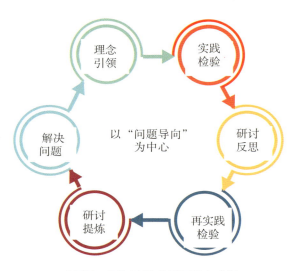

"研训一体"涟漪式循环研究路径

教师研讨学习

三、"悟研相生"——激发教师专业自信

转变教育观念，树立正确的儿童观。在五大领域的整合教育中，从幼儿的生活和游戏出发，关注幼儿直接经验的获得，研究幼儿能力的发展。

转变角色，做"主动学习者"。教师由科研的执行者、灌输者变为参与者、支持者、合作者。幼儿园以双向互动、相互启发、教科研联动一体的"研培共同体"激发教师科研主动性，促使教师成为"主动学习者"。

案例解读：

科研引领着教育思想、磨砺着教师的专业品质。教师不再随性教育和评价儿童，而是通过撰写教育随笔、记录幼儿学习故事，提高观察能力，养成观察—反思—优化的教学实施模式和行为习惯，通过观察、思考和分析去改进教学手段，提升教学质量，养成科学的理性思维。教师在这一过程中养成的学习反思、执着专注的品质成为其自主发展的催化剂。

【案例四】对幼儿园教师培训实践的区域性探索
（成都市成华区教育科学研究院）

成都市成华区基于幼儿园师资队伍"两多两少"（新教师多、中年非骨干教师多；骨干教师少、名师少）及传统培训实效低的问题现状，秉承"不让一个教师掉队"的理念，在高品质幼儿园教师培育道路上不断求索实践。

一、全域覆盖，整合资源——搭建互通式的培训网络体系

全区教育部门（机构）从四个层面同时发力，搭建相互联系、彼此作用的幼儿园教师培训系统：一是教育主管部门整合区内外优质教育资源，充分发挥专家团队的引领作用；二是教师培训机构加强自身建设，提升服务基础教育改革和发

展的能力与水平；三是区域骨干团队通过传、帮、扶、带、培等方式，加强专业指导；四是全区7个教学辅导片组（幼儿园），针对性开展园本培训。

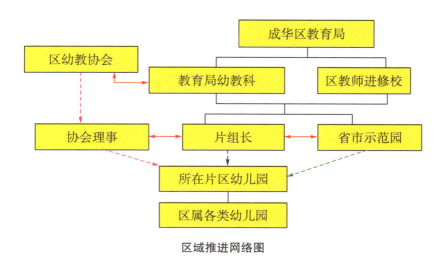

区域推进网络图

二、以需定培，分层实施——关注不同阶段幼儿园教师发展需求

将幼儿园教师专业发展划分为四个阶段，各个阶段配套相应的培养目标、培训活动，实现教师的个性、差异发展。

新手型教师：组建482人的基础培训班，划分为7个片组，由区骨干教师分组进入各片组担任培训者主体，通过集中培训与分组实践，开展幼儿园教师"应知应会"培训，学理论、夯实操，提升职业认同。

胜任型教师（含中年非骨干教师）：组建500余人的专业提高培训班，采用集中培训与日常实践、理论学习与现场观摩等方式，唤起教师的专业自觉。集中培训分两个平行班进行，而实践学习则分组进行。

熟手型骨干教师：组织40余人的培训者（熟手型骨干教师），作为受培者参加各类研修班学习；作为施培者，在中心教研组带领下组织开展新手教师培训工作，同时承担专题教研等任务。

核心骨干教师（专家型教师）：组建13人的核心骨干教师研修小组（中心教研组专家型教师），针对分组培训中的关键性问题，带领和指导骨干教师开展专题研究、建立中心教研组，同时通过走校帮扶和对个别教师的指导，实现个性培养，形成专业特长。

案例分析

通过培训机制的改革让教师培训获得实效。基于教师发展的不同层次和需求，关注教师队伍的整体素质提升，搭建互通学习共同体，如中心教研组、名师工作室、新教师培训营等，汇集各类优质资源提升教师专业能力，实现区域学前教育均衡发展。该培训机制给教师提供"共享·共研·共生"的研修文化和环境，抓住"专业发展"这一关键词，注重培训形式的创新与内容变革，促进教师专业能力向纵深发展。

【案例五】园长的成长决定幼儿园的品质

（四川省何云竹名园长工作室）

2018年7月，为贯彻落实《中共中央 国务院关于全面深化新时代教师队伍建设改革的意见》精神，四川省教育厅、四川省财政厅决定建设一批省级名师名校长工作室，充分发挥我省名优教师、校长的引领、示范和辐射作用。绵阳市花园实验幼儿园何云竹园长入选首批省级名师名校长工作室领衔人。2019年4月10日举行"四川

领导专家出席工作室建设现场会

省何云竹名园长工作室"揭牌仪式。工作室由1名领衔人和来自全省11个地市州的13名成员组成，每名成员引领各区域5~8名青年成员，以实现"培养一个，带动一批，辐射一片，引领四川省学前教育规范、持续、高品质发展"的目标。

一、文化理念

理念是行动的先导。思考"我们为什么走到一起，要成为怎样的教育者，要做什么样的学前教育"是行动的前提。最终，工作室确立了文化理念：协同创新，开放共长。以教育认同聚力思想，用专业自觉、创新精神指引自身成长，于自主开放中实现高品质教育愿景。

二、培养制度

确立培养规划，制订远期目标与近期工作计划，形成详细的工作菜单与模板表册；建立成员、青年成员和助理"三级"管理体系，形成齐抓共管的工作格局，组建了班委，成立了工作室助理组；采取多元化培养方法，线下活动与网络研修相结合，合作学习与支教帮扶相结合，过程建设与课题研究相结合，入园诊断与发展规划相结合；实施量化考核评价机制，将《考核细则》分为五大评估项目共19个考核内容，按学年度开展自评和考核。

三、工作成效

2019年上半年，工作室聚焦幼儿园文化建设、园长游戏领导力、园本课程建设、集体教学活动开展等主题，采取诊断指导、专题研讨、跟岗研修、外出送培、网络研修等形式，开展活动19次，覆盖11个市州、42个区县的148所学校。此外，通过网络直播、线上有约等具有创新性和示范性的活动，单次活动网络直播总浏览人数达21 000余人次，为名师名校长工作室活动提质增效进行了有益的探索。一方面实现了与更多地区、更多幼儿园共享工作室资源与成果，促进了区域学前教育的均衡发展、优质发展；另一方面更好地发挥了成员及单位在区域内的引领、示范、辐射作用。

四、发展规划

首先，提升"专业自觉"对工作室凝聚力与成员内在学习力的引领作用。主要措施有：一是学习内化工作室文化理念；二是自觉遵守工作室制度；三是量身打造形式多样的学习活动，让理念外化于行。只有当工作室的所有成员全都形成教育认同、自觉自主地学习起来，工作室的发展才是良性的、可持续的。

其次，工作室的教学教研工作与幼儿园的教学教研工作有机融合。工作室的每一名园长都要有全局观，统筹安排，让两者互通互补。

最后，推动幼儿园教师队伍的建设发展是根本。工作室成员里的每一个人都有责任和义务通过自主发展，去引领和带动更多的园长、教师成长，从而提升学前教师队伍的整体水平。

五、成员收获

张春玉（工作室成员，绵阳市公园路幼儿园园长）：首先是充满激情，感觉自己的激情被何园长再次点燃。其次是感动。在工作室，我看到很多优秀的园长学习非常认真、刻苦，受此鞭策，自己有什么理由不努力呢？再次是专业收获很大。何园长的课程领导力非常强，给我们树立了很好的学习榜样。另外，工作室经常提供平台和机会让我们参与各种学习，得到锻炼和展示。

工作室成员合影

李影秋（青年成员，泸州市龙马潭区小市幼儿园园长助理）：在何云竹名园长工作室我看到，比我们优秀的人还在不断努力，帮助我确立了今后的人生方向，就是精进专业、完善自我。方向比努力重要，改变思维方式，创新工作模式，使工作焕发生机，激发老师实现价值，让个人价值被看见、被认可，是团队管理的核心要素。

参考文献

[1] 中共中央 国务院. 加快推进教育现代化实施方案（2018—2022年）[Z]. 2019.

[2] 费宗惠, 张荣华.费孝通论专业自觉[M]. 呼和浩特: 内蒙古人民出版社, 2009.

[3] 王静. "接天立地, 左右融合": 园本教研的实践与创新[J]. 教育科学论坛, 2018, (29): 62—65.

[4] 彭海霞. 基于幼儿生命成长的"实"文化追求——对新时期高品质幼儿园管理的思考与实践[J]. 教育科学论坛, 2019, (17): 71—77.

[5] 王小鹤. 本科院校学前教育专业卓越教师培养的价值追求与实现[J]. 陕西学前师范学院学报, 2017, 33(5): 121—125.

[6] 朱宁波, 崔慧丽. 新时代背景下教师品质提升的要素和路径选择[J]. 教育科学, 2018, 34(6): 49—54.

[7] 崔勇, 沈媛元. 新时代教师的定位与内生动力激发[J]. 教育科学论坛, 2019, (10): 61—66.

[8] 高翔. 创新教师队伍建设, 推动幼儿园高品质发展[J]. 教育科学论坛, 2019, (15): 68—70.

[9] 裴瑶瑶. 基于OCQ量表的幼儿园组织文化现状调查[J]. 基础教育研究, 2019, (4): 86—87, 90.

[10] 张建梅, 胡守敏. "新课改"中教师心理压力调控策略研究[J]. 当代教育论坛, 2007, (2): 75—76.

[11] 王江洋, 崔虹, 秦旭芳.《幼儿园教师职业人格量表》的编制与标准化[J]. 辽宁教育, 2019, (12): 62—72.

[12] 何如. 名师工作室促进教师专业发展研究——以何如名师工作室为例[D]. 长沙: 湖南大学, 2017.

[13]张俊. 给幼儿园教师的101条建议·数学教育[M]. 南京: 南京师范大学出版社, 2007.

[14]刘胜林. 幼儿园素质教育活动指导教师用书 中班·下册[M]. 成都: 四川出版集团, 2008.

第五章

科研
——高品质幼儿园的源泉

《教育部关于加强新时代教育科学研究工作的意见》指出，教育科学研究是教育事业的重要组成部分，对教育改革发展具有重要的支撑、驱动和引领作用。新时代，加快推进教育现代化，建设教育强国，办好人民满意的教育，迫切需要教育科研更好地探索规律、破解难题、引领创新。

新时代高品质幼儿园建设，需要高品质科研工作的推动。但现在许多幼儿园科研存在真实参与率低、问题缺乏有效性、成果转化不足等现象，缺乏实践理性。华东师范大学学前教育系周欣副教授指出，幼儿园的科研主要是解决本园教育实践中遇到的问题，特别是与教和学有关的一些问题。通过这些研究，教师能更好地理解儿童，理解教师的课堂行为对儿童发展的影响，从而使教师的行为朝着更有利于儿童发展的方向发展。科研是高品质幼儿园的源泉，只有立足园情的理性研究，才能真正发挥探索规律、破解难题、引领创新的新时代科研作用。

第一节　幼儿园科研建设的价值追问与功能定位

说到"教育科研"，幼儿教师常常望而生畏，认为教育科研既难搞又神秘，是学者、专家的事情。其实教育科研并不神秘，它常常"低调"地存在于我们的身边。作为教师，在日常的教育教学实践中，我们会不断地发现问题、思考问题并尝试解决问题。其实，身处教育现场并对教育现场所作的任何真切而深入的分析的过程就是在进行教育科研。而高品质幼儿园的建设应该由一种常态化的贴近幼儿教育实践的科研所引领。

一 价值追求：高品质的科研成就高品质的幼儿园

（一）高品质的科研带来先进的理念

面对幼儿园数量增长迅速，但缺乏高品质教育理念的现实情况，高品质的科研工作，正通过改革教学方式、内容、方法带来了先进的理念。

例如，在新都区第一幼儿园的"田园课程"课题研究推进过程中，教师从传统的集教活动中走出来，用全新的教学方式方法成了孩子成长的引导者，而不是绝对的控制者，孩子们通过自己组建的项目小组，决定着学习的内容、方法。这样的科研工作，带来的是整个园所教师理念的更新，即便是没有参与课题的老师，也受到了影响，更加注重在集体教学活动中发挥儿童的自主性。

幼儿体验田园课程
（成都市新都区第一幼儿园）

（二）高品质的科研解决实际的难题

当前，总体来看，幼儿园发展水平的地区差异明显，师资结构分化，教师队伍人员流动性大，新老教师素质差异较大，教师职业前景不明朗等问题依然存在。高品质的幼儿园科研应始终围绕解决这些现实问题而展开。

高品质幼儿园的科研通常是因地制宜的。在农村地区，通常开展的是与自然田野相关的科研，这有利于弥补城乡之间的差异。同时，由于农村地区的幼儿园师资力量有限，以编外教师为主的现象仍然广泛存在，使得教师队伍人员流动性大，教师的职业前景不明朗。高品质幼儿园的科研工作常常会结合较为先进的理念、教法，为这些幼儿园带来许多新鲜血液，也在工作中培养起了优质的教师队伍，还为教师开辟了较为广阔的职业前景，有助于培养出专家型教师。

（三）高品质的科研打造强力的团队

通过高品质的幼儿园科研，教师的个人成长路径得到了拓宽。以往大多数教师只能通过日复一日的重复教学"熬"资历来获得个人发展。但是参加到高品质的幼儿园科研工作之中，教师可以通过做研究、写论文、开发

科研引领专业发展（成都市双流区机关幼儿园）

课程、管理团队等活动，获得比以往更加迅速的发展，成为优秀的管理者、研究者、教学者，虽然挑战更大，但能力也提升得更快。

同时，高品质的科研也成了教师专业发展的引路人。高品质科研始终追求先进的理念，这推动了教师教育理念的发展，同时提升了教师的科研水平，使得教

师学会运用多种研究方法，开展系统化的幼儿园科研，还起到了激励教师在职进修提升学历的作用。

在高品质科研工作中，整个学校的力量都会被调动起来，这时候团队通常是扁平化的，干群关系是较为紧密的。大家都围绕着如何更好地推进科研工作贡献自己的力量，在增强团队凝聚力方面起到了很好的作用。

（四）高品质的科研塑造美好的未来

高品质的科研使幼儿园成为一个研究共同体，在目前教育理论知识多元化、更新速度不断加快的背景下，教育科研成为一根纽带，使幼儿园成为新型的学习型组织，即研究共同体。在这其中，大家得以实现共同的抱负，不断学习、共同进步。高品质幼儿园教育科研的深入开展，能促进师生的共同成长，改变师生的生活状态，并在点滴的人文状态中形成教师的行事习惯，改变固有模式，建构自己的幼儿园文化，充实着幼儿园的内涵。

二 功能定位：让科研浸润幼儿园品质提升

（一）让科研成为幼儿成长的听诊器

幼儿园的科研是对其实践对象，包括教师、幼儿、园所、社会的作用形式等，它以问题为圆点，扇形辐射影响着不同层级的群体。在此之中，幼儿园科研的最高目标及价值便是幼儿的发展。高度促进幼儿发展的科研才是有生命意义的研究。幼儿园以实际教育问题为出发点，探讨幼儿如何感知世界，幼儿如何形成概念，幼儿的语言具有什么样的特点，学龄初期幼儿的思想、兴趣和志向，幼儿如何进行识记，学龄初期幼儿感觉相互联系的特点，幼儿的形象思维和抽象思维是怎样发展的，等等。这些研究将以数据、模型、评价体系等科研成果的方式探究出具有指导价值的实践方案，以促进幼儿健康发展，最大化地避免成长偏离。如以"幼儿如何感知世界"为主题的幼儿园科研将为我们呈现效率更高的感知方式，教师借此将有效实现幼儿与媒介的互动，使幼儿在有限的时间内完成与世界横向或纵向的感知交流，帮助幼儿构建自我认知体系。如以"幼儿的语言特点"为主题的研究将描绘出幼儿各年龄段语言发展的特点，使教师的教学工作有的放矢，避免语言教育的放任自流或拔苗助长。由此看来，幼儿园教育科研是我们科学认识幼儿，有效助力其成长的必经之路。

有效的科研让我们更懂孩子
（绵阳市开元幼儿园）

循环式户外大畅游活动（绵阳市机关幼儿园）

（二）让科研成为教学行为的诊断仪

教学行为的诊断包括教师教学过程中观察、记录、反思、改进等。因此，真正的高品质幼儿园，它的教育科学研究工作一定是运用科学的理论与方法，有计划、有目的、有意识地对日常教育活动中的现象与问题进行研究的。教师通过日常记录与观察，能探索和认识教育教学规律，形成"科研自觉"意识，提高教育教学质量，推动教育的发展，因此可以说，教育科学研究是21世纪教育工作的需要，是培养未来人才的需要，是提高教师素质的需要，也是教育管理规范化的需要。再者，幼儿园教师的研究是一种特定的教育教学研究，是对自身的教育教学实践进行的思考和探索，这种研究必须在教师的教育教学实践中进行，离开了具体的幼儿园教育教学实践情境，就失去了研究的条件。教师在日常教学行为中能够有效利用专业资源进行课题研究，并且从自身问题出发，注重科研实用性，才能成就真正的高品质科研。科研活动不仅能够成就幼儿成长，成就园所发展，最重要的是能够成就教师的教育活动有意义地开展下去。

（三）让科研成为课程开发的脚手架

课程的开发必须有研究的过程，而科研的成果一定要作用于教育实践，课程便是教育实践的主要平台。如在课程目标上，为落实目标管理教育活动效果和评价策略，应该积极研究中班幼儿数理思维的现状及最近发展区，明确该年龄段幼儿应实现的发展目标。在课程内容上，不同的地域文化、环境等将产生课程内容的差异，为从资源深度上探究何种资源更具教育价值，以及从资源广度上研究怎样的教育计划、课程体系能最大限度地实现资源间的相互组织和调整，幼儿园应

▲　　**幼儿亲密接触机器人**（成都市新都区第一幼儿园）

▶　　**教师动手开发教玩具**（德阳市第一幼儿园）

以本地环境、人文资源为基石，挖掘可利用资源及相关课程内容。在课程形式上，幼儿园教育没有明确的、限制性形式，为探究有效、适宜的课程形式，应在借鉴传统形式的基础上推陈出新，或借鉴高校学前教育研究成果创新现有教育形式。

当下，传统的"泰勒模式"正在遭受学术界质疑，不少学者提出"体验式"教育形式，部分幼儿园课程自发实践反向教育形式，如成都市新都区第一幼儿园以感悟、体验的润物细无声方式推进幼儿自主构建对生命、对世界的认知体系。

（四）让科研成为教师专业的成长梯

教育科研包括选题论证，立项规划，实地调研，发现结论，形成报告，论文发表等环节，是不断探索和不断总结提升的过程。提升幼儿教师的理论水平以及科研意识是科研的必经之路，从事科研的教师的专业成长必定快于非科研教师。

幼儿教师如果能从科研的视角去观察、分析和解决日常问题，不仅可以增强教学活动的科学性，丰富理论素养，还能不断总结长期以来的工作实践经验，整合"碎片化"经验以提升科研工作的质量。科研理论是教师科研能力中至关重要的成分，如果缺乏理论支撑，即使具备较强科研潜力的教师也无法展现出自己的能力。目前，不少幼儿园教师对自身的专业性，幼儿发展的复杂性，幼儿教育的情景性认识不足。正如《幼儿园教育指导纲要（试行）》指出的，教育评价的过程，"是教师运用专业知识审视教育实践，发现、分析、研究、解决问题的过程"，这要求幼儿园教师以研究者为自身发展定位，提升科研理论与实践

园本研修助教师成长
（成都市温江区光华实验幼儿园）

水平。

教师科研能力的提升必定带动幼儿园内涵发展的充实，在飞速发展的幼教改革形势下，要克服压力，更新观念，加快发展，向改革要质量，向科研要品质！

（五）让科研成为园所发展的望远镜

随着行业发展集约化程度的提高，幼儿园同质化课程与服务大量出现，导致幼儿园很难找到独特诉求。然而，每所幼儿园都有其特性，它所特有的矛盾决定了不能完全照搬其他园所的研究成果。因此，"在幼儿园中研究"是幼儿园走向独特性的创新之路。一方面，幼儿园教育研究是立足于幼儿园自身发展的教育科研，它以幼儿园存在的问题为突破口，以解决幼儿园特殊矛盾为目的，这样的幼儿园教育科研成果将更具本园特色。另一方面，基于科研的幼儿园特色建设将成为品牌建设的助力器。幼儿园教育科研在教师与专家的引导下，将是幼儿园源源不断创新的源泉。目前，已有大量幼儿园将教育问题和品牌运营进行融合，最具效果的便是依托科研成果，将本园科研特色拓展至幼儿园品牌建设，不断提升幼儿园教育的社会影响力和教育品质。

第二节　高品质幼儿园科研的建设策略

教育科研是幼儿园持续发展的动力，幼儿园借助教育科研解决教育实践中的问题，提升幼儿园的保教质量，对于幼儿、教师以及幼儿园来说都具有重要的意义。幼儿园教育科研建设是一个长期的过程，不同阶段因目标不同，其重点又有所不同，从课题选题、立项、研究过程、成果总结提炼到成果推广应用，从教育科研的组织实施到管理，都需要研究者基于幼儿园的实际，根据不同阶段的目标导向，切实做好每一个阶段的工作，将教育科研建设落到实处。

一 科学选题——高品质幼儿园科研工作的重要前提

教育科学研究是一个不断提出问题、解决问题的过程，选题是进行教育科研的第一步。爱因斯坦曾说过："提出一个问题比解决一个问题更重要。"选题就是选择合适的问题并且把这些问题转变为需要研究、值得研究的课题，选题的好坏直接关系到课题研究成果的学术价值和社会效益。

（一）选题的原则

幼儿园的教育科研是一种实践研究，在实践中摸索、总结、验证，着眼于发现教育实践中的问题并解决问题，因而问题就是课题，但并不是所有的问题都能直接成为有价值的研究课题。为了确保课题研究的深度和广度，让研究成果更科学、更有效，在进行课题选择时通常需要遵循一些基本的原则，以提高课题研究的质量和效益。

1. 科学性原则

选择研究的课题要能体现社会发展方向和教育改革与发展的方向，必须符合一定的教育科学原理和教育规律，要有科学的理论依据，用一定的政策法规做支撑，用科学的方法去开展研究，研究内容属于教育科学的范畴。

2. 实用性原则

幼儿园教育研究最重要的任务就是不断研究和解决在教育教学改革实践中发现的最现实、最细微、最具普遍性而且是亟待解决的问题，用维果茨基"最近发展区"的理论来说，即是尚待解决而且基本能解决的问题，也就是教育实践中的重点、热点、难点和疑点问题。因此，在选题时要注意课题研究是否符合现实需要，研究问题是否具有针对性，是否能通过课题研究真正促进教育改革、提高教学质量和提升办园品质。

3. 可行性原则

只有具备了一定主客观条件的教育科研选题，才最有可能取得预期的研究成果和效益，所以幼儿园在选题的时候应该从实际出发，充分考虑主客观条件与研究课题的大小、难易是否相称。具体来说，选题要从幼儿园的人力（教师的理论水平、专业特长、知识基础、兴趣爱好、科研能力和经验）、物力（经费、设

（凉山州州级机关第二幼儿园）

备、资料储备）以及各种资源整合等方面综合分析课题在实际研究过程中的可行性。

4. 创新性原则

创新性、独特性、先进性才是研究的价值所在，复制、抄袭他人的研究没有价值可言，所以选题应坚持创新性原则，内容要新颖，即便是研究同一个问题也要从不同的角度去挖掘出自身独特的新意来。

5. 区域性原则

教育研究的特色十分重要，特色的一个重要标志就是地域特征，地域特征浓厚则他人无法复制，并且能启发其他研究者学习借鉴。关注自己的地域资源、地域特点十分重要，正如人们常说"民族的就是世界的"，用于教育科研也有异曲同工之处。

绵竹市示范幼儿园的研究课题"体育活动园本化实践研究"就是这样一个具有区域性和乡土味的课题，该课题从幼儿园的实际出发，对早操的形式、内容、

幼儿特色体育游戏
（绵竹市示范幼儿园）

器械、材料以及幼儿的活动量等进行了深入研究，形成了自己独特的情境自主式早操模式。课题同时对民间体育游戏进行积极发掘和改良，使之成为幼儿体育活动的重要资源，丰富了幼儿体育活动的内容，传承了民间文化，让幼儿的体育活动具有浓郁的地域韵味，更彰显出独有的特色。

（二）选题的方法

课题的选题直接关系着研究的价值，决定着教育科研的效果。每一个课题的选题都基于一定的背景和缘由，在选题的时候要考量这样一些因素：

1. 紧跟国家和地方教育改革发展的大方向

每个幼儿园的教育教学工作都以国家的教育方针、政策或发展规划为导向，从国家层面颁布的幼教方面的法律法规和文件，到地方教育行政部门推出与之配套的幼教改革要求，再到幼儿园的贯彻实施，必然要经过从理念到行为、从学习到实践的一个渐进过程，在这个过

国家政策是幼儿园推进改革的风向标（成都市第九幼儿园）

程中，不同的幼儿园基于不同的实际和认识角度，必然出现一些新的问题和新的需求，由此就会出现新的研究课题。高品质幼儿园要把教育改革的大方向与幼儿园或教师的实际需求结合起来，选择并形成研究课题。

（1）幼教政策是课题研究的风向标

《幼儿园工作规程》《幼儿园教育指导纲要（试行）》和《3~6岁儿童学习与发展指南》是指导幼儿园树立科学保教观念，切实提高幼儿园科学保教水平，促进幼儿身心健康发展的纲领性文件。高品质幼儿园要紧紧围绕这些文件的精神扎实进行相关的幼教科研，从中选择适宜的幼教科研课题。

例如，针对《幼儿园教育指导纲要（试行）》在《总则》部分提出的"幼

儿园应与家庭、社区密切合作，与小学相互衔接，综合利用各种教育资源"的要求，成都市温江区柳城幼儿园以"幼儿园亲子社团的开发与利用"为题，绵阳市花园实验幼儿园以"家园教育共同体的实践探索"为题，分别开展了幼儿园如何与家庭、社区合作共育的课题研究；隆昌市石碾镇中心幼儿园选择了"充分利用农村资源，丰富幼儿体育活动的策略"这一研究课题，蒲江县南街幼儿园则选择了"本园自然资源转为优质教育资源的实践研究"这一研究课题。

家长助教与孩子游戏（绵阳市花园实验幼儿园）　　　　**充分利用自然环境，园所成为游乐场**（成都市蒲江县南街幼儿园）

（2）工作规划是课题研究的指路牌

从国家到地方各级教育行政部门都会根据国家发展政策、改革开放的需要，根据教育自身发展的需要，定期制定出教育科学研究规划；各级各类教育研究学会、各种教育杂志也会定期提供一些选题的范围，也就是常说的选题指南。幼儿园在理性审视本园园情的基础上，可以直接从这些科研目标与任务中去选择课题。

2. 寻找幼儿园教育教学实践的真问题

幼儿园开展课题研究的最终目的是优化教育教学行为，全面提高保教质量，促进幼儿园内涵发展。目前，我国的幼儿园无论是公办园还是民办园，无论是城市园还是农村园，都面临着自身深刻的变革，幼儿园的质量提升问题、品牌特色建设问题、园所内层管理问题、园本课程开发与建设问题、教师专业成长与师资培养培训问题等，都具有重要的探究价值。选题如果从此切入，不仅有利于挖掘出有价值的课题，而且也有利于课题研究任务的高质量完成。

随着课程改革的推进，社会对教育要求的提高，以及教育对象的变化，教师在具体的教育实践中经常会遇到各种各样的困难问题，有教育教学方面的，有保育保健方面的，有环境创设方面的，有晨间活动方面的……这就为教育科研提供了广阔的选题范围和大量的课题来源。当然有些问题是通过教研讨论就能解决的日常工作问题，而有些时候则需要用心观察、勤于思考，需要通过进一步的加工、改造，才能从中提炼出带有一定普遍性的问题，使之成为有研究价值的课题。所以在课题选题时，幼儿园要坚持以园本研究为主线，围绕幼儿园的教育教学实践去寻找问题、甄别问题、转化问题，以保教工作滋养课题研究，用课题研究反哺保教工作。

例如，成都市第三幼儿园选择"基于幼儿自主性发展的自发游戏实践研究"，解决了《3~6岁儿童学习与发展指南》倡导的"幼儿主体发展"观念落地过程中，由于观念理解不到位而仅仅理解为放手幼儿发展或变相设计幼儿发展的问题，以及由于教师现实的专业能力薄弱导致的难以有效支持幼儿发展的问题。

"以阅读为纽带的家园
共育策略研究"开题论证会
（成都市第九幼儿园）

3. 关注时代发展对教育提出的新要求

时代变革是不可抗拒的历史规律，而变革和传承又是相辅相成的，这是教育发展的重要动力，也是幼教科研课题的不竭源泉。随着经济全球化的飞速发展，信息化、市场化逐渐成为学前教育发展趋势，在这样的大背景下，幼儿园走科研兴园之路来实现自身的可持续发展，已经成为时代的必然要求。因此，高品质幼儿园科研的选题一定要敏锐把握时代脉搏，具备一定的前瞻性。

幼儿民间体育活动（绵竹市示范幼儿园）

例如，课程建设是每所幼儿园迈向高质量幼儿园过程中的一个难点，如何实现优质区域课程资源整合共享，解决区域学前教育高位均衡发展需要与不同幼儿园间质量差异大的矛盾，是每个幼教者必须面对的。成都市金牛区及辖区内幼儿园以"幼儿园课程资源区域整合的策略和联动机制"为题积极探索，通过课题研究提升了区域内各级各类幼儿园的课程质量。再如，现在许多农村孩子的父母外出打工，孩子的教养责任更多落在了家中老人的身上，针对此情况，广元市剑阁县普安幼儿园就选择了"农村幼儿园基于隔代教养的家园共育策略研究"。

4. 发掘已有成果或成功经验做突破点

一般来说，重复别人的研究是不能算作科学研究的，选择的课题应该是别人未曾解决或尚未完全解决的问题。幼儿园要立足本土资源、地区差异等具体的实践情境去挖掘研究资源，在借鉴已有的研究成果或者从成功经验和薄弱之处去寻找课题研究新的生长点。例如，已经有很多的幼儿园对五大领域的教学做了研究，也取得了很多的研究成果，同样是针对"科学领域"的问题，成都市温江区实验幼儿园选择解决的是"幼儿园科学领域教玩具的适宜性配置的路径"问题，而中国科学院光电技术研究所幼儿园则选择"幼儿科学主题探究系列活动及实施策略"进行研究，选题角度、聚焦点不同，就赋予了研究新的价值。

除了上述选题范围，在选题的时候还要认真考量研究者的水平是否能驾驭课题，课题所涉及的相关知识与课题的研究任务是否超越了研究者的能力范围，研究者是否具有专业的理论水平和专业的洞察力以及是否熟练掌握课题选择的常用途径等。

过程管理——高品质幼儿园科研工作的重要保障

幼儿园的教育科研，无论选题宏观或微观，都需要研究团队凝心聚力，脚踏实地，确保研究过程的科学化、常态化。教育科研是一个"山重水复"的过程，在这个过程里，研究者和参与者都需明晰方向—规范实施—勤于探究—开放对话—创新结果—应用回归，进而到达"柳暗花明"的彼岸。

（一）明晰方向

任何科研课题都旨在研究解决教育教学实践中真实存在的问题，如何有效地解决问题就是研究追寻的方向，就是研究最终要达到的结果。让科研从实践中来到实践中去，让科研成果服务于教学，促进幼儿的发展，促进教师的成长，这样的研究才具有生命力。

（二）规范实施

建立科学、合理的科研管理机制是科研有效推进的基础，建立健全教育科研制度，提高幼儿园教育科研的规范性和有序性，才能调动教师的积极性。

计划性是教育科研顺利实施的重要保障，团队分工要明确，研究进程要清晰，确保团队在有效的机制下相互合作；研究需要团队的智慧去支撑，需要提前计划，层层深入，通过扎实的研究进程来实现，规范化才能将科研常态化、优质化。

赛课活动推进保教研究（成都市双流区棠外实验幼儿园）

（三）勤于探究

教育科研的过程是一个曲折的过程，它需要在不断实践、反思、调整、再实践、再反思、再调整的螺旋式上升过程中，获取经验、解决问题、推进进程、臻于完善、获得结果，就像波斯纳提出的教师成长公式"经验+反思=成长"一样，教育科研的过程也如出一辙。

"从实际出发，大处着眼，小处着手，讲究实效。"每次科研活动都应该按照科学的研究程序实施，不断地修整、完善、接近目标。教研和科研的二元结合是最有效的研究途径，将教研与科研分离的做法只会使科研陷入孤立，让研究者疲惫不堪。幼儿园不妨根据课题不同阶段的研究目标，将科研活动和教研活动合二为一，全员教师参与研究，有实践经验，有理论指导，这样才能赋予科研生命力。

（四）吸纳对话

科研不是课题组闭门造车，而是汇聚集体的力量，发挥各自的智慧来解决问题。在教育科研中激活每一位老师，构建彼此尊重、开放、合作、对话的研究环境，在平等的基础上交流分享、百家争鸣、各抒己见，这样的研究才能走向深入。

在教育科研的过程中，需要建设一个有向上需求、有研究渴望的团队，挖掘团队资源，根据每个教师的优势和特长，扬长补短，互相学习，通过多种方式开展园本培训，建立对话关系，倾听别人的想法，重构自己的经验。

学习借鉴他人经验也有助于提高研究者的水平，没有学习的研究注定是无源之水，只有广泛地学习，才能积累知识、拓宽视野，才会有后面的独特和创新。

在教育科研的过程中，我们可以积极利用专业资源，寻求专业引领，比如聘请专家把脉，让专家带领研究团队走出经验的层面，实现理论与实践的结合；幼儿园之间的联合研究，资源共享，可以拓宽研究的视野。

在教研活动中深化研究（攀枝花市实验幼儿园）

（五）创新结果

创新是教育科研的特质，没有创新性的研究无价值可言，拾人牙慧的研究不如放下身段学习、借鉴别人的成果和做法。创新在教育科研中犹如暗夜明珠，想要获得需费一番功夫，需要研究者具有前瞻性，做"前无古人"的尝试和设计，还需另辟蹊径，根据自身的实际，研究、发现解决问题的最佳途径和方法，无论是理念的创新还是方法的创新，这样才能使研究具有不可替代的价值。

● 成果应用——高品质幼儿园科研工作的重要标志

对科研成果的应用是对一个成熟的、高品质幼儿园的检验。教育科研来源于教育生活，最后都是要回归教育实践，把科研成果放到教育实践中去检验与应用，在教育的过程中进行再验证、再思考、再发展；科研成果的价值就在于运用，在于让它产生积极的、广泛的社会效益和教育目标效益，所以，科研成果的推广和利用，其实就是让科研回归教育。

"读书是学习，使用也是学习，而且是更重的学习。"用这句充满哲理的话来说明教育科研与推广之间的关系十分贴切。幼儿园教育科研的实践性、应用性、教育性决定了教育科研必须走实践—研究—使用一体化的路子。

（一）成果推广应用是科研效益的直接体现

成果推广是教育科研的另一个阶段，是教育科研效益的直接体现，这个效益只有在教育实践中运用才能体现其价值。幼儿园的教育科研大多为实践性研究，重在解决、改革教育实践中的问题，因而科研成果的推广应用将直接影响教育质量的提高；教育质量是成果的物化表现，也是成果效益的直接体现。

（二）成果推广应用是科研课题深化研究的重要路径

任何一项成果的获得并不意味着研究的终止，教育条件的局限，教育因素的复杂性，决定了只有通过反复研究、广泛实践，才能形成更完整、更科学、更成熟的认识，因此科研成果的推广也是一个深化研究的过程。

教育因素十分复杂，变化莫测，而教育科研成果的取得具有时间、空间和思维的相对性，在成果推广的过程中，要更多结合园本实际，把握成果的实质，融入自己的知识经验，以原成果为核心，继承、发展、加工和再创造原成果，实现成果的再次创新。在成果推广的过程中对其进行价值检验，对成果进行深化研究，将会使原成果更加完善。

课题结题现场会应发挥重要作用（遂宁市大英县蓬莱幼儿园）

（三）成果推广应用是帮助教师成长的有效途径

成果推广是吸收先进教育理念，进行教育改革实践的过程。在现代社会，整个社会的发展在不断冲击着传统教育促使教育理念不断更新和发展，因此吸收和运用教育的新方法，挑战自我，改变观念尤为重要。让教育科研成果承载的思想、技术在教育实践、在幼儿园、在教师中应用，更能凸显出教育科研"以研促变"的作用。

从某种意义上说，成果推广也是提高教师业务知识和教养素养的有效途径之一，成果推广能帮助教师吸收新的教育理念，完善教育行为。教育科研成果的推广不仅有助于提高一个幼儿园或一个地区的整体科研水准，而且成果转化后可以加速幼儿园教育教学的改革，提高幼儿园的教育教学质量。

所以，在园内推广别人的研究成果是必要的，是学习、借鉴、再创造的过程。同时，具有个性化的园本课题在园内推广，也是对本园教师科研水平的肯定，可以激发和调动教师的科研积极性，提升其研究能力，实现良性循环，促进理性进步，继而引领幼儿园科研工作不断发展。

（四）成果推广应用需考量的因素

教育科研成果的推广主要包括教育思想和教育行为两个方面，在成果推广时需要考量这样一些问题：

其一，教育思想的先进性。只有当科研成果中先进的教育思想、教育观念得到传播并被社会认可时，它才有推广应用的价值。这样的成果推广能影响和更新教育者的观念，同时，科研成果中所蕴含的科学思维方式也能启发教育工作者持续改进自己的认知方式，用新的视野去分析和解决教育教学中的新情况和新问题。

其二，教育行为的先进性，即具有先进的教育教学策略、方法和手段。实践性研究重在解决教育教学实践中存在的疑难问题，推广先进的教育教学策略、方法和手段，使教育教学水平在原有基础上得到提高。

其三，教育科研成果的先进性、成熟性、实用性和可行性。成果推广实际上是进一步的研究，而非单纯的模仿和机械照搬，是对原有成果吸收、内化、利用、再创造的过程。

其四，教育科研成果的应用包括传播交流、自发运用以及有组织的推广应用。通过这些形式将教育科研成果的思想、内容和方法在一定范围内应用，使之为其他教育工作者所接受、理解、内化、改造而转化为教育效益，才是教育科研追寻的目标。

第三节　高品质幼儿园科研建设典型案例

科研兴园、科研建设是深化教育改革、推进课程改革的必由之路，是教师成长与专业发展的重要途径，也是园所可持续发展的必然选择。

开展有效的科研建设工作，旨在解决幼儿园教育教学实践中的实际问题，让课题源于实践，让研究关注实践，在解决实际问题中回归实践。对幼儿园老师来讲，专业发展就是离幼儿越来越近，科研作为推动教师专业化发展的重要手段，也应该成为促进教师亲近幼儿的催化剂。高效管理幼儿园科研建设，让课题落地，让科研成果积极推广，也是幼儿园科研建设中不可忽视的工作。

下面，我们就通过几个幼儿园的典型案例，来谈谈高品质幼儿园科研建设中可借鉴的经验。

【案例一】高效管理，激发教师的科研动力
（宜宾市市级机关幼儿园）

为配合历时四年的"幼儿自主性游戏中教师的支持性策略研究"课题，宜宾市市级机关幼儿园在教师中开展了"自主游戏之惑"调查，针对教师的困惑，本着切实解决教师需要的宗旨，从课题组的组建到课题研究实施，做到课题组成员人人真参与、真实践，高效管理，开展有效的科研工作，激发了教师的科研动力，促进了幼儿教师的专业发展。

一、从工作实践出发，寻找问题

宜宾市市级机关幼儿园开展自主性游戏已有20年的历史，园所管理层探索出的观察法、分析法、材料投放法在实践中效果却差强人意。在开展的"自主游戏之惑"调查中发现：教师观察自主游戏指标多、幼儿多，教师精力不足；教师辛苦创设的环境，幼儿不爱惜；自主游戏中幼儿时常发生矛盾且不爱收拾玩具；园长、家长、专家对自主游戏的理解与诉求不一致；自主游戏时幼儿秩序混乱。这些工作实践中的问题正是教师们急于解决的科研工作瓶颈。

二、从问题中来，扎实做科研

课题组通过查阅相关研究文献资料，寻找到经典的理论依据（皮亚杰"图式"理论、维果斯基"最近发展区"理论、马斯洛"需要层次"理论），在四川省教科院理论室周林教授的指导下，将研究路径回归到儿童本身，去捕捉儿童真实的游戏故事。

随后，课题组通过定期开展自主性游戏观察对话活动，聚焦对儿童生命活动的观察解读；日常记录儿童成长故事，分层进行故事解读与交流，打造成长故事名片；搭建混龄混班游戏平台，重构班级游戏课程等措施，不断完善形成了成长故事集、对话研讨集、经验文章集等成果集，并梳理出具体可实施的观察发现、环境互动、回看轨迹、共同对话、文化构建五大策略。

"发现儿童"课程访谈活动

　　课题组成员聚焦教师工作中的困惑、难题，开展扎实有效的科研工作，通过实践、反思、再实践、再反思的研究过程，专业素养得到极大提高。她们将"儿童利益"放在首位，协同反思，对"背离儿童生命成长的现象"进行反思，进而重构制度，梳理并调整"阻碍儿童生命主动成长"的管理制度，同时，将亲身参与的课题成果运用于实践，发现原本在自己眼中难以攀登的科研工作并不是那么遥不可及、高高在上的，发现科研与教育教学是统一的，教育教学实践来源于科研，和科研工作是相辅相成、不可割裂的。科研让教育教学工作更加高效，教师的职业成就感油然而生，对做实科研工作有了进一步的兴趣和方向，形成了良好的专业成长循环模式。

有趣的活动让孩子玩得更尽兴

　　研究期间，课题组教师的专业水平得到提升，发表论文24篇，相关经验文章获奖12篇，发表成长故事34篇，游戏案例与方案获奖16篇，游戏现场活动获奖7项，游戏材料获奖8件，形成的科研成果"游戏观察四步策略"也被广泛推广使用。这一系列看得见的成果和成长，让每一个参与课题的成员教师都感受到了科研的力量，也对未来专业成长有了极大的信心。

　　三、发挥辐射作用，有效提升园所质量

　　目前，"幼儿自主性游戏中教师的支持性策略研究"成果已经辐射到宜宾县

（于2018年7月改为叙州区）、兴文县师培中心指导下的所有幼儿园，宜宾市市级机关幼儿园更是多次接待省内外同行的学习交流活动，成立了国培四川师范大学曾珂名师工作室。该园的研究成果还发表在《教育科学论坛》上，获得李季湄、华爱华、鄢超云、周林等专家的高度评价。在当前"背离儿童生命主动成长"的教育现象屡有发生的背景下，该研究成果对于正开展教育改革与研究的幼儿园具有普遍的借鉴意义。

案例解读：

宜宾市市级机关幼儿园的科研课题研究案例让我们看到，课题的选题基于教师遇到的现实问题，科研建设的管理要落到实处，从真正解决教师发展的需要出发，扎实推进实践研究，才能有效调动教师积极参与，从而促进教师专业化成长，保证支持幼儿的发展需要。

【案例二】立足"真"问题　做好"实"科研
（成都市温江区实验幼儿园）

成都市温江区实验幼儿园立足本园教育教学实际存在的问题，在2013年9月开展了"幼儿园科学领域中教玩具配置适宜性的研究"，历时三年。该科研课题引领教师探索出了配置适宜性科学领域教玩具的有效路径，同时推动了校园"实"文化的提炼与重塑，建构了"实"文化背景下的科学主题课程，以及科学特色支持性教育环境，有效促进了教师、幼儿和园所的高质量发展，实现了"实"科研的价值内涵。

一、立足实际，以"真"问题作为科研出发点

"研究问题的'发现'和'提出'是研究行动的前提。"为发现教育教学中有研究价值的"真"问题，温江区实验幼儿园对各年龄段共计6个班进行了随机抽样调查，调查主题为"教玩具配置现状"，内容包括：班级科学区域创设及教玩具配置、班级主题墙环境创设及教玩具配置、教师配置教玩具能力、幼儿选择使用教玩具情况。抽样调查结果见下表。

抽样项目	存在问题
班级科学区域创设	1. 小班几乎没有创设科学区域；2. 中班、大班有自然角的创设，但都缺乏科学探索区
班级主题墙环境创设	1. 大多体现教师的制作成果，对幼儿的操作过程体现较少；2. 幼儿无法与墙面环境互动，不能激发幼儿参与操作的兴趣
班级教玩具配置情况	1. 配置的科学教玩具非常稀少；2. 现有教玩具无明显年龄特点区别，无层次性，不能满足幼儿发展需求，不符合幼儿园科学课程目标和内容
教师配置教玩具的能力	1. 普遍对配置教玩具感到难度很大，不知道从何入手配置幼儿发展所需的教玩具，没有设计思路；2. 在选择材料上较单一地采用纸质类材料，导致教玩具不能经久耐用
幼儿选择使用教玩具情况	数量稀少的科学教玩具不能满足幼儿操作和探究的需要。80% 的幼儿在游戏时对现有教玩具只是短暂使用，过程中不断更换其他教玩具，或到其他区域游戏

抽样调查结果显示最为突出的问题是班级配置的教玩具数量少，缺乏适宜性，影响了幼儿的学习与发展。究其原因，是教师配置教玩具的能力欠缺。基于以上迫切需要解决的问题，该园决定将"幼儿园科学领域教玩具的适宜性配置"作为科研内容，以课题研究为路径，形成幼儿园各年龄段科学教育主题网络课程，形成教玩具配置的适宜性评价标准及配置资源库，创设支持幼儿发展的物质环境，促进幼儿自主能力发展。

二、聚焦问题，以"实"研究让科研落地

结合幼儿园一日生活皆课程的特点，课题组将研究范围界定在科学集体学习活动、科学区域活动、日常生活活动方面，其中科学区域活动包含户外区域活动、班级科探区活动、科探室专用功能室活动；重点研究在园本文化引领下，如何围绕主题科学活动内容配置适宜性教玩具。通过组建小班、中班、大班三个年龄段教研组，针对不同年龄段实施课题研究，落实每个阶段的研究任务。

课题组老师沿着理论学习→理念引领→课程选择→教学实践→专家引领→再

实践→再研讨→物化成果的路径，进行了全面系统化的"实"研究。通过重塑园本"实"文化，形成了对生活教育、科学教育价值的系统性追求；通过解读幼儿科学活动学习特点，探索出园本特色的"五趣"课程，建构了《幼儿园园本课程方案》；通过采用"科探区角环境创设观摩""区角游戏比赛""自制教玩具比赛""科学领域教玩具三部曲""一课三研"等方式，反复推敲、改进、检验教玩具配置的适宜性，形成《教玩具配置的适宜性评价指标》细则内容；通过区域共构，研究支持性环境创设及教玩具适宜性配置，形成户外公共区域和班级环境的科学教玩具配置清单和图集。

幼儿用科学领域教玩具进行探索

此外，课题组借助"专家引领""区内姊妹园互助共进""家校联盟"等形式，邀请省、市、区专家对科研课题进行现场指导，听取姊妹园观摩后的建议和意见，引导家长参与科学教玩具适宜性配置研究，不断调整课程内容、调整教玩具配置适宜性标准的具体指标和内容，汇总、提炼研究成果，编撰成果集。

三、物化运用，以"实"成果体现科研价值

历时三年的课题研究工作，让该园形成了幼儿园科学领域教玩具配置适宜性的一系列科研成果，出版了专著《蕴生活之美 尚科学之品——幼儿园科学领域教玩具配置适宜性研究》，课题成果获得国家教学成果二等奖、四川省教学成果奖一等奖，实现了科研工作的"实"价值。

一是重塑了"蕴生活之美　尚科学之品"的校园文化，形成了与科学教玩具适宜性配置相适应的校园文化建设路径。

二是探索出了园本"科学五趣"课程。形成了科学主题下的集教活动课程、区角活动课程、日常生活随机教育课程、节日主题活动课程和家园亲子活动课程，编撰形成科学活动教案集。

三是制订了《幼儿园科学领域教玩具适宜性评价标准》，帮助教师解决了幼儿园各年龄段科学教玩具配置什么、怎么配置的问题。

四是提升了教师的专业能力。教师的理论水平、研究能力及教玩具配置能力等得到了提高，撰写了多篇课题论文和案例，其中在国内专业学术期刊上公开发表论文12篇，获各级各类奖励36篇。

五是促进了幼儿的发展。户外公共区域和班级环境的科学教玩具的适宜性配置，激发了幼儿对周围事物和现象的兴趣，发展了幼儿的观察能力、探究能力和创造能力，以及动手能力、语言表达能力和合作能力。

案例解读：

成都市温江区实验幼儿园的科研案例让我们更加明晰找准幼儿园科研工作的出发点和归宿点的重要性：只有立足实际，基于园所最核心、最关键、最急需解决的"真"问题，才是科研工作的出发点；只有夯实研究路径，一步一个脚印做"实"科研，才能实实在在提升教师的专业能力，寻找到解决问题的有效方案；最后，"实"成果的物化与运用，既有效解决了园所之前所遇到的问题，又有效支持了幼儿的学习与发展，同时提升了教师专业成长的获得感和幸福感，帮助幼儿园形成了生活化科学教育的校园文化品牌，助推了幼儿园的高品质发展，从而实现了"实"科研工作的价值归宿。

【案例三】成果转化，助力园所提质
（德阳市罗江区第一幼儿园）

德阳市罗江区第一幼儿园结合《3~6岁儿童学习与发展指南》中"游戏化"

课程理念，开展了"农村幼儿园民间体育游戏的挖掘与应用"课题研究，历时六年。课题组从本土众多的民间体育游戏中，寻找最有价值的教育资源，通过再现经典、改良创新、点燃兴趣、释放快乐等多种途径，将民间体育游戏引进幼儿园，坚持边研究提炼边推广验证，先后组织开展了多次市县各级课题成果推广会、展示会、分享交流活动；有效依托园所省级示范园的辐射引领作用，开展以此为主题的送教下乡活动，让课题成果很好地运用到幼儿园工作实践中，助力园所提质。

一、多途径收集和挖掘丰富的民间体育游戏资源，多举措继承和应用民间体育游戏资源

课题组通过向家长发放千余份"民间体育游戏征集表"的方式，利用书籍、网络、访问等渠道广泛收集民间体育游戏资源，精心筛选出适合3~6岁幼儿玩的本土民间体育游戏145项和非本土民间体育游戏44项。对于适宜的、符合幼儿身心年龄特点的、深受孩子们喜爱的游戏资源，园所直接拿来使用，同时对引进的部分民间体育游戏进行了目标、玩法、规则和器械投放的改进、调整，使其更适宜幼儿体育游戏活动所需。

二、创造良好的民间体育游戏开展的园区环境与条件

园所秉承"环境育人"的教育理念，将民间体育游戏课程资源有效呈现于幼儿园的内外环境中：选用具有民间文化代表性与民间幼儿游戏特征的麻绳、草编、竹编、麻布等乡土材料，打造具有特色的民间体育文化长廊、宣传橱窗等；打造了700余平方米包括民间体育游戏区、投掷区、野战游戏区、力量耐力游戏区、平衡游戏区、创意体育游戏区、攀爬区等近十个户外体育游戏区域场所，以满足幼儿体育活动需要。

利用各楼层走廊，设置多样化的体育游戏区域：翻滚乐园（提供各种软垫等，供幼儿进行滚翻等动作练习）、鞍马游戏区（提供木箱、地垫等，供幼儿做鞍马游戏）、愤怒小鸟游戏区（提供森林场景和"小鸟"、弹弓等，让幼儿开展打弹弓游戏）。

积极开辟班级室内体育活动环境：选择适合在室内玩耍的民间体育游戏制订详细活动计划，包括幼儿动作发展目标及民间体育大器械、小材料投放等。课题研究所形成的部分室内体育活动方案，被广泛应用到各个乡镇农村幼儿园，如走廊处的跳房子、打怪兽、打弹弓、猜拳跨步跳等，再如教室内的打地鼠、吹羽

幼儿民间体育活动

幼儿竹类游戏

毛、占四角等。这些室内体育区域环境的开辟，有效缓解了户外体育活动空间不足、极端天气下无法进行户外体育活动等诸多难题。

三、建立乡土游戏体育器材资源库

利用各种乡土材料进行利废自制、定制或本地购买的可长期使用并推广的幼儿体育游戏活动器械，建立了器材资源库。创制了"布"同凡响、"竹"够疯狂、"箱"得益彰等十个主题系列乡土体育特色玩教具。此外，库内还有多达50余种1000余件的如铁环、高跷、空竹、陀螺、玉米糊手榴弹等单品民俗体育器械玩具。将大量低成本的乡土材料引入幼儿园，实践研究形成的"农村幼儿园乡土体育器械资源库"中有60余种农村乡土体育玩教具被推广到了周边乡镇农村幼儿园，弥补了各农村幼儿园体育活动器械种类和数量上的不足，有效解决了农村幼儿园办园资源不足的困境，实现园所"低成本、有质量"的办学需要。

四、健全民间体育游戏活动制度，辐射推广游戏活动

幼儿园建立了"四个统一"民间体育游戏活动制度(每年一次全园性"民间体育游戏节"；每月一次年级组民间体育游戏展示活动；每周每位教师组织一次"民间体育游戏"集体教学活动；每天早操班级组织进行一次"畅玩民游十分钟"活动）和班级的晨间游戏活动，有效保证了园所民间体育游戏活动的常态化

开展。

同时通过研究实践，先后形成了"一物多玩""多物合玩""身体妙玩""亲子共玩"等活动模式，让孩子们在其乐无穷的游戏活动中得到发展。

以家长进课堂、亲子运动会、社区大联谊活动等为载体，让民间体育游戏走进生活。亲子户外跳绳、踢花毽、打陀螺、滚铁环等民间体育游戏的开展，促进了家庭和谐亲子关系的建立及良好家风、家训的形成，让优秀传统文化得以传承，让"畅玩民游"蔚然成风。

亲子运动会

五、归纳了三个"整合"农村幼儿园户外体育活动管理模式，为农村幼儿园民间体育进校园提供了技术性支持

1. 园所大运动时间与班级小运动时间的有机整合。

2. 园所大体育区域环境布置使用与班级小区域体育器械提供的有机结合。

3. 年龄段幼儿体能发展目标与班级幼儿体能发展目标的有机整合。

六、整理出农村幼儿园民间体育游戏课程资料系列汇编，推广使用效果好

截至2018年3月，市县内以各种不同方式引进和使用本课题相关成果的各级各类幼儿园已达20所；研究形成的一系列"民间体育游戏课程资料汇编"，已陆续被周边18所乡镇农村幼儿园引进，被200余名农村幼儿园教师使用，深受好评，有效弥补了本地区农村乡镇幼儿园体育游戏课程资源的不足。

案例解读：

借此案例，我们欣喜地看到，罗江一幼通过扎实做课题，并积极调研、行动，让课题研究成果从纸上走下来，立足实践，切实满足园所高质量发展需要，辐射帮助周边姊妹园，达到了共同进步的目的。

【案例四】解决需要 提升教师科研能力

（成都市金牛区机关第三幼儿园）

成都市金牛区机关第三幼儿园是一所拥有60年厚重历史底蕴的园所，自建园以来，该园始终将教师队伍建设放在幼儿园改革发展的首要位置，不仅注重提升教师的教学技能，更注重引领和推动教师向着有研究精神、有儿童视角、能读懂儿童的"研究型教师"转变，鼓励教师在教育实践中不断地探索教育规律和教育方法，运用先进的教育思路和方法指导实践，提高教学效果，不断提升自身的专业化水平。

一、挖掘需要 确定方向

在"科教兴国"的大背景下，机关三幼深刻认识到品质才是学校的命脉，高品质发展是未来改革和前进的方向。习近平总书记鼓励广大教师做有理想信念、有道德情操、有扎实学识、有仁爱之心的"四有好老师"，机关三幼教师更是以高标准要求自己做有研究精神、有儿童视角、能读懂儿童的研究型教师。机关三幼教师经过长期以来对儿童发展需求持续不断的深刻剖析，对教育有了更深刻、

教师与幼儿亲密互动

更园本化的理解。老师们对园所文化进行总结提炼，概括出"聪慧"这一儿童特征，围绕"聪慧"这一关键词总结并梳理园所的发展内涵，形成聪慧的育人理念和办园思想，打造聪慧课程，培养"聪慧的现代中国娃"。遵循"平和地做智慧的教育"的教育理念，以聪慧文化指引着该园教师培训的方向，促使他们向着高品质的教育理想和目标奋进。

二、多元培训　引领成长

成都市金牛区机关三幼积极创新教师培训机制，努力营造用好人才的浓厚氛围，让每一名教师都能在团队中找到自己的位置，为幼儿园发展做出贡献。该园依托金牛区教师队伍梯队建设计划，通过"人员分层、目标分层、培养分层、责任分层"的发展思路，构建"塔基—塔腰—塔颈—塔顶"逐层递进的"金字塔"幼儿园教师梯队建设模型，满足了老、中、青不同年龄层教师的专业发展需求。

线上培训方面，该园率先实现了信息化教研软件的开发与使用，采用了成都市教科院罗清红院长研发的观课云平台，及时收集参与教研教师的信息，聚焦研讨问题，有效提升了教研活动的实效性。成立了全国首个"学前教育网校"——远程观摩式教学项目，在线向甘

青年教师研讨课题

孜州地区输送优质保教资源。这不仅有帮扶的意义，更是该园教师进行培训的绝好研修教材，这样的活动促进了该园教师不断钻研业务和技能，使他们实现了快速成长。

线下培训方面，该园形成了全覆盖的"三纵三横"的园本教研网格分化模式，有效实现了"幼儿发展需要"与"教师专业发展需要"的统一。"三纵"指幼儿园美术、探究式项目科学、戏剧三大研究性课程，其参研人员纵向贯穿各个年龄段的教学班组，以课题研究的方式引领教师建立儿童视角，推进该园园本教

材的研发和不断优化。建立名师工作坊和青年教师工作室，采用师徒结对、日常观课指导、名师讲坛等方式，打造名师的同时还帮助青年教师快速成长。"三横"则以年级组为单位，由年级组长牵头，引领各自班部的教师团队研究不同年龄段幼儿所存在的共性问题。"三纵三横"的师资培训机制有利于解读不同层次、不同需求的教师所存在的一些共性和个性发展问题，保证了教师的专业学习与提升空间。

该园更是注重让教师接受新颖教育视角和深刻理念的洗礼，多次让教师到南京、北京、上海、广州等学前教育发达地区学习取经，同时也邀请教育界大咖走进三幼交流指导，与前来交流学习的学前同行探讨，共同学习、取长补短。

三、屡创佳绩　硕果累累

成都市金牛区机关三幼在三幼人不懈的努力下，取得了傲人的成绩：2006年成为教育部"以园为本教研制度建设"项目试点园，课题成果"基于儿童本位的幼儿园美术活动实施策略"荣获四川省第六届基础教学成果二等奖，利用该园网校向远端输送1000多个活动视频，有效帮扶了偏远地区的学前教育；近五年该园教师发表文章共计50篇，文章获奖100次，教师的课题研究参与度达到100%；该园还承办了四川省第七届幼儿园共同体学术研讨会，连续承办了中国教育学会第三十次、三十一次学术年会微论坛，接待全国各地观摩人数累计超10 000人。

案例解读：

成都市金牛区机关三幼让我们看到：科研兴园，给幼儿园的发展带来了勃勃生机与活力。机关三幼多维度多层次的培训机制，既满足了教师个性化发展的需要，又形成了机关三幼鲜明的品牌特色。事实证明，努力促进教师专业素养的提升，让教师对幼儿教育有更强大的心灵、专业和伦理的支撑，必将成就教师、成就园所、成就教育！

科研兴园，使教师的观念在转变中得以更新，教师的科研意识和研究能力得到提高，一支支科研型的教师队伍正在幼儿园形成，幼儿教师从过去的"要我搞科研"真正走向了"我要搞科研"的研究型教师的成长之路。

参考文献

[1] 高翔. 创新教师队伍建设，推动幼儿园高品质发展[J]. 教育科学论坛, 2019, (15): 68—70.

[2] 龙迪辉, 易志勇. 教育科研成果推广应用的实践研究[J]. 当代教育论坛, 2010, (7): 31—33.

[3] 彭海霞. 基于幼儿生命成长的"实"文化追求——对新时期高品质幼儿园管理的思考与实践[J]. 教育科学论坛, 2019, (17): 71—77.

[4] 高翔. 高品质幼儿园建设研究——以成都市机关第三幼儿园为例[J]. 教育科学论坛, 2018, (20): 27—30.

[5] 汤霞敏, 宋伟. 提升幼儿园教师科研能力的有效策略[J]. 台州学院学报, 2017, 39(2): 75—78.

[6] 易海华. 教育科研成果推广应用的误区及对策思考[J].中国教育学刊, 2007, (4): 16—20.

[7] 于维涛. 县域教师发展支持体系建设研究[D]. 上海: 华东师范大学, 2009.

[8] 唐良平. 浅论推广基础教育优秀科研成果的价值[J]. 当代教育论坛, 2010, (33): 8—9.

[9] 程露瑶. 四川省2018年基础教育国家级教学成果奖分布特征分析[J]. 科教文汇, 2019, (18): 18—19.

[10]华湘君. 解决问题，让教育科研"接地气"[J]. 创新时代, 2017, (4):48—49.

[11]朱其. 农村教师专业发展管理与策略思考[J]. 新教育时代电子杂志(教师版), 2019, (17): 69.

[12]华国栋. 教育科研方法[M]. 南京: 南京大学出版社, 2000.

[13]潘海燕 徐运国. 教师的教育科研与专业发展[M]. 北京: 中国轻工业出版社, 2006.

[14]李倡平. 教育科研的理论与实践[M]. 上海: 上海交通大学出版社, 2010.

[15]刘旭. 一线教师教育科研指南[M]. 成都: 四川教育出版社, 2006.

[16]青岛市教育科学研究所. 教育科研访谈面对面[M]. 青岛: 中国海洋大学出版社, 2004.

环境
——高品质幼儿园的依托

关于幼儿园环境，《幼儿园教育指导纲要（试行）》有明确的表述："环境是重要的教育资源，应通过环境的创设和利用，有效地促进幼儿的发展。"这里所说的环境是广义的概念，是幼儿园教育得以进行的一切条件的综合，它包括人与物、园内环境与园外环境。所以，对幼儿园环境的理解，我们首先要站在更高的立场。它既包括物质环境的创设，也包括精神环境的和谐；既包括空间的布置、区角的打造，也包括氛围的营造，园本文化的传递。教师要根据幼儿身心发展的规律需求和幼儿园教育的要求，充分挖掘和利用幼儿生活环境中的教育因素，并创设幼儿和环境积极相互作用的情景，把环境因素转换为教育因素，促进幼儿身心健康发展。

无论怎样理解幼儿园环境，我们都要搞清楚环境创设的主客体关系，即"为谁创设环境以及创设怎样的环境"。作为高品质幼儿园的依托，教师在创设幼儿园环境时应首要考虑的是它的教育性，环境创设的目标与幼儿园的教育目标应保持一致，这样既能够防止幼儿园在环境创设时出现同质化现象，也可以督促教师不只以自己的方便或自己认为的美观来创设环境，而要多倾听孩子的建议，多顾及孩子的感受，多考虑孩子的需要，多斟酌环境的育人价值。一句话，高品质幼儿园的环境创设一定是基于儿童视野、为了儿童的创设，须创设促进儿童发展的环境。本章主要呈现了幼儿园环境的价值功能、创设策略以及经典案例。

第一节　幼儿园环境创设的价值追问与功能定位

"幼儿园应为幼儿提供健康、丰富的生活与活动环境，满足他们多方面发展的需求，使他们在快乐的童年生活中获得有益于身心发展的经验。"《幼儿园教育指导纲要（试行）》中的表述既是对幼儿园愿景建设提出的要求，同时也是环境创设的价值表达。

环境创设的教育功能是其最重要的价值，环境作为一种无声的"隐性课程"，将会直接影响幼儿的活动方式和行为反应，促进幼儿的学习与发展。意大利教育家蒙台梭利就认为，"环境就像是人类的头部，影响着孩子的全面发展。""必须注意为儿童期设置一个适当的世界和一个适宜、丰富、具有教育价值体现的幼儿园的环境，这是一个绝对迫切的需要。"

一　从"无我之境"走向"有我之境"

关于高品质幼儿园环境的创设，我们认为应该具备以下几方面的核心价值：

（一）游戏的乐园，生活的家园

人是环境的中心主体，环境能够满足"人"最基本的学习生活需要，为人提供生存和发展所需的物质条件和精神条件，这是环境作用于人的第一层次。而幼儿园环境作为服务幼儿身心发展的载体，既能够满足幼儿的游戏需求，也能够满足幼儿的生活需求。

首先，环境创设让幼儿园成为游戏的乐园。游戏是幼儿的天性，也是幼儿的生命，幼儿园遵循"以游戏为基本活动"的原则，幼儿园环境往往具有游戏性、趣味性、探索性等特点，能够为幼儿提供大量游戏的时间、空间和材料，支持幼儿根据自己的兴趣和需要自发、自由、自主地进行游戏，让幼儿在游戏中快乐学习和成长，为终身发展奠定良好的素质基础。

教师的"发明"和孩子的"创作"随处可见（遂宁市大英县蓬莱幼儿园）

其次，环境创设让幼儿园成为生活的家园。幼儿园是一个温馨的大家庭，是孩子成长的"第二家园"，幼儿园环境必须具备生活属性，安全、舒适、整洁、和谐的幼儿园环境，满足了幼儿基本的生存需求，保障幼儿在园的一日生活秩序井然、健康快乐，让幼儿萌生家的归属感，获得安全感。

（二）显性的文化，隐性的课程

环境的创设既是美化幼儿园的需要，更是一种文化和课程的彰显。从外在的表现看，一所幼儿园的环境，是它所传递的园本文化的具体展现，一幅画、一面墙都传递着幼儿园的核心理念和顶层设计。从内在的意蕴看，环境氛围的营造是幼儿园给儿童准备的隐形课程，展现着非常重要的育人功能。

首先，环境传递文化内涵。幼儿园环境承载并传递着园所文化，能够让抽象的办园思想、文化理念等精神内涵切实可感、得以洞见，实现校园文化由内而外、由虚到实的转化。环境中，各种文化因子的交融会潜移默化地影响人的身心发展，使置身其中的主体在长期耳濡目染中形成一致的价值追求和文化诉求，从而影响其行为态度、能力品质等。例如，幼儿园打造二十四节气文化墙、国乐厅，建筑风格融入川西民居等元素，传递的是幼儿园对传统文化的重视、对民俗文化的传承、对本土文化的认同。

其次，环境助推活动课程。瑞吉欧·艾米里亚教育理念认为"环境是第三位老师"，幼儿园是"一个可以支持社会互动、探索与学习的'容器'"。所以环境的意义不仅在于审美欣赏，或是让儿童乐此不疲地玩耍，更在于其是教育的重要组成部分，是课程设计与实施的要素之一。幼儿园环境与课程是一个紧密相连的有机整体，两者的深度融合才能达到相得益彰的教学效果。

国庆时的幼儿园到处飘着红旗（泸州市铜店街幼儿园）

环境是课程生成的助推器，这种推动作用具体表现为以下几个方面。第一，环境是课程活动开展的必需元素，能够为课程的开展提供必要支持，保障活动顺利而有质量地开展；第二，环境记录了课程的整个推进过程，有利于帮助幼儿回顾和梳理课程经验，激发幼儿进一步探究的欲望，为活动的延伸奠定了基础；第三，环境中的材料为幼儿提供了实践操作的机会，能够满足幼儿自主探究学习的需求，并帮助幼儿解决课程学习中的疑惑和问题，为后续教学活动的开展扫除障碍；第四，教师也可以透过环境反观课程的实施过程和质量，剖析课程推进过程中的适切与不足，为课程的不断完善和课程经验的不断丰富提供有价值的依据。

（三）未完的作品，园所的名片

环境创设不是一个一旦做完就大功告成的工作，而是一个"会运动的生命体"，和幼儿的身心发展一样，它应随着幼儿的心智变化而改变。幼儿园环境是"活标本"，能够以最直观、形象的方式记录下课程的发展，展示幼儿的经验与学习轨迹。幼儿园的环境也"会说话"，更新、变化的环境成为园所的一张靓丽名片，激发着幼儿、教师、园所的自我表达。

首先，环境创设是变化的作品。一成不变的幼儿园环境即使再精美也难免让人产生审美疲劳，只有不断更新和完善，才能激发幼儿和教师的创作热情，尽可能展现孩子的成长变化，丰富幼儿园的内在意蕴。例如幼儿园设计主题板块、问题墙等，定期更新内容，向外界传递儿童的疑问和他们解决问题的方法。

其次，环境创设是靓丽的名片。幼儿园的环境创设其中的重要内容就是儿童的学习轨迹，而这些正好为老师研究幼儿的学习活动行为提供了依据，有助于教师更好地支持幼儿的经验生长；幼儿园环境作为记录幼儿生活和学习的载体，也可以向家长传递幼儿的活动讯息，让家长更加了解班级的课程活动以及幼儿园的教育理念。

兼顾"外在美"和"内在美"

成人建构环境，环境塑造儿童。儿童是幼儿园环境的主人，幼儿园环境的创设始终服务于儿童的发展。成人可以按照预设的教育目标建构和创设环境，利用环境引发儿童与之互动并产生学习，从而达成通过环境影响和塑造儿童的目的。幼儿园环境的教育价值渗透于环境的"外在美"和"内在美"中，兼顾"外在美"和"内在美"。幼儿园环境的创设应当实现两者兼容并包，使环境既有外在的美化装饰功能，又具有内在的涵情启智、调节身心、交流互动的功能。立足环境创设的价值，我们认为高品质幼儿园的环境创设有以下的功能定位。

（一）美化装饰的功能

幼儿园环境的布置不仅能体现教育主题的丰富内容，也具有造型美、色彩美、艺术美和富有童趣的美，能够发挥装饰和美化空间的作用。幼儿园环境创设要追求"新、奇、趣、美"的个性风格，要追求色彩色调的统一，空间布局既要合理又要符合视觉审美要求。幼儿园要把审美能力的培养辐射到环境创设的各个方面，利用各种环境资源充分刺激幼儿的感官发展，特别是要尊重幼儿的审美兴趣，体现儿童的视角和声音，善于运用儿童的艺术语言和符号来打造环境，让孩子置身于"美"的氛围中，从而为长期的学习奠定良好的基础。

漂亮的叶子让长廊更具活力（遂宁市大英县天星幼儿园）

（二）涵情启智的功能

第一，环境具有启迪功能。皮亚杰的建构主义理论基本观点认为，儿童是在与周围环境相互作用的过程中逐步建构起关于外部世界的知识和经验，从而使自身的认知结构得到发展和变化的。幼儿的学习以直接经验为主，而环境则是幼儿直接经验获得的基础。研究表明，丰富的物质环境条件对幼儿的认知和智力发展有着极其重要的影响，能带给幼儿充分的感官刺激。我们通过创设对幼儿的认知具有激发性和指导性的高质量环境，促使幼儿充分调动探索的兴趣，激发想象力和创造力，引导儿童在与环境、材料、同伴和教师的互动中获取知识、启迪智慧、开发智力、建构认知。

例如，太空主题墙能够引发幼儿探讨交流太空世界，助力幼儿拓宽思维、增长见闻；可操作的墙面能够激发幼儿动手动脑，培养幼儿的认知能力；园区内的林木、果树、花鸟等动植物，以及雨、雾、雪、风等气候现象能够帮助儿童增进对大自然的认知；建构区的积木角能让幼儿了解物体的形状、用途，以及不同的搭建方式等；而物质资源匮乏的幼儿园，会使幼儿缺乏来自环境感知信息的刺激，影响幼儿观察力、注意力、思维能力、语言表达能力等的发展。儿童通过环境的作用优化认知结构，同时也在环境中通过自身的活动，获得应付环境变化的方式和能力，对环境起到了影响甚至改造作用，在影响和改造环境的过程中促进自身智力的发展。

第二，环境具有涵情功能。情感是认知的动力，要使幼儿获得对人对事的正确认知和态度，必须唤起幼儿积极的情感经验。根据幼儿生活经验少、情绪易受暗示、情感丰富等特点，教育者可以从情感教育入手，用良好的情绪去引导幼儿，更好地实施道德品质的教育。幼儿阶段是养成良好道德品质的关键期，富有内涵的教育环境能帮助幼儿激发内在丰富的情绪情感，唤醒幼儿良好的道德品质，起到情感渲染和道德熏陶的积极作用。

（三）调节身心的功能

第一，环境对幼儿身心发展具有平衡补偿作用。"平衡作用"是指环境能够使儿童的情绪得到释放，一定程度上解决儿童在成长过程中体验到的矛盾和不平衡

童话般的秋千长廊（乐山市机关幼儿园）

等负面心态。幼儿园可以通过改变环境来弥补幼儿身心发展过程中所形成的不良因素，帮助幼儿缓解成长烦恼。例如，私密区可为幼儿提供一个缓解情绪情感问题的独立场所，给予幼儿独处、分享秘密、躲避刺激的安静空间；开阔宽敞足够儿童自由奔跑撒欢儿的操场，有助于平衡儿童的情绪；和谐温馨的校园环境氛围也能够让儿童感受到充分的安全感，帮助孩子敞开心扉，使负面情绪得到排解。

美丽的"银杏叶雨"
（成都市温江区光华实验幼儿园）

而补偿作用主要是指可以通过改变环境来弥补本区域儿童身心发展过程中有可能发展滞后的领域。例如，生活在钢筋混凝土中的城市孩子，其生活娱乐项目更多依赖于电子产品，而幼儿园可以通过创设自然富有童趣的园所环境，让幼儿有机会亲近自然，同时满足幼儿挑战自我、大肌肉锻炼和身体协调性等方面的发展需求。

第二，环境对幼儿身心发展具有积极促进作用。《幼儿园教育指导纲要（试行）》指出"教师的态度和管理方式应有助于形成安全、温馨的心理环境""教师应以关怀、接纳、尊重的态度与幼儿交往"。可见精神环境不容忽视，它能够潜移默化地对幼儿身心发展产生影响。

良好的幼儿园环境具有充分的包容性，能够尊重和顺应幼儿天性，接纳集体中的个体差异性和独特性，帮助幼儿建立团队的归属感和心理的安全感。良好的幼儿园环境同时能够支持幼儿发展自己的兴趣与爱好，促进每个幼儿富有个性地发展；并在人际互动中不断建构和完善自我意识，学会处理自己与环境、与他人的关系，养成积极的性格。良好的幼儿园环境会对儿童的心理和行为产生正强化效应，对幼儿的情感产生激发和鼓励作用，使幼儿对学习充满积极性。良好的幼儿园环境还能为幼儿提供"榜样示范"，引发幼儿的观察、模仿和学习，从而培养幼儿良好的生活习惯和品质。良好的幼儿园环境能够充分尊重幼儿的主体地位，发挥儿童的主观能动性和思维创造性，帮助幼儿实现自我价值，切实增强幼儿的主体意识和自我意识。

（四）交流互动的功能

环境为幼儿交往创造了空间条件，开放式的环境有利于打破班级界限，缔造多维交互空间，促进幼儿实现跨班级、跨年级的全园互通式的交流互动。幼儿园的空间环境具有开放性特点，区域的共享性质打破了班级界限，为班级与班级之间的交互创造了良好契机，不同班级在同一环境空间中开展活动会自然而然地发生交叉与互动，产生经验的碰撞与交流。

高品质幼儿园强调充分挖掘园所环境资源展开游戏和活动，在有限的资源条件下遵循物尽其用原则，追求"一物多玩、一地多用"的利用效能，将一处环境赋予多重利用价值。伴随着经验水平的差异性，不同年龄段幼儿基于各自的发展需求在同一空间中建构不同的活动经验，从而实现了幼儿经验的跨年级交互。

例如，成都市金牛区机关第三幼儿园有一个沙水区。大班孩子在"中国桥"主题活动背景下进行着"沉"与"浮"的科学探索活动；中班幼儿开展了"挖水渠"的项目式主题探究活动，探索让沙池水渠成功蓄水的方法；小班孩子开展着植树和寻宝游戏……不同年龄幼儿在环境中留下游戏的痕迹，一起利用环境、改造环境，把沙水区变成一个跨年级的交互空间。

高品质幼儿园环境的设计具备开放整合、灵活多变的特点，通过多元化的功能区域设计满足幼儿多样化的学习和兴趣需求，促进幼儿更充分地互动和发展。

一条可以爬上去的走廊
（巴中市通江县文教示范幼儿园）

教育者可以依托这些丰富的环境资源开展各类园际游戏活动，打破空间的界限，让全园幼儿走出教室，在广阔的园所环境中寻找乐趣，广泛获取经验，也在与更多同伴的充分互动中促进社会性发展，得到身心的全面发展。例如，幼儿园可以将美术室、涂鸦墙、劳作坊、木工坊、乐高厅等功能区，创建成为以美术为特色的全域开放艺术空间，打造涂鸦工坊、木艺乐园、纸艺空间、织染工坊、陶土世界等游戏点位，通过整合园际共享空间将独立的教室向园际环境延伸，营造了开放自主的游戏环境，让全园孩子可以根据自己的兴趣爱好进行游戏，实现了游戏环境的多样性和幼儿自主游戏的流动性，很好地促进了全园幼儿的互动交流。

高品质幼儿园环境的特征

（一）激发主动探索

探索活动是幼儿最基本的学习方式。幼儿通过探索活动认识自然与社会，对未知的世界有所发现，从而获得新知，以完善自己的认知结构。高品质的幼儿园环境应具备探索性，满足幼儿的好奇心和挑战欲，使幼儿在环境中发现问题、提出问题、解决问题，通过环境创设引发幼儿的认知冲突。

例如，在户外留下倒下的大树，隐藏在泥土下的树根部分可以为幼儿提供一个平常难以得到的观察机会，这类对于幼儿来说处于未知状态的环境和材料往往更容易引发幼儿的主动探索。

在高品质的幼儿园环境中，可变化的操作性环境促使幼儿更加自如地运用可活动的材料，自主地依照想法对活动室环境进行大胆的布置和调整，并对周围环境不断充实、完善，从而真正达到幼儿与环境的交融和互动。如根据游戏内容可自主更换的主题墙板块、区角材料和区角牌，可自主记录的活动信息等。

田园文化课程户外活动场地（成都市新都区第一幼儿园）

（二）贴近生活实际

陶行知先生倡导生活即教育，生活决定教育，教育又改造生活。环境生活化是幼儿园的显著特点，幼儿的一日生活环境本身就蕴含了丰富的教育机会，有着它独特的教育意义和价值。高品质的幼儿园环境创设贴合生活实际具有两层含义，一是指环境创设所使用的材料、内容和环境呈现来源于生活、贴近生活；二是指所创设的环境便于幼儿一日生活的开展，让幼儿学会生活中必要的技能，养成良好的生活习惯。同时，贴合生活实际的环境创设是富有趣味性的。在了解不同幼儿个体发展水平的基础之上，将环境内容与幼儿生活中感兴趣的形象、语言和活动方式相结合，使幼儿感受到游戏和活动的快乐。

高品质的幼儿园环境创设非常注重对于生活资源的开发和利用，如社区内常见生活设施创设的各类活动区、家庭中常见生活物品作为活动材料，或是生活中常见现象与问题的呈现。同时也注重生活设施、生活环节中通过环境创设对幼儿行为的支持和引导，如七步洗手法的图示、拖鞋摆放的标识、自主管理饮水量的图示、通过大小便辨识身体情况的图示等。

（三）满足个性需要

每个幼儿都是独一无二的，性格与气质类型也各不相同，不同年龄段的幼儿身心发展也存在着一定差异。高品质的幼儿园环境作为幼儿发展和课程推进的重要支持，一定留有空间满足孩子的个性化发展需要，支持幼儿多样化的学习方式，给孩子提供无限可能。

高品质幼儿园的环境创设层次性突出，既满足不同幼儿的个性需要，又关

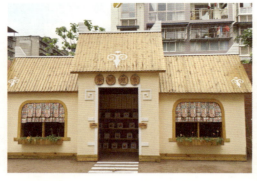

民族风情"小超市"（北川县安昌幼儿园）

班级环境尤其要满足孩子的多元需求
（成都七中八一学校附属幼儿园）

注不同年龄段幼儿的特点，通过不同层次的环境和不同的材料来达到教育目的。环境创设时要为幼儿尽可能地提供多类型的环境场地及设施类型，在同一活动或区域中提供不同难度、不同特点的材料，营造一个多元、宽松、自由、和谐的环境，便于幼儿充分表现自己，可以根据自身水平选择不同难度的材料或者完成不同的活动计划。在室内环境中，丰富的游戏和学习材料让幼儿可以自主、自发地开展多样化的室内活动；在室外环境中，在充分尊重幼儿实际需求基础上多维度地构建室外环境，如自然、生活、体能、文化、科技等各类环境。

（四）留有想象空间

陈鹤琴曾指出："怎样的环境刺激，就得到怎样的印象。"创造力、想象力在一定程度上与自由程度成正比，越自由的环境越有助于幼儿的自我展示和表现力提升。因此，高品质的幼儿园环境创设在空间、设施、活动材料和常规要求等方面都隐含着教育智慧和想象空间。

高品质的幼儿园环境创设是留有想象空间的，即灵活且富有变化的。环境创

彩绘带孩子们进入丛林世界（成都市锦西幼儿园）

设的变化由课程的进度和幼儿的发展所决定，而不能机械刻板地进行。教师应根据幼儿对于课程衍生的兴趣方向对环境进行相应的改变，幼儿也可根据自我经验积累来调整环境。在高品质的幼儿园环境中存在着幼儿自主表达的空间，为幼儿的学习与发展留白，如意见区、涂鸦区、作品区等。同时让幼儿参与环境改造，如参与安全标识设计、地图设计、区域介绍等。留白空间是幼儿放飞自我，恣意绽放想象和创造的地方。

第二节　高品质幼儿园环境的创设策略

马克思曾说过："人创造了环境，同样，环境也创造了人。"师生如何创设幼儿园的环境，环境就如何改变着师生的面貌。根据教育的原则和科学的设计来创设环境，是幼儿园硬件建设的基础工作，同时也承载着幼儿园文化表达和课程资源的重要使命。创设的策略选择，隐含着幼儿园教育的品位和发展的态度。

高品质幼儿园环境创设的原则

（一）目标一致性原则

环境与教育目标的一致性原则是指环境的创设要体现环境的教育性，即环境设计的目标要符合幼儿全面发展的需要，与幼儿园教育目标相一致。幼儿园环境创设的目的是激发幼儿学习的兴趣和无限的想象空间，一定程度而言，高品质的幼儿园环境创设必须有一定的针对性和一致性，使环境的每一部分都呈现教育性。幼儿园环境创设必须强调目标意识，要有利于幼儿德、智、体、美、劳五育的全面发展。幼儿的发展是在与周围环境的相互作用中实现的，良好的教育环境对幼儿的身心健康发展具有积极作用。因此，创设幼儿园环境时，目标是依据，应把教育目标落实到月计划、周计划、日计划以及每一项具体的活动中。

不同年龄段的孩子对环境有不同的需要 ▶
（绵阳市开元幼儿园）

环境创设给孩子的探索提供条件
（成都市第十九幼儿园）

（二）发展适宜性原则

发展适宜性原则是美国幼儿教育协会（NAEYC）针对美国社会普遍出现的幼儿教育"小学化"等现象而提出来的，主要是指幼儿园环境创设要符合幼儿的年龄特点及身心健康发展的需要，促进每个幼儿全面、和谐地发展。高品质的幼儿园环境创设必须尊重幼儿的生理、心理特点，尊重幼儿的认知与情感的发展水平，充分考虑每个幼儿在知识经验、兴趣、能力发展上的不同速率。从一般年龄特征来看，小班、中班、大班幼儿在身心发展特点上的差异是非常明显的，其身心发展所需要的环境也不尽相同，故教师要根据幼儿不同的年龄特征为其提供适宜的发展环境。

（三）使用安全性原则

高品质幼儿园环境创设的使用安全性原则包含室内、室外和心理环境三个方面。对于室内环境创设，应注意区域的划分和材料的选择，注重卫生和安全，建立规范、科学的标识、图示，培养幼儿的安全意识；对于室外环境，应注意因地

幼儿的"木工坊"活动区（成都市第十六幼儿园）

制宜、全面兼顾，注重户外环境定期的排查和维护。高品质幼儿园环境并不是一个绝对无危险的环境，而是在环境符合相关安全规范、标准的情况下，在教育或游戏活动中秉承"惊奇不危险"的教育原则，巧妙利用充满挑战或者需要规范行为的环境，通过标识、图示潜移默化地培养幼儿的安全意识。

对于心理环境，应尊重幼儿的人格和权利，尊重幼儿身心发展规律和学习特点，保教并重，关注个体差异。"以幼儿为本"的儿童观、教师观，良好的班级氛围，是高品质幼儿园必备的心理环境因素。

使用安全性原则还应强调环境的舒适性，舒适的环境有助于幼儿安全感的培养与建立。在高品质的幼儿园环境中，实现舒适的环境应从两方面考虑，一是舒服，从审美出发，在环境配色、材料选择、美术风格等方面创造舒服的环境；二是适宜，从幼儿个体出发，创造适宜的活动环境，比如适宜幼儿身高的主题墙、适宜阅读的光线环境和分类清晰的活动材料、适宜幼儿认知水平的图示等。

（四）材料经济性原则

材料经济性原则是指创设幼儿园环境应考虑不同地区、不同经济条件园所的实际情况，做到因地制宜、废旧物品再利用等。高品质的幼儿园环境创设应注重经济性和实用性，要求在创设幼儿园环境时应充分考虑幼儿园自身的经济条件和实际情况，做到勤俭办园、因地制宜、就地取材。在安全的基础上，教师应多利用易取得、成本低的材料，特别是废旧材料进行环境创设。更重要的是，要确保所创设的环境或材料能有效推动活动或课程的开展以及幼儿的发展，不仅仅停留在新颖和好看的外观层面，同时也应尽量确保材料坚实耐用，具有一物多玩的特性。

二 高品质幼儿园环境的创设策略

（一）因地制宜，科学规划区域

幼儿园教育活动的开展首先要以基本的物质环境为前提，幼儿园物质环境主要是指可见的、有形的环境，包括园舍、场地、设施、玩具等物质性的东西。高品质的幼儿园环境创设理应考虑到不同物质环境，即不同地区、不同场域、不同经济条件、不同周边环境等一系列的影响因素，做到因地制宜、就地取材、物尽其用，科学规划幼儿园的各个活动区域。

从室内环境来看，高品质幼儿园环境中的部分区域可根据区角特征创设固定区域，包括具有特定内容的活动区（如阅读区、美工区和科学探索区等），同时也为幼儿的活动需要使区域功能留有余地（如允许阅读区开展演讲活动、美工区用来表演游戏等），促使幼儿有机会充分利用区域空间，达到高品质环境的物尽其用。另外，某些区域则可设置为灵活的、多变的（如娃娃家、建构区和艺术区等），区角之间的隔离物是轻便、可移动的，但同时又必须是科学的。幼儿必须处在教师的视线范围之内，这样教师与幼儿可通过空间的自由变化来调节游

户外的艺术区有各种绘画工具（遂宁市船山区河东实验幼儿园）

戏，让活动自由延伸，做到高品质环境因时而变。而就室外环境而言，高品质的幼儿园环境创设要求依据户外环境的地理位置和地面情况，综合考虑最为适宜的活动区域（如小农场、小菜地、小花园、攀爬区和植物角等），做到因地制宜、就地取材。

▲ 蚕房院子深受孩子们的喜爱
　（广安市第一幼儿园）

▶ 攀枝花风味的"小吃店"
　（攀枝花市仁和区幼儿园）

（二）凸显特色，合理设置主题

本土化、园本化和班本化是高品质幼儿园环境创设的关键思路。应充分发掘地方蕴藏的课程资源，将本土文化、办园思想、班级课程融入其中，因地制宜打造特色园所环境。合理设置主题也是高品质幼儿园环境创设必不可少的策略之一，比如有关农村幼儿园的环境创设应将农村资源、乡土材料充分利用。这里要注意的是，乡村特色的堆积是毫无用处的，教师必须通过日常观察发现农村幼儿真正感兴趣的问题，进而创设满足幼儿活动的特色环境。这些熟悉的甚至是师生共同收集的乡土材料，才能真正凸显本土化、园本化特色的幼儿园环境。

要凸显幼儿园的自身特色，在环境创设时就要站位文化建设，聚集专业团队打磨顶层设计，既包含园本理念，又将传统文化、历史文化和现代文化相融与叠加，最终将之外显在环境创设中，成为园所的文化特色名片。当前部分幼儿园环境建设呈现千篇一律、"千园一面"的同质化现象，核心问题就是不能从本园的文化内涵出发，盲目跟风，缺乏对自身的审视和深度挖掘。高品质的幼儿园环境创设还是一种美学建树，是一个完整的、立体的艺术品，它反映了幼儿园独特的文化品位和审美水准。因此，办一所什么样的幼儿园，培养什么样的幼儿，如何创设凸显特色、主题合理的高品质幼儿园环境是我们需要系统思考的问题。

（三）多元参与，共同设计实施

高品质幼儿园环境的创设过程是幼儿与教师、家长与社区、园内与园外多元参与、共同合作的过程。通过各方配合，形成合力，才能让幼儿园的环境满足当下幼儿的需要。

陈鹤琴指出："幼儿园的环境布置需要通过幼儿的大脑和双手，让他们自己来设计、布置，这才更加有意思，才更具有教育意义，也使他们对环境中的事物加深认识。"高品质幼儿园在确定环境建设的总体方向时，要倾听幼儿的想法，在环境中见幼儿的意愿、见幼儿的思想、见幼儿的学习、见幼儿的经验。在环境创设的过程中，只有激发幼儿不断用自己的力量去参与、完善，才能实现对幼儿学习与成长的教育价值。幼儿参与环境创设不仅体现了

孩子的作品是一道亮丽的风景（成都市蒲江县北街幼儿园）

自身作为环境创设主体的应有地位，也获得了发展自身的想象力、创造力和动手操作能力。教师可以通过调查、征集、讨论等形式和幼儿共同设计幼儿园环境，并在游戏和教育活动的开展过程中再讨论、再调查，解决环境中存在的问题，形成一个设计、实践、改进、再实践的环境创设过程。幼儿还可以充分参与到环境创设材料的选择与提供过程中，根据在课程开展过程中所获得的经验自主选择符合"最近发展区"所需的材料。这既是对已有经验的进一步巩固，同时也避免了教师从自身出发，忽略了幼儿的实际需求和发展水平的问题。

高品质的幼儿园环境创设不仅要考虑园内环境要素，同时还应兼顾园外环境的各要素，两者有机结合，协同一致地对幼儿产生影响。幼儿园不能关起门来办教育，脱离园外环境进行园内封闭式的教育成效有限。面对外界环境的复杂影响，幼儿园应采取积极的态度，主动整合园所、家庭、社会多方资源，一方面选择、利用外界环境中有价值的因素教育幼儿，另一方面要控制与削弱消极因素对幼儿的影响。高品质的幼儿园环境创设应积极争取家庭、社区的支持和配合，在幼儿园、家庭、社区之间形成长期、稳定的合作关系。如利用社区的特殊环境开展与生活相关的项目、活动。

（四）把握分寸，专业控制细节

幼儿身心发展规律是环境创设的基础考量。环境创设要与幼儿的学习与发展相适宜，应认真剖析幼儿的年龄特点、发展规律、兴趣需要、能力水平等，把握好分寸，用专业控制细节，以细节彰显品质。高品质的幼儿园环境创设应贴近幼儿的生活与经验，让幼儿学会尝试、挑战与提问；应激发幼儿的好奇心与创造力，提高幼儿解决问题的能力；应培养幼儿的亲社会性，凸显人文关怀，让幼儿舒缓压力、学会选择，满足生活需要。

幼儿的差异是环境创设不可忽视的重要因素。在环境创设时既要符合幼儿整体发展水平，又要兼顾超常与较弱幼儿的发展情况。另外，高品质的幼儿园环境创设还要注意两大差异，一是年龄差异，不同年龄的幼儿存在能力水平的差异，因此需在材料的提供上体现层次性、延续性和动态性；二是性别差异，幼儿园环境创设尤其需要思考哪些区域、材料、玩具和色彩适合男孩，哪些适合女孩。这些分寸和细节都是高品质幼儿园在进行环境创设时不容忽视的重要方面。

幼儿园课程活动是环境创设的主要依据。环境是课程的准备、课程的发展、课程的记录、课程的延续。同时，课程也为幼儿园环境创设提供了依据，课程的主题、内容、形式都将影响环境的创设。虞永平指出：“环境是

幼儿在自然环境下观察（成都市蒲江县南街幼儿园）

幼儿园课程的根基，环境的状态会影响幼儿学习的状态。”高品质的幼儿园环境创设需要课程的推动，课程需要环境去支持，用课程保证环境生命的鲜活，用环境支持课程的深度开展，环境中一定能见课程，课程一定在环境中凸显轨迹。高品质的幼儿园环境创设应以幼儿的一百种语言方式呈现其生活、游戏、学习中的思考、过程以及成果，记录课程学习的片段，展示在课程学习中的思考与行为，让幼儿真正感受到自己是幼儿园的主人和生命主体。

综上，高品质幼儿园环境创设应秉承目标一致性、发展适宜性、使用安全性、材料经济性四方面原则，因地制宜，科学规划区域；凸显特色，合理设置主题；多元参与，共同设计实施；把握分寸，专业控制细节。

第三节 高品质幼儿园环境创设典型案例

【案例一】自然、自由、自主——幼儿健康成长的自然环境
（成都市天府幼儿园万家湾分园）

成都市天府幼儿园万家湾分园以“慢养孩子、静待花开”为家园共育目标，积极打造“倾听花语、静心慢养”的园所文化，构筑自然和谐的园所环境。以课

题研究"幼儿园自然角的创设与利用"为契机构建自然课程，培养幼儿亲近大自然的意识，理解生命循环的特点和价值，懂得热爱、尊重、珍惜生命，保护大自然。

一、合理利用空间，营造绿色生态的自然环境

天府幼儿园万家湾分园充分利用自然资源，为孩子创造出一片"绿洲"。从建筑设计开始思考，呈现出梯田式的外阳台设计，将幼儿意识融入环境，将"小角落、大自然"课程意识落实到环境的创设理念中。考虑到物质因素、地理条件和地面条件巧妙地利用空中阳台设置了"阳光农场""藤蔓长廊"；利用空地和角落设置"幸福果园"；利用楼梯过道设计"亲子田趣摄影展"；还将幼儿的作品、活动照片巧妙地布置在主题墙上，因地制宜，合理利用空间，营造出绿色生态，亲子融合，自然、自由、自主的高品质环境。

二、提供低结构材料，设计多元参与的自然环境

低结构材料为儿童的想象力和创造力提供了无限可能。为了将收集来的低结构材料充分利用，丰富幼儿园的自然环境，天府幼儿园万家湾分园的老师和孩子们将树桩、竹篮、竹筒、吃剩的蛋壳做成了种植的容器、咕噜水车、小木屋、小摇椅、风车。幼儿园俨然成了一个"世外桃源"。种子发芽试验区、植物观察记录本、植物里的大秘密，每个角落都有孩子们创造和发现的痕迹。幼儿在这片大空间里大胆地探索、设计，在环境中见幼儿思想、见幼儿学习、见幼儿经验，让

探索自然的奥秘

幼儿发现精彩的自然经验和童年世界，成就儿童的想象和创造，促进儿童情感和认知的发展。

三、有效构建区角，形成探索发现的自然环境

结合季节特征，各班级创设了"观赏区""种子天地""养殖区"等区角。幼儿在一日活动中不仅是自然的观赏者，更是自然的小主人。每天清晨来到幼儿园，孩子们都会去观察照顾动植物，为它们换水、喂食、铲土、浇水、施肥。区角的创设，展现了老师们的个性和智慧，让老师们也得到了一次学习、交流、分享的机会，也为孩子们打开了一扇神奇之窗，幼儿在观察、记录和发现中探索自然的奥秘。

多彩农庄打造自然环境

案例解读：

"习与性长，化与心成"。高品质幼儿园的环境是立足田园、回归自然。以尊重儿童需求为起点的环境，也能让幼儿有更多的机会接触自然、认识自然，是幼儿观察、探究、学习的多彩空间，也是源于幼儿、追随幼儿、激发幼儿、成就幼儿，让幼儿自由自主、生机勃勃苗壮成长的摇篮。成都市天府幼儿园万家湾分园的环境创设质朴自然，充满童真、童趣，符合高品质幼儿园环境建设的要求。园所的每个角落都能体现所要传递的园本文化，闪现出老师和孩子们的智慧之光。

【案例二】创设充满运动活力的户外环境
（泸州天立学校附属幼儿园）

孩子在园一日活动中，户外体育运动的时间不得少于1小时。为了保证幼儿户外运动的丰富多彩和动作发展，泸州天立学校附属幼儿园因地制宜，独具匠心，为孩子们创设了充满运动活力的户外环境。在开阔的操场上，有序摆放着丰富多样的运动器材；依山而建的迷彩绿野战区，给了孩子们模拟"作战"的战场；创设的户外环境中，彰显着幼儿棒球特色运动项目。

一、因地制宜，合理规划运动区域

平坦的内外大小两个操场，可供全园孩子集体早操和循环大体能活动。操场的四周，多组滑梯、高低不同的投篮框、各种小车（独轮、两轮、三轮、滑板）、轮胎、竹竿、跳板等运动器材有序摆放，能满足不同年龄段的孩子进行各种基本动作的锻炼；利用一楼两个开阔的平台，在一楼天花板顶上安装吊环、秋千、荡绳等，发展孩子的悬空、平衡等能力；在楼与楼之间的柱子上绑上牢固的绳索，让幼儿大胆地从高到低滑行；树林里的野战区，地势复杂，崎岖不平，设

幼儿参与滚轮活动

备齐全，孩子们在"打仗"的演习中服从指挥，学会协商合作。

二、棒球运动，彰显园本特色

该园的运动特色项目为幼儿棒垒球。全园的户外集体早操时段，孩子们戴着帅帅的棒球帽，潇洒挥动着棒球杆，练习抛接棒球的各种姿势。户外运动时段，利用移动的透视围栏，把户外操场划分出一个标准的棒球比赛场地，在裁判老师的指挥下，两支队伍进行着激烈的比赛。

幼儿棒球训练即将开始

案例解读：

对一所高品质幼儿园来说，创设充满运动活力的户外环境必不可少。泸州天立学校附属幼儿园在户外运动场地设置上因地制宜、巧思妙用，为孩子们创设的棒球运动环境，既能彰显办园特色，又能充分展现小运动员们敏锐的观察力、快速的反应力和精准击打的协调力。

根据园所实际创设运动环境，因地制宜、合理规划是前提，投放合理实用、丰富多样的运动器材是保障，体现园所文化、彰显办园特色是核心。

【案例三】构建支持幼儿主动学习的环境
（成都军区机关第一幼儿园）

幼儿园的环境必须要做到能全方位支持幼儿主动学习。成都军区机关第一幼儿园着力于材料、操作、儿童语言和思维、成人的支持五大要素的互动，帮助幼儿获取直接经验，构建适宜儿童认知发展的环境。

丰富的游戏材料

一、合理投放材料

在材料的投放上，成都军区机关第一幼儿园致力于给孩子提供不分层的低结构材料，比如胶泥、石子、圆片、积木、颜料、纸，还有与生活息息相关的真实的锅、碗、衣物等，它们可以满足大中小班不同年龄段孩子多样化的选择和发展水平，支持幼儿实现自己不同的游戏意图，帮助幼儿自主建构不同领域不同程度的关键经验，促进幼儿主动学习，从而体现了"因材施教"的个体性差异发展要素。

二、给足操作自由

成都军区机关第一幼儿园的老师们为了让孩子们能放开手脚，实施自己的梦想创造，在空间的设置上，他们将教室所有的面积都用于区角建构，使孩子们可以根据自己的意图在活动室、走廊、餐厅、卧室等任何地方使用任何区角的材料以达成自己的游戏意图。在幼儿活动时间上，他们给孩子们提供了充裕的操作时间，可以帮助孩子更好地制订计划、达成和丰富自己的游戏情节，与同伴一起分享游戏的快乐。有了足够的空间和时间进行游戏操作，就避免了人员拥挤、材料堆砌、操作中断等影响孩子放手创造、自由发挥现象的发生。

自由是创作的催化剂，老师们允许并支持幼儿按照自己的意愿自由操作。幼儿自由来往于各区角间游戏，按照自己的意图选择玩伴和使用任何材料，可以用积木在积木区建构，也可以将积木拿到家庭区煮饭，还可以拿到艺术区进行拓印，操作的地点可以是走廊、餐厅等任意一个地方。教师是幼儿主动学习的支持者，幼儿是一个个独特的个体，无论什么状态的幼儿，无论基于何种原因，教师都应尊重幼儿的选择，采用支持性的师幼互动策略，充分支持幼儿实现自己的意图，满足孩子探索的愿望。

幼儿在区角自由活动

案例解读：

在材料的存放上，成都军区机关第一幼儿园遵循"看得见，找得到，拿得到，放得回"的原则，为孩子们提供通透的玩具柜，方便幼儿从各个角度看到游戏材料从而产生使用材料的意愿，也促使幼儿产生综合使用材料的意图以丰富游戏内容。合适的物品摆放，使环境的创设与幼儿的发展相适宜。

在一个主动学习的环境中，游戏规则必须支持幼儿自主选择、自由操作。相比教室乱糟糟的情境，幼儿在游戏过程中是否投入更加重要。成都军区机关第一幼儿园游戏的规则只有三条，即：不伤害环境、不伤害同伴、不伤害自己。他们用最基本的游戏规则，将选择什么材料、选择什么内容、选择什么地点、选择什么玩伴等权利真正归还给了幼儿。

兴趣是最好的老师，激发幼儿学习的主动性，是提升幼儿学习能力、拓展孩子创造性思维的重要途径，因此，给孩子创建支持他们主动学习的环境，是高品质幼儿园的必备要素。

【案例四】区域环境，幼儿学习的隐形课堂
（乐山市实验幼儿园）

环境具有无声的教育功能，区域环境是教师有准备的隐形课堂。乐山市实验幼儿园通过科学规划、合理设置，把明确的教育目标融入环境，多通道体现幼儿互动需求，从区域设置、材料取放的细节出发，力求满足幼儿的探索意愿，让区域环境更加迎合幼儿的兴趣点和最近发展区。

一、从兴趣点入手，合理规划区域

我们常常发现在幼儿园区域游戏中有的区域几乎无人问津，有的区域却门庭若市、供不应求。乐山市实验幼儿园在区域设置时不局限游戏的空间，不对区域进行游戏幼儿数量的限制。一般积木区和家庭区吸引孩子最多，需要面积最大，然后是艺术区，玩具区和图书区需要的面积最小。老师们从幼儿的兴趣点入手，挑选适合幼儿年龄特点、契合主题的区域进行面积扩大处理，增大热点区域以满足更多孩子的参与需求。这样的调整不仅做到了高品质环境的因时而变，也让区域规划更加合理。

"小服装设计师"正认真完成自己的作品

二、从教育功能出发，精心策划环境

幼儿园在创设建构区时，墙上贴有一些乐山标志性建筑图片，让孩子能够在没有想法的时候寻找灵感。乐山当地建筑是本地人文地理的综合展示，三江交汇的乐山有几千年的城市发展历史，建筑物有明显的时代特点，幼儿园把乐山本土的传统文化和现代文明融入区域环境中，目的就是要打破很多幼儿园环境建设千篇一律的现象。

三、从增加通道着手，全力发展个性

幼儿园在设置班级区域时，保证每一个区域有多个通道，方便儿童进出。幼儿从房间的不同位置看到各个区域，并且能在区域中自由行动。比如，小朋友今天在积木区修建了一个商店，他想要制作一个招牌，那么他可以到艺术区寻找材料制作招牌。让区域之间互通互联，让孩子能看得更远，就能想到利用哪里的材料。老师们通过这种多通道的区域让幼儿在选择材料和游戏开展过程中可以打破原有的区域设定，创造出新的、符合现实需要的、更体现幼儿自己个性的游戏环境，充分满足幼儿个性化发展的需要。

汽车营地欢乐多

四、从安全便捷考虑，力求经济适用

纸筒、纽扣、树叶等平常可回收材料，通常是免费或廉价的，儿童可以探索和发现这些常规材料的特性；枯枝、绳子、面团等原始材料，其可塑性大，可让幼儿在活动的过程中，通过一次次的摆弄，不断探索、发现新问题，调整操作。收集这些"低结构"材料，不仅体现了幼儿的主导地位，调动了家长和幼儿的力量，确保幼儿游戏过程中的安全、舒适性，还让游戏区域更有探索性和趣味性。

案例解读：

一所高品质幼儿园的区域环境不仅是幼儿的学习实践基地，让孩子们在环境中学习，在互动式环境中感受、触摸真实的生活世界，同时也让教师在区域环境中可以观察幼儿的游戏、品味幼儿的成长，从而实现幼儿园、幼儿、教师的三者共赢。

【案例五】幼儿园项目式环境创设——幼儿灵动的大舞台
（成都市第三十幼儿园）

高品质幼儿园根据园所实际和特色，创设项目式环境，让幼儿发现个人喜好，积极主动参与到感兴趣的项目式活动中去。成都市第三十幼儿园设置了不同形式的项目工作坊，由外到内的环境创设和由外到内的实施打破时间限制，让幼儿可随时感受到项目式活动带来的乐趣，并让教师可以捕捉幼儿在活动中产生的兴趣和需要，彰显了高品质幼儿园的环境特色。

端午节中做游戏

一、以主题节日为契机，创设民俗环境

传统节日是中华民族的宝贵财富，也是教育幼儿的珍贵资源。成都市第三十幼儿园在开展端午节、中秋节、元旦节等活动时，结合孩子们已有的生活经验积极创设符合相应节日的民俗环境，让幼儿在浓厚的节日氛围和民俗环境中受到传统文化的熏陶，丰富幼儿的生活。

二、以典型活动为载体，建构工作坊环境

工作坊的活动开展不是一成不变的，工作坊的环境也随着活动的开展而异彩纷呈。成都市第三十幼儿园在"赶花会"这一特色活动中，将整个园所也打造成另一种样态。"青青茶馆"创设的是孩子们品茗、下棋的场所，浓浓的茶文化在点滴环境布置中呈现出来。"鲜花店"的打造给孩子们插花、卖花提供场地，与孩子们的日常生活紧密联系。"照相馆"的创设圆了孩子们的童年美梦，多种道具给孩子们提供了丰富的想象，他们扮成孙悟空、红孩儿留下一张张古灵精怪的笑脸。"风筝坊"是"赶花会"的重要游戏区域，手艺人的无限创意在孩子们的想象天空翱翔……

三、以巧构游戏为资源，发展更多项目式环境

成都市第三十幼儿园利用较大户外游戏场地的优势，因人而异，创设丰富多彩的可参与项目式游戏区域。"西林大街"上车水马龙，好不热闹，红灯停，绿灯行，小汽车、三轮小车穿梭其中。根据幼儿不同的年龄段，确定略有差异的游戏主题，中

西林大街上热闹非凡

大班幼儿多以社会实景为主题，让幼儿在模拟社会角色中学会与人交往、解决问题。操场上的"体能大游戏"将竹梯、木凳等材料作为运动器械运用其中，与现代体育器械融合，让孩子们推鸡公车、滚铁环、抽牛牛儿、扯响簧……在体验别样的项目活动时，更是增强了体能锻炼。

案例解读：

高品质幼儿园的环境包括物质和精神两个方面。在项目式活动中环境的创设是非常重要的。成都市第三十幼儿园以主题节日、典型活动、户外游戏引发了孩子们对项目活动的兴趣，激发了幼儿的主动思维，拓宽了幼儿的活动领域。在这样的过程中，教师逐步学习利用传统民间游戏，乐于参与项目环境的创设，并关注孩子们在游戏中的真实体验，在找寻幼儿兴趣点的同时，增强了教师自身的实践操作能力和创新能力，也为创设高品质幼儿园环境奠定了坚实的基础。

参考文献

[1] 中华人民共和国教育部.幼儿园教育指导纲要(试行) [Z]. 北京: 北京师范大学出版社, 2001.

[2] 王艳.幼儿园环境创设对幼儿身心发展的影响和价值[J].科教文汇(中旬刊), 2016, (03): 107—108.

[3] 华爱华. 试论幼儿园环境创设中的教育取向——来自瑞吉欧·艾米利亚的启示[J]. 幼儿教育, 2001, (10): 8—9.

[4] 何煦. 儿童视角下的高品质幼儿园环境建设[J]. 教育科学论坛, 2019, (15): 74—77.

[5] 朱樱. 高品质幼儿园环境创设的路径探索[J]. 教育科学论坛, 2018, (29): 72—75.

[6] 谢蓉, 阳睿. 创设支持幼儿主动学习环境的认识与实践[J]. 教育科学论坛, 2016, (14): 58—61.

[7] 张少珍. 创设为主题活动服务的环境[J]. 教育导刊·幼儿教育, 2005, (7): 10—12.

[8] 刘国丽. 幼儿园利用家庭资源优化物质环境的研究[D]. 上海: 华东师范大学, 2011.

[9] 王艳平. 创设支持性环境 培养幼儿探究能力[J].北京教育(普教版), 2019, (1): 91.

[10]谢芬莲. 我国幼儿园环境创设研究述评[J]. 宁波大学学报(教育科学版), 2016, 38(3): 123—127.

[11]居登娟. 例谈区域活动中师幼互动的时机与方式[J]. 教育导刊 (下半月), 2013, (11): 37—40.

[12]钱祝英. 如何制定和完善幼儿园课程管理制度[J]. 文教资料, 2009, (23): 163—164.

[13] 陈虹. 幼儿教师创设教育环境能力现状研究[D]. 重庆: 西南大学, 2011.

[14] 杨萌. 关怀理论视角下的幼儿园教师课堂管理研究[D]. 兰州: 西北师范大学, 2013.

[15] 李全华. 幼儿园环境创设[M]. 杭州: 浙江大学出版社, 2007.

[16] 浙江大学幼儿教育发展中心. 我们与绿色同行, 幼儿园环境教育探索与实践[M]. 杭州: 浙江大学出版社, 2006.

[17] 王鑫鑫. 幼儿园主题活动环境创设[M]. 广州: 新世纪出版社, 2006.

第七章

家庭
——高品质幼儿园的支撑

　　家庭是孩子出生的摇篮，是孩子的第一所学校。儿童良好的发展，离不开幼儿园，更离不开家庭，二者相辅相成，缺一不可。苏联教育家苏霍姆林斯基在《帕夫雷什中学》中提到："儿童只有在这样的条件下才能实现和谐的全面发展，就是两个教育者，即学校和家庭，不仅要有一致行动，要向儿童提出同样的要求，而且要志同道合，抱着一致的信念。"

　　站在新的时代，面对新的挑战，行进在高品质发展道路上的幼儿园，又该如何树立正确的家园共育理念、丰富家园共育的内容、建立家园共育的长效机制，是幼儿园教育工作者面临的重要任务。怎样的家园合作关系才更符合时代需求，适应人们的需要，助推教育高品质发展呢？

　　《幼儿园教育指导纲要（试行）》(以下简称《纲要》)明确指出："家庭是幼儿园重要的合作伙伴。应本着尊重、平等、合作的原则，争取家长的理解、支持和主动参与。并积极支持、帮助家长提高教育能力。"可以说，《纲要》赋予了家园关系建设新的内涵和特征——服务性、指导性、针对性、丰富性、参与性、幼儿园主导性，这为实现更为开放的幼儿教育提供了基础，同时也对家园关系建设提出了更高的要求，即必须在提高幼儿园与家庭之间的协同性上开展家园关系建设，把"协同"作为家园合作、构建和谐家园关系的基础。这一方面要求幼儿园引领和组合家长的教育力量，充分挖掘家长潜在的各种资源；另一方面扩大了有效影响幼儿的教育力量，包括家长对教师的有效影响，"只要有利于孩子发展"，都可以加以利用，在求同存异中获得家园关系最大程度的协同。

第一节　幼儿园家园共育的价值追问与功能定位

一　协同共生，高品质幼儿园家园共育的必然途径

过去，幼儿园的大量精力放在幼儿的教学实践中，而往往忽略家长参与幼儿教育的重要性。传统的"家长工作"也是以幼儿园为主和另一方的"配合"为主要模式。家长在儿童成长中的教育职能没能完整地发挥出来。但实际上，教育不是单方面的事情，幼儿园不仅要重视幼儿教育，也要引导家长参与到幼儿教育的过程中来。

高品质幼儿园建立的家园关系，不是园所高高在上地对家长的安排与指挥，不是让家长来配合幼儿园工作，也不是简单地利用家长社会资源来丰富课堂，而是基于平等、真实的交流，走向协同共生的关系。

（一）心理的协同共生，站在家长角度看待问题

心理的协同共生是指家园双方能够站在对方的角度去思考问题，感受双方真诚、善良的愿望以及对对方的信任，希望通过彼此合作来克服困难：共同扫清前进道路上的障碍。心理协同是建立家园平等关系的基础，也是家长和教师取得互相尊重的前提。幼儿园只有取得家长的心理协同，才能建立认同感，为获得最大的合力创造条件。因此，幼儿园需要站在家长的角度思考问题。了解家长的想法，减少家长在家园合作中观望、被动甚至抵触等行为，在互相了解、理解和信任的前提下，互相接受、尊重、接纳和支持，共同为营造良好和谐的教育环境、实现共同的教育目标而努力。

具体表现在家长与幼儿园之间"心理零距离"。这需要幼儿园引导家长，让家长了解幼儿园，了解幼儿园和家长都在做同一件事情——发展幼儿，用教师

家长开放日（成都市金牛区机关第二幼儿园）

辛勤的劳动让家长感受到幼儿园和教师的种种努力和孩子的进步，从而引导家长自觉参与到孩子的教育活动中来。同时，幼儿园要以开放、欢迎的姿态认真倾听家长提出的意见和建议，并认真考虑家长的批评和建议。如有的幼儿园专门安排"家长接待日""园长信箱"，倾听和了解家长的心声、需求；有的幼儿园为家长设置了"家长书屋"、温馨的"家长休息角"，让家长在等待孩子的时候有一种归属感；"视频点击窗"方便家长随时了解孩子在园的情况，增加幼儿园工作的透明度，使家长对幼儿园的工作感到放心，为建立对幼儿园的信任感打下基础。

（二）观念的协同共生，避免教育的功利性和工具性趋势

在家园关系的建设中，种种"家园难合作"的事实表明，虽然家长和幼儿园有着共同的目标——发展幼儿，但在彼此的合作中有时往往会不协调，这主要是家园教育观念的不一致造成的。因此，家园关系中必须消除教育观念差异带来的直接影响，形成家园观念上的协同，尤其要注意道德观念、情感、意志、价值观的影响和协同，取得教育的同感，从而更好地凸显教育的人本性，传达教育是"生命的教育"，避免教育的"功利性""工具性"和"短暂性"。

观念的协同需要通过对观念的改造完成，这需要处于主导地位的幼儿园通过多种家园活动有目的、有计划地对家长实施影响，使家长获得观念上的协同。家长宣传窗、家长园地、家园报甚至幼儿园富有教育意义的环境都在影响着家长的

教育观，实现对家长的观念引导。

同时，观念的协同需要建立在"讨论—反思—梳理提升"的过程中。在讨论中进行梳理，梳理的过程是教师和家长共同寻求规律、整理教育理念的过程，更是家长在教师的影响下与教师共同反思，使教育理念和教育行为建立联系并相互转化的过程，是实现理解和实践的一次对话。比如，在幼儿园一次针对"回家收集废旧材料"的实践中，教师了解到一部分家长存在着这样一些想法："耗时""自己没有空""与孩子一起收集太慢了，家长收就可以了"等。于是，教师在"家园互动"表中开设通知，请有兴趣的家长参与讨论，引导家长表达对问题的看法。讨论异常激烈，但对收集过程中幼儿潜在的学习价值却涉及较少。于是，教师以"水是什么形状的"探索活动中收集的透明器具为例，展现孩子在使用这些材料时的表现，并分析亲子共同收集过程中渗透的教育价值，使家长理解了"收集材料的过程就是学习的过程"。观念发生转变，家园之间的合作更为紧密和具有一致性。

在家长会上介绍幼儿园的
理念（成都市第十六幼儿园）

（三）行为的协同共生，让每位家长都成为一处课堂

家园关系的建设是合作共建的活动，只有家长用行动参与到家园共建活动中来，才能不断地丰富和发展家园关系。

行为协同体现在家长的参与角色更主动。在教育能涉及的每一个空间，都应有家长参与的身影，活跃着家长生动的剪影：从园内到园外，从家庭到社会，从孩子发展到课程完善，从班级建设到幼儿园管理，从经验分享到困惑展现……幼儿园里有"爸爸老师、妈妈老师、奶奶老师"，大自然中有家长们自导自演的亲子

爸妈陪我大变身（射洪市太和镇第四幼儿园）

活动，网上有家长自己的"坐诊台"……家长应更积极地参与到家园活动中来，而不是充当旁观者。

行为协同还体现在家长真诚地参与活动。家长和幼儿园都有浓烈的教育愿望和教育热情。幼儿园真诚地开展活动，家长同样要真诚地参与活动，每一位家长应知道这不仅是一种需要，更是一种责任。同时，每一位家长要以他们各自的特点和潜在资源，以富有个性的理解和独特的方式参与活动，用他们独特的智慧丰富家园互动的内容和形式。

在促进家长行为协同中，教师应善于发现和合理运用家长资源，引导家长参与。每一位家长都有自己的优势和劣势。如请在农科院的家长讲解"大棚里的植物"，让幼儿了解科技与植物之间的关系；请喜欢养昆虫的家长讲解蛐蛐的生活习惯、如何趣斗等。还要倡导不同的家长发挥不同的能力，突出家园活动的开放性、群体性、生动性。如在"自然角的建设"活动中，喜欢养花的家长带来了许多盆花，家里没花的家长则可以与孩子一起种植和记录豆类、野草等植物来参与这一活动，打消一部分家长"家园活动自己不能参与"的顾虑。

二 协同共生，实现高品质幼儿园家园共育的价值

（一）落实幼儿教育的连续性

和妈妈一起玩游戏（绵竹市示范幼儿园）

首先，协同共生的家园关系能够促进落实幼儿教育的连续性。儿童教育是一门科学，除了了解儿童，还需要家园共育。儿童教育是幼儿园和家庭共同的责任，它是一个整体，是一个连续的过程。只有协同与共生的家园关系，才能落实幼儿教育的连续性，保障幼儿教育在时间、空间上不存在断点和空白，避免"5＋2＝0"的情况出现。所谓"5＋2＝0"，指的是5天的学校教育颇有成效，但2天的家庭教育没跟上，那么孩子的成长可能就是在原地打转。举个例子，有的孩子在幼儿园可以自己吃饭自己穿衣服，但是回到家，事事被包办，有可能所获得的技能就会遗忘，又要重新学习。

幼儿阶段是人生的奠基阶段，对于家庭来说，家庭教育是孩子接受教育的开端，父母是孩子最初的启蒙老师，在幼儿的成长过程中起着主导作用。在所有优秀孩子身上，几乎都有父母的烙印。而那些"问题儿童"，也可以找到来自家庭的原因。不论时代、生活格局发生多大变化，不论幼儿教育、小学教育抑或中学教育，家庭教育都是整个教育链的根基。对于幼儿园来说，老师在这个孩子们受教育的主要阵地通过生活、游戏、运动等对孩子进行教育，同时，一名具有专业素养的老师也应该知道儿童在家里的情况，比如对哪些食物有偏好、在家的表现等，并与家长就幼儿在园的情况保持沟通与交流，密切配合，相互协调，合力完成教育孩子的目标。

（二）保障幼儿成长的一致性

其次，协同共生的家园关系能够有效地保障幼儿成长的一致性。家园共育，强调的是一个"共"字，这个字有一起、一致的意思。教育是要讲究一致性的，这是教育的一条重要原则。它要求不同教育者在教育的理念、目标、要求、内容和评价等方面保持一致，要求家庭教育与学校教育保持一致。良好的家园共育，有利于保障幼儿成长的一致性。只有这样，幼儿教育才会有效，才能使幼儿在和谐一致的教育环境氛围中健康成长。

如果在对幼儿的教育理念方面家园不能一致，那在实际的育人工作中，双方可能会就此产生摩擦，对整体的教育工作会产生不利的影响。而对幼儿来说，成人在思想上的不一致、理念上的不一致，导致孩子所受的教育是矛盾的，没有一个正确的方向，久而久之，对孩子的成长非常不利。

（三）增强教育教学的智慧和力量

此外，家园共育能够增强教育教学的智慧和力量。幼儿园的家长来自各行各业，可谓人才济济，是幼儿园的一份丰厚、宝贵的教育资源，能够很好地补充幼

家园合力支持孩子的成长（乐山市机关幼儿园）

牙医爸爸进课堂（攀枝花市实验幼儿园）

儿园某些方面的资源空缺，增强教育教学的智慧和力量。在许多幼儿园，有丰富多彩的亲子活动，有诸如爸爸护卫队、父母进课堂等活动，也有利用家长资源将课堂延伸到幼儿园之外的活动。

这样的合作，将家长真正作为教育资源，纳入到幼儿园的教育教学中，让不同性别、不同职业、不同专长的家长以另外一种身份走进幼儿园，或者将幼儿带到更广阔的课堂上，让家长真正成为幼儿园教育教学工作的支持者和合作者，也从一定程度上提升了办园工作的科学性。

第二节　高品质幼儿园家园关系协同共生的策略

高品质幼儿园的建设需要高水平协同共生的家园共育策略的有力支撑。在幼儿教育的过程中，家庭是幼儿园最重要的合作伙伴，但二者的分工又有不同。幼儿园在科学育儿理论以及实践方面积累了丰富的经验，应建立一套体系来确保家园共育工作的有效、有序推进，形成强大教育合力，促进幼儿健康全面地发展。

一　基于教育共识的深度沟通

家庭和幼儿园作为幼儿成长的两个最主要的环境，对幼儿的影响必须同方向、同步调，才能达到对幼儿成长的理想教育效果。而很多时候，家园共育遭遇失败或者行而不远，背后有很突出的教育目标不一致、教育诉求过于多元等问题，即没能在目标上达成统合。为了更有效地促进幼儿发展，使家园教育同步，教师和家长基于教育共识，即以幼儿发展为中心进行深度沟通就是一个至关重要的问题。

（一）关注幼儿全面健康的成长

家长在家庭教育方面往往过度关注早期智力开发，而忽视非智力因素的培养，其最突出的表现是很多家庭和幼儿园在教育的过程中存在着十分明显的小学

家园合力，玩转快乐篮球（广汉市骆城镇第四幼儿园）

化倾向。不少家长片面地认为，素质教育就是特长教育，就是通过一些社会上开办的培训中心、活动中心对孩子进行体育、舞蹈或琴棋书画方面的专门训练，使孩子掌握一技之长。于是不管孩子兴趣如何，一味地奔忙于幼儿园、家庭和培训中心之间，让孩子盲目地参加各种兴趣班，弄得孩子疲惫不堪，丧失了学习的兴趣。实际上每个幼儿的身心发展过程都是存在一定的规律的，应根据幼儿身心各个发展阶段的差异有针对性地进行教育，以便促进其更好地发展。

（二）重视家园沟通，减少家长缺位现象

当前，随着生活节奏越来越快，很多家长因为工作的压力持续增大，在孩子的沟通和关注方面往往比较欠缺。很多家长总是以没有时间或者工作太忙为理由，不参加幼儿园的各项活动，有的时候即使参加了也是敷衍了事，来去匆匆，对于活动的具体目标和细节没有做深究，甚至有些家长认为孩子就应该归幼儿园老师管，教师应该做教师该做的事情，家长只需要照顾孩子的饮食起居就可以了。有的家长对教师的具体工作不够理解，教师对于家长也没有及时跟进，对于家长的工作做得不到位，使幼儿园开展的各项活动流于表面化、形式化，只是给家长和教师增加了负担，并没有真正实现家园共育，发挥应有的合力效能。

▲　**亲子运动会**（绵阳市机关幼儿园）

▶　　**情景剧再现隔代教育问题**（第十一届四川省学前教育教学改革研究共同体·成都市第十六幼儿园）

（三）转变育儿观念，做好隔代教育

因为工作的原因，很多父母把孩子托付给祖辈照料，而祖辈对于孩子的教育通常和现代教育理念有较大的差异，通常情况下祖辈们会按照保守落后的教育方法教育孩子，这在无形中极大地阻碍了教育的效果。可通过教师的指导，如座谈会等方式，让父辈与祖辈形成教育合力，营造良好的家庭教育环境；让父母意识到自己才是孩子教育的第一责任人，并更新祖辈陈旧的教育观念，提高祖辈的育儿素质和教养能力，发挥隔代教育的积极作用，拒绝"隔代亲""隔代惯"教育现象，防止过分溺爱，让幼儿能够在隔代教育更多的爱中也能够健康和谐地发展。

⚫ 基于专业优势的实质配合

《幼儿园教育指导纲要（试行）》中的相关内容明确指出，家庭是幼儿园教育的重要合作伙伴，要秉持尊重、平等、合作的原则，尽可能争取家长的理解、支持并积极参与。在具体的实践过程中，组织家长积极有效地参与幼儿园的各项教育活动，让家长真正参与到幼儿园的教育教学中，从而主动认可和支持幼儿园的工作，也是家园共育的重要方式。

（一）建立沟通渠道，畅通家园交流

第一，通过家长会、家园群、座谈会等沟通渠道，有针对性地结合幼儿园办园理念、办园特色，以及幼儿学段及家长个体差异等具体情况，让家长能够充分了解幼儿园具体的教育内容，实现家园共育。例如，在新学期家长会上，教师就学期的培养目标和具体的工作事例向家长深入细致地讲解，使家长能够更好地配合幼儿园的各项活动。第二，利用教室内外的墙面、走廊等空间，展示幼儿在园的表现，让家长及时了解，并在潜移默化之中让家长更关注幼儿的各项成长。

（二）建立家长学校，构建学习共同体

幼儿园通过建立家长学校的方式，制订多元的家长培训计划，有计划、有目标、有针对性地开展科学育儿活动，向家长传授专业育儿知识，摒弃传统陈旧的育儿理念，接收家长科学育儿需求的反馈，广泛听取建议和意见，实现真正意

家长在新生家长会上认真学习（成都市金牛区机关第二幼儿园）

义上的家园互动，从而构建目标一致、理念一致、行动一致的"家园学习共同体"。例如，组织学习《幼儿园工作规程》《幼儿园教育指导纲要（试行）》等纲领性文件，让家长懂得良好的行为习惯能使孩子受益终身的道理；推荐订阅《早期教育（家教版）》《育儿周刊》等有关幼儿教育的读物，让家长开阔视野，增长见识，提升科学育儿水平。

（三）开设父母社团，加强交流沟通

多样的父母社团是家长与幼儿园增进彼此了解的最好方式之一。如每周一次的线上科学育儿分享讲座，间周一次的"爸妈社团"讲座活动，每月一次的专家讲师团专题讲座等。讲座活动能让家长及时了解幼儿园日常教育活动，解决家长在育儿中遇到的困惑，及时把科学、专业的育儿理念传达给家长，引导家长有的放矢地实施教育，使家长主动地靠近幼儿园、支持幼儿园、宣传幼儿园，加强家园交流沟通。

（四）系列亲子活动，营造共育氛围

定期开展园级开放日活动、园级亲子运动会、大型节日亲子活动等，引导家长了解、参与幼儿园的教育活动，并在活动前组织家长讨论活动目的、过程及在活动中与孩子互动的流程，通过系列亲子活动，让家长"知其然，也知其所以然"，营造共育氛围。

家长参加亲子游戏
（德阳市中江县大东街幼儿园）

（五）职业爸妈进课堂

由于家长从事不同的职业，因而具有不同的职业特点和专业技能。幼儿园可以创设机会，鼓励和激发家长参与教育教学活动，如请某种职业的家长进课堂直接担任幼儿的导师；让家长志愿者来园协同教师共同分析教学活动中的问题，共同寻找解决问题的方案，弥补教学活动的不足；让有一技之长的家长与教师合作为幼儿设计科学小实验或制作教学材料，与幼儿一起操作、探究科学现象，亲自参与教学。这样不仅有利于拓展幼儿的学习内容，丰富他们的学习经验，而且可以补充教师知识和技能的欠缺，使家园合作水平更上一层楼。

"家长进课堂"普及安全知识
（成都市锦西幼儿园）

爸爸志愿者参加活动
（泸州天立学校附属幼儿园）

（六）家长志愿服务

除了职业优势，家长还具有更大的个性优势，还有个别家长业余时间较多，又热衷于孩子教育，为了充分发挥这部分家长的积极性，幼儿园可以设立"家长志愿服务队"，让家长有充分的体验和参与幼儿园教育的机会。如有的妈妈时间较多，可以利用业余时间在教师指导下为幼儿制作活动区材料和玩教具，丰富幼儿的操作内容；有的家长个性活泼，亲和力较强，可以亲自来园组织幼儿进行游戏活动；有的家长爱好体育，可以亲自参与幼儿户外活动，与幼儿一起互动和游戏……通过这种义工体验活动，家长们能够充分利用自己的特长、爱好、个性和其他优势真正参与到幼儿园各项教育教学活动之中，形成深度家园合作。

三 基于合作理念的常态支持

合作是指二人或多人一起工作相互支撑，以达到共同目的的过程。我国著名教育家陈鹤琴先生曾经说过这样一句话："幼稚教育是一种很复杂的事情，不是家庭一方面可以单独胜任的，也不是幼稚园一方面能单独胜任的，必定要两方面共同合作方能得到充分的功效。"可见，家庭教育与学校教育的关系是相互支持、互为补充、相依相存的关系。当家庭与学校通过教育共识的深度沟通，达成教育理念的高度一致性后，就将构建起学校与家庭合作教育、互助共赢的常态化场域。

（一）构建家园共育的合作意识

1. 目标一致、志同道合

所谓"道不同而不相为谋"，家庭与学校要形成教育的合力，势必要理念相同、目标一致，合作意识是合作行为的前提与基础，这种合作下的教育行为才能产生事半功倍的效果。家庭教育与学校教育就相当于"相亲"的双方，家长挑选与自己价值观、教育观一致的学校，而学校也会努力吸引与自己理念相同、目标一致的家长。这样双向选择的教育是最理想化的状态，而现实生活中，更多的是学校对已经入学的家长不断进行文化

运动会上的趣味游戏考验亲子默契度（成都市第十四幼儿园）

理念的宣传与植入，以达成统一教育思想的目的。

2. 双方受益、互惠共赢

任何一种良性长久的合作关系，势必是双方受益、互惠共赢的。家园共育中家庭与学校的关系亦是如此。好的学校教育会支持、滋养家庭教育的成长，而健康良性的家庭教育又能促进学校教育的发展。有数据和事例显示，家长对学校的支持及配合程度与幼儿的整体发展成正比，也就是说，家长对幼儿园的支持与配合度越高，幼儿的综合素质发展越好。

3. 以诚相待、平等尊重

日本在2000年颁布的《幼儿园教育要领》中指出："家庭是幼儿园重要的合作伙伴。应本着尊重、平等、合作的原则，争取家长的理解、支持和主动参与，并积极支持、帮助家长提高教育能力。"平等和尊重是家园合作与沟通并达成共识、共创、共育的前提。家园共育的关系不是单纯的"1+1=2"的关系，更不是"一个为主、一个为辅"的关系，而是你中有我、我中有你，水乳交融、密不可分的关系。由此可见，变单项沟通为双向沟通，变指导引领为以诚相待、平等尊重是构建新型家园共育关系的基础与关键。

（二）形成家园共育的常态支持

1. 常规工作的常态支持

①班级开展丰富的、常态化的家园共育活动。（家长会、家园联系栏、家长手册、家长开放日、父母进课堂、家长志愿者、家长微信群、亲子好品格成长册等）

②开办家长学校，组建家长委员会，家长参与幼儿园

亲子绘画活动（宜宾市市级机关幼儿园）

日常管理：每班推选1~3人参加幼儿园家长委员会，参与幼儿园的常规工作管理，树立家长的主人翁意识。（家委会下设家长志愿者协会、妈咪连、爸爸护校队、亲子值班文明卫士、膳食委员会、祖

辈社团、家园合唱团、慈善基金会、父母老师、课程资源中心家长管委会等）

③参与幼儿园餐点食谱的制定与调整，监督幼儿园进货、食材与制作的规范性，并提出合理建议。

④每个班的爸爸们将轮流到幼儿园参与"护卫队"值班，或参与到幼儿园大型活动的安保工作中，与幼儿园教师联手筑起安全与防卫的堡垒。

⑤老师发起倡议书，邀请家长每学期参与一次"亲子值班文明卫士"活动，亲子共同参与幼儿园放学后各个区域、各种玩具的清洁、归位与整理，以实际行动表达对环境育人的支持与认可。

⑥部分有特长的家长以代替助教或主教的形式加入到幼儿园的课程建设中，丰富幼儿园课程，并以换位的方式了解幼儿园的生活与学习，加强家园之间的沟通、理解与支持。

2. 各类活动的常态支持

①节日主题类活动。幼儿园开展各类节日或节气活动，邀请家长参与活动的策划、组织与实施，并为活动的安全提供保障或给予经济支持。

②家长沙龙活动。幼儿园为有特长的家长搭建平台，以家长兴趣小组或特色沙龙的形式参与幼儿园的文化建设或共育共建，如家园合唱团、家园舞蹈队、家园有声绘本组、家园戏剧表演团、茶艺社、棋艺社、书法组等。

③亲子竞赛活动。根据幼儿园的特色教育开展亲子足球赛、亲子棒球赛或亲

妈妈陪我过"六一"
（成都市双流区棠外实验幼儿园）

我和爸爸打水仗
（成都市第二十四幼儿园）

子好品格积攒赛等，家长通过身体力行参与幼儿园的活动，了解幼儿园的课程，加强沟通，营造家园共育的良好氛围。

④家长开放日或教学汇报活动。针对家长的不同需求开展新生五日适应计划活动、幼小衔接教学沟通恳谈会（幼儿园落实去小学化，需要家长的理解与支持）、班级的家长开放日活动、特色课程的活动汇报等，家长积极参与活动，并加深对幼儿园理念、课程的认可与支持。

⑤爱心捐助活动。在合法的前提下建立"慈善基金会"，家园共同建设、管理，家长、教师的爱心行为为孩子们树立了良好的榜样，培养了孩子们的爱心和感恩之心，以及社会责任感与担当意识。

3.培训学习的常态支持

①建立家园共育教室，举办家园共育讲坛，开设家长教育、健康咨询网络热线等。幼儿园提供场所，建立网络，构建家园共同学习交流的平台。

园长针对家长情绪管理开办讲座
（成都市第九幼儿园）

"好妈妈"颁奖典礼（成都市第十六幼儿园）

②开展丰富的家园共育学习活动。如园长讲座、专家讲座、父母讲堂、正面管教课堂、新生入园讲座等。家长参与培训学习的同时，也是活动的主人，部分家长也能参与育儿经验分享与交流，特殊职业的家长还能担当部分专业项目的主

讲，使教师也成为教育资源共享的受益者。

③家长修分制度管理。幼儿园建立家长学习档案，鼓励家长积极参与家园共育，参与幼儿园班级、园级活动，参加培训学习活动，参与亲子好品格积攒活动，积极向幼儿园提建设性意见，协助老师进行和谐班级管理等，都将获得不同积分，修满每一年的积分，幼儿园将在毕业典礼上为合格家长颁发毕业证，对优秀毕业家长进行表彰。

④让不同层次结构的家长了解科学育儿常识，培育家长科学养育的实施能力。培训对象包括父母、祖辈，培训途径有专家讲座、专题讲座、读书会、网络分享、行走课堂、家长互助分享会等，培训内容有急救健康类、保育护理类、科学膳食类、安全卫生类、教育理念类、教育策略类等。

（三）基于制度保障的家园聚力

家园双方尽管分工不同，但有共同的目标，那就是一切为了孩子终身可持续发展。因此需要制度保障做基础。制度，是家庭和幼儿园双方共同约定、共同遵守的规章、准则；制度，是教会双方扮演好自己岗位角色的拐杖；制度，是落实家园共育的宝典。

有效的制度源于家园共育发展的需要，源于幼儿的成长需要。幼儿园、家委会、每一个家长都可以是制度、规定的提出者、践行者和监督管理者。制度的内容，可以涉及家园活动的方方面面，如在家长参与方面，包括《新生家长入园新"理"制度》《家访合作制度》《家委会管理及考核制度》《家长社团管理制度》《家园共育安全职责管理制度》《班级微信公约》等；在家长学校管理方面，包括《家长学校章程》《家长学校档案管理制度》《家长学校修分制度》等；在家园共育活动方面，包括《家长开放日活动制度》《环保爱园值班制度》《家园共育爱心基金管理制度》等。

1. 制度保障，家园沟通关系平等

部分老师的专业能力未能满足家长的高标准要求，部分家长的各种焦虑影响了家园沟通质量，家园双方未达成共育共识等各种原因导致家长对幼儿园、教师产生不信任。因此，完善的制度保障能让家长打消顾虑，在建立沟通桥梁之前先达成共识基础。

例如，新生入园前为新生家长"量身定制"的《新生家长入园新"理"制度》，帮助家园双方快速达成共识：每个新生家长在幼儿入园前都会与园长开展一次沙龙交流，以了解幼儿园理念文化、懂得幼儿真正需要什么；家长与幼儿园签订共育共管约定，与幼儿园在教育理念、常规管理、保育教育等方面保持同步。

2. 制度保障，家园分工不谋而"合"

家园共育，并非必须凑在一起做相同的事情，家园活动也不是搞得越多越好。家园活动是"共育"的途径，非"共育"的核心，若不是建立在以孩子为中心的基础上，目的在帮助家园双方达成共识、解决实质问题、形成双方共育桥梁的活动都可以说是形同虚设、华而不实的。家与园有着不同的分工和职能，但只为同一个目标——孩子的终身可持续发展。制度可帮助家园双方清楚自身的工作职责，最终达成共育的不谋而"合"。

例如，幼儿园开办家长学校，学校内部设置多个岗位，均由家委会代表担任岗位负责人。他们站在"满足家长需求与幼儿园发展需求"的平衡立场上，有权利和义务提出活动的时间、内容、周期、形式等要求，对家园双方"共育措施"提出意见和建议。他们成为幼儿园半个主人，对家园共育"同频共振"起到积极作用。

再如，制定《家长社团管理制度——"膳委会管理制度"》，膳委会组长定期带领各班级膳委会代表一起监督、管理幼儿园食堂，他们亲临现场，检查食堂卫生、供货来源、食品加工、操作程序等各方面的常规工作，提出合理意见，并且形成报告向全园其他家长汇报。（如表1所示）

表 1 家长学校组织架构与岗位职责

校长	1 名	（1）统筹策划以家长学校为主办方的园内外各项活动 （2）协助幼儿园举办大型教育教学活动和亲子活动 （3）制订、落实家长学校年度工作计划，做好年终总结 （4）根据需要提议召开临时家长学校会议
副校长	1~2 名	（1）帮助校长制订、落实年度工作计划 （2）协助策划、组织各项活动以及人员的分工落实 （3）督促检查活动进程，保证活动的预期效果 （4）监督家长学校经费的使用
纪律委员	1 名	（1）监督各项活动的执行情况；监督所有委员参加会议、活动出勤情况；监督所有委员的品德、言行情况，并可提交议案，对各委员品德、言行进行通报 （2）根据需要可提议罢免或更换不称职的委员
宣传委员	1~2 名	（1）广泛宣传各项活动的目的和意义，动员家长积极参与 （2）负责宣传、报道、录像、照相等工作，收集、整理活动资料 （3）宣传展示活动成果
生活委员	1~2 名	（1）采购家长学校必需的服装、标识牌等物品 （2）根据活动、会议需要制作横幅等必要的宣传物品 （3）负责家长学校专用场地的建设、布置等 （4）不定期检查学校各项安全防范措施的落实情况，及时向学校反馈安全隐患以及可采取的措施，并尽可能为保障学生安全提供必要的帮助 （5）负责活动、会议的后勤保障工作
文娱委员	1~2 名	（1）组织家长积极参加园方组织的各种文体活动，完成相关配合工作的落实 （2）组织开展家长学校内部的文体活动
财务委员 （会计）	1 名	（1）按期向各委员公布账目明细 （2）核算和监督财务工作；审核相关票据的真实性、完整性 （3）登记每笔费用，明确现金收入、支出、结余的准确数据；每期（月）编制现金明细报表并呈交审批归档 （4）协调处理家长学校有关财务工作
财务委员 （出纳）	1 名	（1）负责日常现金的收支，及时登记现金及银行存款日记账 （2）月末与会计核对现金／银行存款日记账的发生额与余额 （3）负责日常费用报销

表 1（续）

档案委员	1~2 名	（1）收集归档家长学校各项管理制度；每次会议议程、照片、视频、签到表、总结等资料要及时收集、整理、装订、编号、归档 （2）整理家长学校人员档案，包括家委会人员的基本情况、联系电话、家委会担任的职务等 （3）收集、整理、保存家长学校各项活动资料，包括活动的照片、视频、宣传资料等
社团总监 （膳委会会长）	1 名	（1）参加幼儿园对饮食安全、卫生、营养等方面的检查，促进幼儿园膳食水平的提高 （2）协助幼儿园完成对家长的宣传工作，督促家长在家也要培养幼儿良好的饮食习惯，不挑食 （3）收集家长对幼儿园饮食安全、卫生、营养等方面的意见和建议，并即时汇报
社团总监（爸爸护校队队长、妈咪连连长、祖辈社团团长）	各 1 名	（1）培训、集会、活动期间，协助幼儿园做好秩序维护、安全保障工作，并做好校园内的巡逻检查工作，保证培训、集会、活动的顺利开展 （2）组织、协调、统筹安排各班级家长参与本社团的工作

3. 制度保障，家园共育持续发展

身教重于言传，孩子在学龄前阶段的"模仿"是他们主要的学习形式，因此孩子的身心发展像一面镜子折射着他们的生活环境特点和成人行为特征。成人的榜样力量成为孩子成长的加油站，而孩子在学龄前阶段应奠定怎样的品质基础，往往源于家庭家风的浸润和幼儿园文化理念的追求。

例如，《家长学校修分制度》让每个家长与幼儿成为学习共同体，家长通过参与幼儿园各类集体活动、为幼儿园出谋划策、好品格积攒等，让家长自身也得到不断提升，幼儿毕业日即为家长毕业日。

第三节　高品质幼儿园家园共育典型案例

【案例一】同享阅读，共沐书香
（成都市第九幼儿园）

　　"家长开放日、家长培训课堂、家长沙龙"等都是常见的家园共育形式，可谓丰富多样，但真正能作用于家长，让家长感到有趣、有效、能落地、能持续的活动形式和内容却不多。究其原因，这些活动多是自上而下，重形式轻内容，重结果轻过程，没有源于家长的实际问题和需求。那么，如何才能做到更有针对性、有质量、有效果呢？我们认为，最好的家园共育形式一定是源于问题、用于问题，源于需求、用于需求，源于生活、用于生活的；一定是身教重于言传的；一定是与育儿基础有互动、有渗透、有延续性的。

　　在长期的实践中，我园根据实际，在传承中改良，在改良中创新，积极探索幼儿园与家庭共同携手，构建有效衔接融合的阅读活动模式，实施书香校园建设，不断提升办园特色和品位。家庭教育有三个关键词：陪伴、阅读、习惯。阅

妈妈陪我读绘本

读的种子在家庭播下，阅读兴趣、习惯、能力的培养都应该从家庭开始。因此家庭是培育孩子阅读兴趣的重要阵地。构建园内园外有效衔接融合的阅读活动模式，让家长成为书香校园建设的同盟者，既是我们的重要工作，也是我们的职责所在。我们深入挖掘家长教育资源，创建了家长学院，开设了父母成长课堂、爸妈社团、爱的陪伴家长讲师团、爱的分享教师讲师团等活动课堂，努力践行家、园、社区三位一体教育，滋养生命成长。为此，我园被中国陶行知研究会家庭教育专业委员会确定为"家庭教育学术研讨基地"，被人民网评为全国"最美书香幼儿园"。

幼儿园"以阅读为纽带，创新家园共育新模式"特色彰显。全园分层次分步骤推广的"爱上阅读"21天行动计划、"阅读点亮生命"60天行动计划以及"阅读幸福人生"90天行动计划等活动，掀起了全园阅读的热潮。从21天"一本好书、两人共读、三周坚持、受益终身"的倡导语，到签署60天陪伴承诺书，再到90天幼儿自主阅读记录表的呈现，孩子在成长，家长在变化，亲子阅读已经成为每个家庭的生活方式，家园携手已经将爱上阅读这颗种子为孩子播下，书香在家园中自然流转。参与活动的家长不禁感慨："21天转瞬即逝，我们从一个又一个的绘本故事中一起感受童年的欢乐，学习成长的智慧，感悟生活的美好。"我们用一本绘本开启了班级阅读之旅，一个小小的绘本在老师们手中竟能智慧地生成二十多种五大领域的活动。我们也用一本绘本开启了教师专业成长之路，以绘本为载体进行教师师德师风建设、做团队内训，不断提升教师职业幸福感和团队凝聚力。还用一本绘本开启学做智慧家长之旅。我们以父母成长课堂为载体，以阅读陪伴生命成长为主题，以"父母成长三部曲"为路径，去唤醒、去引领、去支持家长做最好的自己，提升科学育儿水平。

我们"以爱为魂、以善为本、以真为美"，在每个孩子幼小心灵里种下爱阅读的种子，种下至真、至善、至美的种子，用自己的真实行动书写着热爱、坚持、成长！

【案例二】二孩背后的秘密

（成都市第九幼儿园）

"朵朵，妈妈给你生个弟弟或者妹妹好吗？"朵朵妈妈说。

"我才不要妈妈生弟弟或者妹妹呢！"朵朵哭着说。

"为什么呢？有了弟弟或者妹妹你就有伙伴玩了呀，多好啊！"妈妈回答。

"我就不要，就不要……"朵朵越哭越厉害。

在成人的世界里做一个决定会有很多顾虑，尤其是做改变家庭现状、影响家庭生活的决策时，会更加谨慎。都说不打没有准备的仗，我和朵朵爸爸已经决定要二孩了，可是试探性地问了一下女儿，结果是朵朵不想要弟弟或者妹妹。那怎样才能让女儿接纳即将到来的新生命呢？在焦虑中我们只得去寻求帮助。

都说专业的人做专业的事，我们带着问题去了幼儿园。老师以及园领导和我们一起分析了朵朵的性格，且通过幼儿园长时间的培训课程以及沟通，给出了以下好的建议：

一、孕前，与大宝沟通无效后，怎么办？

大宝3岁多时，已经适应了幼儿园的生活，情绪稳定，这样的表现离不开班级老师及园领导辛苦的付出、陪伴和引导，让我们也放心把孩子交给幼儿园。

那针对孕前和大宝的沟通无效，怎样让她转变思维呢？

1. 强调大宝在家庭中的地位不会下降，甚至还有所提升，新出生的弟弟或者

和小妹妹一起玩很开心

妹妹会视大宝为小家长哦!

2. 多给大宝看一些温情的兄弟姐妹的动画片,让大宝感知,有个弟弟或者妹妹好像也不错。

3. 和大宝玩过家家的游戏,引导大宝明白如果游戏中的布娃娃能变成会互动的小娃娃会更好玩。

4. 多创造机会让大宝和更小的孩子一起玩,让她熟悉与弟弟或者妹妹在一起的感觉。

二、孕中,如何链接大宝和二宝?

在大宝的思想工作做通了以后,很幸运,我怀孕了!

那如何链接两个宝贝呢?

1.将怀孕的消息第一时间告诉大宝。

2.在家里经常放音乐,特别是大宝在的时候。

3.让大宝摸我的肚子,感受弟弟或者妹妹在我肚子里的状态,并给她讲小时候她在我肚子里也是这样的。

4.给大宝探讨弟弟或者妹妹的长相,让她产生好奇心。

三、如何让大宝尽快适应新生命的降临?

谢谢上天的恩赐,在大家的关怀下,小宝出生了,是个弟弟。此时如何让大宝适应生活中多了弟弟,需做到以下几点:

1.强调大宝的责任感,弟弟有你这样一位好姐姐,他真的好幸福。

2.强调大宝的优点,增强其自豪感,这样,大的会更加做好自己,小的也会以姐姐为榜样做好自己。

3.教育孩子懂得感恩,带孩子观看和听一些感恩片段或故事,同时父母做好孩子的榜样,孝敬长辈,让孩子效仿。

4.让大宝参与到照顾弟弟的行动中来,如帮忙拿一下弟弟的东西等。

从最开始的迷茫、疑惑,到后来通过园领导和老师不断的鼓励、引导,我们终于打开了朵朵的心结。在幼儿园父母成长课堂中,我们学到了如何去捕捉孩子的成长敏感期,怎样做一个智慧的父母,从一家三口变成了一家四口。未来的道路,还需要我们去创造和面对!谢谢给了我信心和温暖的九幼的老师和园领导们!

【案例三】家园聚力大爱燎原
（泸州天立学校附属幼儿园 ）

为了践行"立德树人"根本任务，落实"培养立己达人的天之骄子"的育人目标，为孩子终身可持续发展奠定坚实基础，泸州天立学校附属幼儿园规定每年"六一"儿童节当日为幼儿园爱心慈善日，并为此制定家园共育爱心基金管理制度。

一、爱心基金的资金来源

（一）孩子们劳动成果的义卖义捐：每班幼儿通过劳动收获后的瓜果蔬菜和养殖的家禽，面向全园幼儿、家长和教职工公开义卖义捐。

（二）孩子们自己的物品义卖义捐：孩子们将自己的玩具、文具、作品等放在"跳蚤市场"进行全园义卖义捐。

（三）全体教职工、家长、社会其他人士的爱心捐赠。

二、爱心帮扶对象

（一）家庭贫困、品德好、有上进心的优秀学生。

（二）条件艰苦，但积极向上和有责任感，一心为幼儿付出的优秀幼儿园和学校。

（三）其他：需要关爱的留守儿童、残疾中心学校的学生等。

三、建立规范的资金管理体制

（一）收入管理：成立爱心基金会，由家长委员会和幼儿园共同将募集的善款委托市关工委管理。

（二）支出管理：每年制订切实可行的定向帮扶计划，做到提前考察、落实帮扶、开展回访。向关工委提交"申请划拨定向捐款函"，并附上捐赠原因和金额，根据实际情况帮扶。

四、重视活动反馈

每次完成爱心慈善捐赠后，都要组织幼儿和家长进行总结，以体现爱心捐赠活动的意义。

这是一份有温度的制度，这是一份爱的使命，这是一份家委会和幼儿园共同商定的活动。这份制度成就了家园共育爱心基金的成立和发展，也因为家园共育爱心基金聚合了幼儿园与家长之间共同的夙愿。

　　培养孩子的爱心、责任心从一日生活中的自我管理、自我服务开始。利用幼儿园环境和课程资源，孩子们不仅能将劳动成果转化成经济价值，培养了财商素养，懂得钱币的价值，也懂得帮助他人的意义，因此家园携手合力成立爱心基金。

　　在市关工委的监督和协助管理下，幼儿、老师、家长、社会共同参与，规范管理，将爱心行动落到实处，爱心帮扶产生了良好的社会影响力，特别是对孩子爱心、责任心的培养产生了明显的效果，为让孩子成为最好的自己，成为祖国未来有责任、有担当、有能力、有爱心的社会栋梁奠定了坚实的基础。

　　在开展家园共育爱心基金活动中，我们也面临了各种各样的困难。

　　困难一：爱心基金如何保证可持续发展。搞一次捐赠活动不难，但要让爱心基金可持续发展是一个值得深思的问题。为此家园双方共同商定，将此目标融入孩子们的生活课程中，形成了幼儿园"财商课程"，即利用幼儿园环境与课程，

家长和孩子一起进行爱心捐赠

让每班孩子义卖劳动种植的瓜果蔬菜、饲养的家禽、自己的小物品等。收获的钱一部分捐赠给爱心基金，一部分让幼儿自主支配。这样可以为幼儿园爱心基金源源不断提供支持，同时培养孩子热爱劳动、自主工作、团结合作等综合素养。

困难二：路途遥远，物资难送。山区路途遥远崎岖，一般送物资的车难以进山，为此幼儿园"女教师帮"充分发挥感召力，以"爱与榜样"之名号召了热心公益的家长们，从走访、捐赠到回访，家园通力合作，用实际行动来践行爱心，为孩子们树立良好的榜样。

困难三：怎样的帮助才最适合。"授之以鱼不如授之以渔"，为此特别制订了"教师帮扶计划"，帮扶团成员由幼儿园老师和家长志愿者组成，送去的不只是物资，还有教学方法。老师们和家委会成员还会进行记录和调查，真正了解山区孩子需要什么，如何实施课程游戏化等。

经过共同努力，爱心基金扩大了社会影响，达到了预期目标。

【案例四】换班大王成长记
（泸州天立学校附属幼儿园）

描述：

早上入学小D哭闹不止，大声吵闹着不上幼儿园，妈妈用力地抱着他终于上楼来，可是他还是不进教室。妈妈把小D交给老师后先离开，老师抱着他进来，可是他拳打脚踢，嘭的一声将微波炉的玻璃踢得粉碎，对老师又抓又扯。老师悉心引导和教育，结合昨日的活动聊他感兴趣的话题，引导他慢慢融入了集体生活。待孩子安静后，老师询问他今天早上为什么发脾气，让老师和同学都害怕。小D说我也不知道，我好像收不住，我不想吓着老师和同学。放学后老师请小D参与区角活动，单独与妈妈沟通了事情的细节以及发脾气的缘由。

小D是一个5岁的男孩，在本园换读过三个班，前两个班皆因为不适应，小D哭闹不愿上学，家长看到这样的现象极不满意，因此提出了休学。休学后的小D又去过国学堂，每日诵读国学经典。半年后，妈妈觉得这样对孩子的培养不够全面，经过和园方的协商调整，将小D安排进入了大四班。开学家长会，小D妈妈参加了，会后向园长表示感谢，表明自己看到了孩子转变的希望，非常欣慰。孩子入学的一个月都表现良好，可是今天早上的哭闹打破了这原本的和谐，小D又开始重复以前的"闹剧"。

分析：

通过与小D妈妈沟通发现，妈妈在引导孩子的时候缺少耐心，内心非常焦虑，与之前读的两个班的老师缺少沟通，缺乏信任。家长的这种焦虑情绪直接传导给了孩子，加剧了幼儿对老师的不信任。

通过与孩子的沟通发现，其实孩子对幼儿园的学习和游戏生活都很感兴趣，只是有的时候会控制不住自己的情绪，当情绪上来时会有一些攻击性行为和自我放弃的语言，比如说不想上学，以各种方式哭闹折腾，直到妈妈屈服为止。前两年孩子分别换了两个班级、一个国学堂，每个班级的学习时间不足半年。真实情况是：孩子的内心缺乏安全感，感觉自己随时会被放弃，孩子也不断通过重复自己的闹剧，去印证这一感受。

来到大四班，妈妈参加了开学的第一次家长会，从老师对孩子年龄和心理特点的分析中认可了老师的专业能力，又从老师的自我介绍中了解到老师具有母亲般的同理心，从而增加了对老师的信任感。每一次早上送孩子入园时，老师像朋友一样和孩子问好，聊今日的活动安排，家长感受到了孩子是被接纳的，是被认可的，孩子和家长都获得了归属感。有了感情的连接，家长、孩子和幼儿园之间沟通的桥梁就构建起来了。因为信任，家长才会更加坚定地支持、配合老师的教育，家园合力才能真正实施。

老师在孩子爆发情绪的时候，用平静的态度去面对、接纳孩子的情绪，允许孩子的情绪宣泄，并站在孩子的角度，用商量的语气和孩子谈话，让孩子感受到了真诚与理解、平等与尊重，而并非用命令式的语气告诉孩子你不要哭了，或者是以讨好式的态度去迁就孩子。当孩子踢坏了微波炉后，老师与他交流了微波炉的作用和班级同学的需要，小D答应要用自己存的钱来为班级购买一台微波炉。在整个事情的沟通和处理中，老师一点一点化解孩子的情绪，一点一点引导家长对孩子的指导，一点一点地培养孩子的责任心，让家长看到了孩子的成长。

幼儿园是孩子离开家庭走向社会的第一步，第一次参与集体生活环境是否安全，是否被团体接纳，其融入度和和谐度如何，对培养幼儿的社会适应能力具有决定性的作用。马斯洛的需要层次理论认为当人最基本的生理安全需要满足后，就会有更高层次的心理需要，孩子也是如此。

《幼儿园教育指导纲要（试行）》也明确指出，社会领域的教育具有潜移默化的特点，要创设一个让幼儿感受到接纳、关爱和支持的良好环境，避免单一呆板的言语说教。在引导活动中给予孩子成长的支持，给家长教育的支撑，家园共育，助力孩子成长。

对策：

《3~6岁儿童学习与发展指南》提出，家庭、幼儿园和社会应该共同努力，为幼儿创设温暖关爱的家庭和集体生活氛围，建立良好的亲子关系和师生关系，让幼儿在积极健康的人际关系中获得安全感和信任感，发展自信和自尊，在良好的社会环境及文化的熏陶中学会遵守规则，建立基本的认同感和归属感。

幼儿社会性的发展是在日常生活和游戏中通过观察和模仿学习发展起来的，成人也应该注重自己的言行对幼儿潜移默化的影响。我们根据《指南》的目标，站在孩子发展的角度为孩子提出成长建议，给家长提出指导方法，真正让家园牵起手来关注和促进孩子的成长。当孩子遇到问题后，教师通过把握以下三点进行指导：

1.共情

最好的家园共育是家长支持老师，老师支持孩子，家长、老师感情上达成一致，情感上建立连接，形成同盟，先共情再处理事情。与孩子共情，就是要认同孩子的情感。

2.分析事件，追溯缘由，指导方法

老师与家长一起分析事件，分析儿童的心理特征，再指导家长正确引导孩子的情绪，三管齐下，助力孩子健康成长。

3.引领和服务并重

在具体的实施中，我们应秉承家园共育的两大核心，做好引领和服务工作，但在具体的实施中会面对家长引领方法差异、教育观念差异等问题。只有家园共育，携手前进，达成一致的教育观，才能更好地保障幼儿的不断发展。

【案例五】关注食品安全共育健康宝贝

（泸州天立学校附属幼儿园）

《幼儿园教育指导纲要（试行）》明确指出："幼儿园必须把保护幼儿的生命和促进幼儿的健康放在工作的首位。"针对（学校）敏感的食品安全问题，幼儿园平时就要高度重视。为将幼儿园办成家园共管的幼儿园，我们将家长视为平等、尊重的伙伴关系，设立膳委会、家委会，将幼儿园的敏感问题公开化、透明化。膳委会和家委会在中间起到了非常重要的作用，增强了家园之间的信任感和支持度。

一、设立膳委会——家园共育的纽带

（一）严格的食品安全管理制度是学校工作的"奠基石"

幼儿园将食堂日常管理的每一个工作岗位职责、工作环节及标准流程等一一呈现给膳委会，如《幼儿园厨房一日工作流程及卫生要求》《食材采购标准》

膳委会进入食堂参观督查

《食堂机器操作标准》《勤杂人员操作流程》《粗加工及切配操作规程及要求》等。膳委会成员了解到每一道后勤工作程序都有标准可依。

（二）特殊的"通行证"是家长们的"安心石"

在幼儿园里，每一位膳委会的家长都有一个特殊的"通行证"。膳委会的家长可随时凭证进入食堂进行抽查。同时，每一学期，在膳委会成员的组织下，幼儿园也会配合膳委会的家长到食堂工作间参观督查，由他们将视频和照片分享给各个班级的其他家长，全园的家长们心里有了"安心石"便少了担忧。

（三）园长陪餐活动让家长感受到了重视

每一餐，值班园长、教师都会和孩子们一起吃同样的餐、饮同样的水，保证孩子们吃的膳食健康美味、营养均衡。值班园长会将陪餐情况进行记录，发现问题及时与厨房进行交流与沟通，及时进行调整。

（四）好菜推荐让家长更有参与感

幼儿园发送"好菜推荐倡议书"，家长先将"好菜推荐"在班级内评选，各班再将班级推选出的菜单统一交至膳委会进行全园筛选，最后由膳委会的家长挑选出适合幼儿、符合科学搭配要求的新菜单交幼儿园后勤处并于每周更新菜谱。孩子们吃到了家里的味道，家长们也心生欣慰。

二、开展食育课程——开启幼儿健康生活理念的宝箱

（一）"惜食田"里的收获

孩子们常挂在嘴边的"粒粒皆辛苦"的古诗未必人人都懂其含义，挑食、浪费等现象让家长头痛不已。在幼儿园家园共同打造的"惜食田"里，幼儿参与选、种、收获稻米的所有过程，懂得了收获的每一粒米都来之不易，使珍惜粮食从语言变为行动。有机田园种植、饲养活动中幼儿的参与，更是帮助幼儿建立了保护生态与环境的健康生活理念。

（二）护餐行动里的自主与感恩

幼儿园根据幼儿年龄特点制作了一套适合幼儿护餐的工作流程和餐前感恩词，录制成视频发与家长。家园共育培养幼儿做力所能及的事，让孩子在园学习的东西能够养成习惯。家长看到孩子的进步，并愿意放手让孩子做更多的事，共同培养出懂得感恩、愿意为自己和他人服务的孩子。

（三）主题餐的文化熏陶

幼儿园针对不同国家的餐饮文化、就餐礼仪，结合实践开展教育活动；还结合节日、节气、四季、童话、颜色等主题开展主题餐活动，家园共同参与其中，将餐饮做成课程，将文化融入其中，将一日三餐的仪式感做足，培养有生活情趣、热爱生活的身心健康的孩子。

参考文献

[1] 教育部基础教育司. 《幼儿园教育指导纲要(试行)》解读 [M]. 南京: 江苏教育出版社, 2017.

[2] 国家教委令第25号. 幼儿园工作规程[Z]. 1996.

[3] 郭红梅. 浅谈家园共育存在的问题及有效策略[J]. 学术研究·教学研究, 2015, 4(5) : 47—48.

[4] 唐碧清. 浅谈幼儿园家园共育工作的问题, 成因及对策[J]. 学前教育, 2017, 19(5) : 46—48.

[5] 黄祥祥. 论隔代教育与儿童心理的发展[J]. 经济与社会发展, 2006(2) : 203—205.

[6] 王秀英. 实施家园共育, 促进幼教发展[J]. 考试周刊, 2016, (41):182.

[7] 吴采红. 家园合作共育途径新探[J]. 早期教育(教师版) , 2009, (2):43.

[8] 孙圣涛. 家庭环境对幼儿社会技能的影响: 作用与机制[D]. 上海: 上海师范大学, 2016.

[9] 闫灵麟. 幼儿园的家园共育研究——以禅城区为例[D]. 武汉: 华中师范大学, 2012.

[10] 樊萍. 幼儿园主题式亲子活动设计[M]. 宁波: 宁波出版社, 2007.

[11] 徐朝霞. 蒙特梭利家庭教育实用方案(5–6岁) [M]. 北京: 中国宇航出版社, 2005.

第八章

幼儿
——高品质幼儿园的风景

如果要问"儿童是什么样的",许多人都会想起罗里斯·马拉古奇的小诗,"儿童,是由一百种组成。儿童有一百种语言,一百双手,一百个思想,一百种思考、游戏、说话方式。一百种方式聆听、惊喜和热爱,一百种歌唱和了解的喜悦。一百种世界,等着儿童去探索,一百种世界,等着儿童去梦想。"这是对儿童的热爱和理解,但大家习惯引用的是这首小诗的前部分。后部分,马拉古奇先生很尖锐地批评了学校和教育,他是这样说的:"一百又一百,但有人偷走了九十九种,就是学校和文化,把儿童的脑袋与身体分开。他们告诉儿童:不动手而思考,不动脑而行动,只听不说,理解了也毫无乐趣,喜爱与惊奇只属于复活节和圣诞节。他们告诉儿童:在已知的世界里探索。一百种中,他们偷走了九十九种,他们告诉儿童,学习与玩耍,现实与幻想,科学与想象,天空与大地,理智与梦想,都是水火不容的。"我们建设高品质幼儿园,就是要把这九十九种还给儿童,让儿童有品质地成长,让真实而鲜活的儿童成为幼儿园最靓丽的风景。怎样的儿童才是高品质幼儿园期待的风景呢?我们认为,他们一定是充满诗意与幻想的,好奇好问的、主动积极的、执着坚持的、热情会玩的、探究创造的。而要实现儿童的品质成长,幼儿园及老师需要怎样做呢?我们认为必须抓住三大关键:回归童年、感知力量、面向未来。

第一节　回归童年　品质成长

回归童年，需要我们以儿童视角贴紧儿童心灵对教育调频，蹲下身来，看见儿童的看见，听到儿童的听到，理解儿童的理解，深入体悟与认识儿童这一特殊年龄阶段的独特性及其价值；以儿童的眼光去打量时空、理解关系、感知事物，体察原生态的生命情景和生存世界的他种面貌；按照真实的儿童逻辑，反思教育目标与行动支持，探寻儿童幸福的文化土壤、价值根基和实践策略，努力将"让儿童拥有幸福童年"的信仰融入每一项具体的工作中。

一　成全幼儿的诗意与幻想，让童心依旧天真

高品质幼儿园里的孩子，应该是充满诗意和幻想的。幼儿的诗意和幻想是怎样的呢？

【案例一】怪兽王国

因为老师穿了一件有怪兽图案的衣服，孩子们开启了对怪兽的讨论。对于怪兽，孩子们有自己的理解：怪兽的力量很大，有三只眼睛，有魔力，会变东西，有三个嘴巴，会喷火，长直角，会吃掉其他的动物，有尖尖的爪子，头长长尖尖的，长满了毛，身上长满了毒刺，眼睛长在头上……

关于怪兽，孩子们想要知道的也很多：怪兽从哪里来？它们吃什么？怪兽到底是什么样子的？怪兽很凶吗？怪兽有好的吗？我能变成小怪兽吗？怪兽的力量很大吗？怪兽有武器吗？怪兽有面具吗？

在听了许多关于怪兽的故事和阅读了大量不同的怪兽绘本后，孩子们非常满足也充满惊奇。他们发现居然有那么多本不同的怪兽图书；他们也知道了怪兽不都是恶狠狠的，其实有的怪兽很温柔、很善良；怪兽都有自己的名字；怪兽的本

领都是不一样的，长得也不一样，有的怪兽很漂亮。

怪兽成了孩子们持续烧脑、不断冒出创意的角色，每个孩子都构想出自己心中的怪兽，把它画出来，再给自己的怪兽取名，让名字与其特点相符，根据其特点赋予怪兽独特的力量：有会喷火的"喷喷怪"，有会做蛋糕的"蛋糕怪"，有可以散发阳光的"阳光怪"，有爱跳海草舞的"三角怪"，有屁股很大的"屁股怪"……

孩子心中的怪兽

随着怪兽探究活动的进行，孩子们对怪兽的兴趣也越来越浓厚，他们已不满足画怪兽，开始琢磨如何做出立体的怪兽。他们从家里带来了材料，积极地投入到制作怪兽的计划中。在做立体怪兽的过程中，孩子们遇到了各种各样的问题，但是心中的愿望让他们总能将问题一一化解，一个个栩栩如生的小怪兽就这样诞生了。

当一个怪兽王国出现在大家面前后，孩子们又有了新的想法：必须要有一个大大的怪兽国王和怪兽女王才能统治怪兽王国。于是，孩子们设计、寻找收集相关材料，学习运用各种工具，开始设计制作。一群4岁多的孩子经历了无数困难与

怪兽国王和女王

怪兽国王和女王的婚礼

挑战，用了近两个月时间终于完成1.8米的怪兽国王和女王的制作。

威风凛凛的国王和美丽的女王又让孩子们产生了新的想法，他们要为国王和女王办一场婚礼，一场真正的婚礼。做计划，按照计划制作请柬，准备喜糖、喜盒、喜包，邀请家长一起布置婚庆现场，孩子们每天忙碌着，接受挑战，相互帮助。怪兽国王和女王的婚礼如期而至，隆重而热烈！每个孩子都盛装出席，或把自己打扮成公主，或将自己彩绘成动物，或穿上最漂亮的礼服，他们为怪兽国王、女王撒花，送上祝福、戴上戒指，也分享当天丰盛的婚宴。孩子们很认真、很快乐！家长们很认真、很投入！老师们很认真、很欣慰！

　　这就是孩子们的诗意和幻想。在他们的世界里，一切皆可以有生命，万物皆是真实的存在，一切都可以对话、可以共处，这是他们的泛灵，是他们对世界最初的理解。这也是他们的浪漫与温暖，他们通过游戏，不断创造一个他们想要的世界，就如精神分析鼻祖弗洛伊德所说："每一个正在做游戏的儿童的行为，看上去都像是一个正在展开想象的诗人。你看，他们不是在重新安排自己周围的世界，使它以一种自己更喜欢的新面貌呈现出来吗？谁也不能否认，他们对这个世界的态度是真诚的，对自己的游戏十分当真。"

　　儿童的假想游戏并不是真实世界在童年时期的变形，而是在生命初期对可能存在的世界的探索。当他们思考那些可能的世界时，他们认为那是真实的，和他们的世界是一致的、重要的。从这个意义上看，幼儿的诗意和幻想是一种终生心智能力的最初迹象。

孩子们总是有丰富的想象（成都市双流区机关幼儿园）

　　古今中外，《睡美人》《海的女儿》《灰姑娘》《小红帽》《皇帝的新装》《爱丽丝梦游仙境》《豌豆上的公主》《卖火柴的小女孩》《白雪公主和七个小矮人》《丑小鸭》《阿里巴巴与四十大盗》《拇指姑娘》《木偶奇遇记》……这些经典的童话故事，不都是成人对儿童诗意与幻想的致敬吗？成人用这样的方式回应幼儿对世界的认知，让他们在充满诗意的童话世界里去感受世间的真善美、假丑恶，去分辨好与坏，去建构勇敢与坚强。

如何才能保护幼儿的诗意与幻想呢？

在"怪兽王国"这个案例里，我们不难看出，老师做到了如下几点：

一是教师具有鲜明的儿童立场。她们能积极靠近幼儿最本真的生命状态，认同儿童的认知和兴趣，而且不断将它放大，让幼儿被理解、被认可，能在自己幻想的世界里自由行走。

二是教师具有明确的让幼儿长成他们自己最喜欢的样子的教育追求。她们能让儿童在自己能力范围内面对困难，不断接受各种各样的挑战，主宰自己的生活，去实现与自己兴趣与逻辑相关的追求。

三是教师具有清晰的学习观。她们看到了孩子们在游戏中体现出来的持续性、坚持性等优秀的学习品质，也看到了孩子们在遇到困难时不懈努力、勇敢挑战的决心。在整个活动中，教师们明确感受到了孩子们对怪兽认识的改变。孩子们最开始单一地认为怪兽是恐怖的、可怕的，后来他们克服了对怪兽的恐惧心理，发现有的怪兽像公主一样漂亮，有的像超人一样强壮，有的也像雷锋叔叔一样乐于助人。在孩子们眼中，怪兽也变得有情感了。更重要的是，虽然孩子们在活动中遇到了各种各样的问题，但在解决问题的过程中，许多孩子进入学习状态，发生了学习行为。例如，孩子们在探索讨论中，出现了合作行为，他们愿意接受他人的意见和建议，不再以自我为中心，这对中班的孩子来说是非常难能可贵的。孩子们在探索中发现物体上下两部分的重量也是影响这个物体能否保持平衡的重要因素，发现电可以发热，能让胶棒熔化，等等。

通过这个案例，我们可以得到如下启发：

第一是要支持幼儿合理正向的幻想。孩子年龄越小，幻想能力就越强，这是因为他们大脑还处于发展状态，对很多概念都不熟悉，所以脑中很少有既定印象，联想和再造的能力非常强。比如说对于一片云，成人就只会想到云，而孩子则会因为云不停变化的形状想出各种奇妙的形象。这个时候孩子会毫无顾忌地将自己的想象说出来，教师要和孩子多交流，引导孩子说出自己的想象，让孩子用各种方式将模糊的想象世界具体化。

第二是要询问孩子做事情的目的。小孩子有时候会有很多成人看起来完全不

（绵阳市开元实验幼儿园）　　　　（成都市金牛区机关第二幼儿园金周园区）

理解是支持的前提条件

能够理解的做法，比如突然想要扮成某个电视里的角色。教师可以询问孩子的目的，如果能够知道他们为什么这样做，或许就能进一步支持他们的行动。如果教师能够成为孩子的伙伴而不是对手的话，孩子会更愿意与老师一起分享脑中的想法。幼儿不能理解抽象的概念，这恰好也是孩子思维不受束缚的最好时机，他们此时的大脑就像在现实与非现实中不断摇摆的跷跷板，一会儿是摸得到看得到的现实，另一会儿又是别人完全无法融入的想象世界。

第三是表扬孩子的创作。实践出真知，实践是想象最终的产物，例如当孩子用废纸粘出了一个"电脑"，教师要及时鼓励，要知道对于孩子来说任何作品都是倾注了他们的热情与想象的，即使在成人眼中看来那可能什么都不是，但是还是要努力理解并且积极表扬，让孩子喜欢把脑中的想法用各种方式表达出来。天马行空的想象力也是需要累积素材的，只有呵护孩子宝贵的想象力，孩子才能在不断学习中提升自己，成就自己的未来。

 保护幼儿的好奇与好问，让生活充满疑惑

高品质幼儿园里的孩子，应该是好奇好问的，他们对生活充满疑惑，始终想探个究竟。好奇与好问的孩子是什么样的呢？

【案例二】寻找彩虹

天空中为什么会有彩虹？孩子们带着问题开始寻找彩虹，从看到老师给花浇水时，游戏探究就开始了。孩子们利用喷水壶模仿下雨的情景，在太阳光下喷水，经过反复实践、观察，终于看见了彩虹。寻找彩虹的快乐游戏还在继续。

这次老师给小朋友们准备了吹泡泡玩具，不仅准备了吹泡泡用的吸管，还用洗衣粉和洗洁精兑制了泡泡水。

孩子们拿着吸管在大树下吹泡泡，玩得好开心！有的吹得大，有的吹得小；有的一口气吹出一连串的泡泡，有的只能吹出一个、两个；还有的小朋友吹，别的小朋友就追泡泡，然后把泡泡一个一个戳破……他们似乎已经忘记了彩虹的事情，完全沉浸在吹泡泡的乐趣中。

凡凡突然惊喜地叫起来："彩虹！我看到了彩虹！"

孩子们都跑过来："彩虹在哪里呢？"

凡凡说："我在这里看到的，我数一二三，大家一起吹！"

大大小小的泡泡吹了出来，孩子们的眼睛都闪出了光芒："我看到了，每一个泡泡里都有一个小小的彩虹！"

老师亲切的态度营造了安全温馨的氛围，鼓励、支持幼儿积极主动地开展游戏活动。当老师提供吹泡泡工具时，孩子们并不知道这也和彩虹有关联，完全沉浸在吹泡泡的乐趣中，自由地玩耍。当一个孩子惊喜地发现泡泡上有彩虹的颜色时，激发了更多孩子用自己的眼睛去观察、去探索，游戏的兴趣更浓厚，幼儿更有信心，进而再次寻找彩虹。在这样轻松愉悦的氛围中，孩子们自己动手操作、实验、游戏、玩耍，他们的主动性、创造性得到充分发挥，获得的经验更加丰富、深刻，探究的游戏活动是高质量的、幼儿真正需要的，获得了成功快乐的体验。

老师又准备了小镜子和装了一半水的盆子，把它们分发到每个小组，问幼儿："用这些东西能找到彩虹吗？"孩子们都觉得很疑惑，那就试试！

如何利用镜子和装着一半水的盆子来找到彩虹？孩子们没有这样的经验，这时老师提供的材料使幼儿的游戏探究得以进一步延伸。老师无痕地推动着游戏深入延伸，鼓励幼儿坚持、专注地探究。

大家在桌子上摆弄了很久，没有发现彩虹。正当大家觉得失望的时候，绿杠果组和粉杠果组小伙伴们发出了欢呼："彩虹，彩虹，我们发现彩虹了！"

其他组的小朋友们闻声围过来，看着他们用小镜子浸在水里，转动手腕，啊，果然有一道彩虹映在盆子边上一闪一闪地跃动着！

其他组的小朋友有点着急了。

"为什么我们的没有彩虹呢？难道我们的镜子和他们的不一样吗？"

"还是我们这个盆子里的水和他们的不一样？"孩子们七嘴八舌地猜测。

"我刚刚看到老师都是从水管里接的水，我们的东西都是一样的。"

小伙伴们回到了自己的小组接着找彩虹。

可是，他们找了好半天，还是没有看到彩虹，又跑来问老师："老师，为什么我们的没有彩虹？我们都是一样的啊！""嗯，你把你的小镜子拿到他们两个组再去试试？"听了老师的建议后，几个孩子就拿着自己组的小镜子去了绿杠果组和粉杠果组，果然成功地找到彩虹。

老师在提供活动材料后，让幼儿自己操作。当遇到困难时，老师没有直接说出原因，而是让幼儿自己思考，自己去找问题的原因并努力解决。老师一直以参与者的身份，引导、鼓励幼儿，营造支持的心理氛围。

"可是为什么在我们组的盆子里就没有找到彩虹呢？"孩子们都很困惑。

叶子站在桌子面前，看看盆里的水，又看看自己组的盆子，又看看窗户，然后她拿着小镜子回到自己组试，接着又到绿杠果组的盆子里试了试，她发现真的不一样！

叶子抬起头，一缕阳光洒向她的脸庞，她恍然大悟，说："我知道了，绿杠果组的盆子照到了阳光，我们那没有阳光，所以看不到彩

"寻找彩虹"亲子活动

虹。"小伙伴赶紧把盆子端到教室外面有阳光的地方。

"老师，快来看，有阳光的地方就可以看到彩虹哦！"又一次成功地找到了彩虹，孩子们高兴地欢呼起来。

事实证明，孩子真是天生的科学家，每一次遇到问题都能用自己的方法解决。老师的肯定和鼓励，让幼儿更专注地进行探究活动，遇到挫折也能坚持，不断解决困难，随着游戏的深入，在游戏中得到知识经验。他们对这个世界有了更浓厚的兴趣，养成了科学的态度，学会了用科学的方法去学习探究更多未知的事物，快乐地成长。

好奇与好问的孩子会永远不停止向往，世界对他们充满吸引，他们迫不及待想去了解、发现。

好奇是人对新奇刺激产生的本能的认识上的接近、探究，以及情绪上的积极趋向，它主要是由于环境或事物突出的外部特征引起的无意注意活动，也是个体接触新事物或处在陌生的环境下所产生的注意、摆弄、提问的心理倾向。学前儿童对周围世界有着与生俱来的好奇心和兴趣，且内容比较广泛。他们对周围事物的注意和观察，以及对新出现的事物、声音或活动所提出的许多问题并表现出进一步探究和学习的欲望都是其好奇心和兴趣的反映。

幼儿好奇与兴趣的行为表现通常有以下几点：

第一是喜欢参与更多活动。儿童乐于参与更多的活动、任务和游戏，从而发展自己的能力。还有的幼儿是在相当长的一段时期内，都偏爱某一种活动或游戏，凡是区域活动时间或自由活动时间都选择玩这种游戏，这也是对该活动特别有兴趣的表现。

第二是爱提问，并渴望得到答案。通常情况下，儿童提问的频率越高表示其好奇心和学习兴趣更强。并且，有的儿童提问后等待别人给予答案或者自己探究答案，甚至有时通过调查、对比、实验、查阅资料等多种方式来验证自己的答案。

第三是喜欢尝试新事物，愿意接受新挑战。有的幼儿愿意尝试新的、不熟悉的、有一定挑战性和复杂材料支持的活动，对发现和学习新事物有兴趣。

第四是主动探索实验。有的儿童通过自身的多种感官和对物质材料动手操作、调查研究等来弄明白自己感兴趣的问题，同时还表现出强烈的动手操作的愿望。

孩子对新奇的事物充满了兴趣（泸州市铜店街幼儿园）

高品质幼儿园培养幼儿好奇、好问的学习品质主要有以下教育策略：

策略一，以积极和支持的态度对待幼儿的好奇心和学习兴趣。成人应耐心倾听幼儿的想法，并鼓励幼儿进一步查找资料，或者引导幼儿通过动手探究、实验去找到答案。

策略二，为幼儿创设安全、多元、自然的活动空间供其参观、探索、实验。这样的环境下蕴含着丰富多元的事物和现象，可以供幼儿自由探索，满足幼儿天生的好奇心和广泛的学习兴趣。

策略三，提供充足的、对幼儿有吸引力的材料，鼓励幼儿参与到活动中。对于小班幼儿来说，外观鲜艳生动、具有一定情境性和趣味性、操作方式新奇的材料可以激发幼儿的学习兴趣。对于中大班特别是大班幼儿而言，可以提供幼儿动手动脑的材料以及具有一定竞赛性的材料，更能引起其学习兴趣。

策略四，创设问题氛围，引导幼儿发现问题。教师可以问题为杠杆，启发引导儿童去认识事物，从而激发他们的好奇心。

策略五，给予幼儿充分的活动时间。充分的活动时间是幼儿进行深入学习和探索的保证，教师给予时间不仅是对幼儿兴趣的肯定，也是对幼儿探索的支持。

第二节　感知力量　品质成长

感知力量，我们的教育可以让幼儿成为一个充满热情的学习者，渴望理解这个世界；让幼儿成为一个充满想象力的学习者，善于发明和创造；让幼儿成为一个有力量的学习者，探究和发现自我；让幼儿永远都不停止学习，随时随地都能学习。高品质的幼儿园应该是一个能让幼儿身心舒适、自如生长的地方。

欣赏幼儿的主动与积极，让胜任如影相伴

高品质幼儿园里的孩子，应该在主动与积极中感受到胜任。感受到胜任的主动与积极的孩子是什么样的呢？

【案例一】小床救援记

娃娃家发生了一件轰动全班的"重大事件"，小床床头连接处被小朋友跳"骨折"了。孩子们没有难过而是表现出极大的兴趣，纷纷主动申请要修小床。一场小床救援记就这样展开了。

孩子们尝试的第一种方案：用双面胶和固体胶。经过一番努力，小床似乎真的修好了。"耶！成功啦！"橙橙开心地往小床上一坐，"咔嚓"声再次传来，方案一宣告失败。孩子们面面相觑但并没有因为失败而放弃，反而士气更甚，开始尝试第二种方案：用绳子绑。孩子们找来各种各样的绳子，将床头和床框断裂处来了个五花大绑，但由于他们力量有限加之位置不便捆绑，修复的小床很不稳定，孩子们也很不满意。"那我们去找些东西把小床断了的地方垫起来。"有小朋友提出了这样的建议，第三种方案出炉了。孩子们在园里找来了杂草、树枝、

鹅卵石，尝试之后发现这些材料都不能支撑起小床。孩子们开始讨论：太软的材料不行，不平的材料也不行，我们应该找一些方方正正的像砖头一样的东西。最后在一个角落找到了一块砖，大家一致认为砖块可以修复好小床。在寻找无果后，孩子们开始求助保安阿姨："阿姨，您知道哪里还有方方正正的砖块吗？"在保安阿姨帮助下孩子们在厨房下面的一个角落里找到了满意的砖头，当小床断裂处被支撑好，佑佑小心翼翼地坐上去，小床像以往一样稳固。孩子们邀请我也坐坐试试，小床仍然平稳而牢固。娃娃家里再次充满了孩子们的欢声笑语，每个孩子脸上都写满了胜任的自豪。

　　主动性是幼儿在活动中表现出的独立精神、渴望学习和发展社会关系的能力，以及活动中表现出的目标意识和自我导向性。同时，主动性也是个体面对任务时表现出来的积极程度。幼儿主动性主要有两个方面，一是对任务的态度，二是幼儿的目标意识。

　　幼儿主动与积极的行为表现通常有以下几点：

　　第一是主动接受任务。肯接受任务是指幼儿在一日活动中能够独立自主地做出选择，且积极地参与到活动中，对所进行的活动或操作材料有积极的情感表现，主动遵守规则和常规。

自己采摘很有成就感
（达州市通川区睿思江湾城幼稚园）

看我们激流勇进（遂宁市船山区锦华幼儿园）

第二是主动尝试挑战。愿意尝试陌生且具有挑战性的复杂的活动与材料。幼儿面对具有挑战性活动的态度更能反映幼儿的主动程度。

第三是主动设定计划。幼儿的目标意识也是考察幼儿主动性的一个角度。主要是指幼儿自己设立目标并形成计划，并且不依赖外界力量按照计划实施行动。

第四是主动参与互动。幼儿主动加入个人或小组活动中，或主动邀请小朋友加入自己正在进行的活动中，主动向同伴或教师、家长分享愉悦的体验等也是其主动性的表现。

在前一个案例中，孩子们被突发的问题所困扰，引发了探索。如果说问题是钩，能激发出孩子的主动与积极，那兴趣一定是饵，更能吸引孩子在一个个挑战中寻找解决方法，克服困难，同时升腾出胜任感。

【案例二】缝一个布包包

这天早上，我们的布艺区开张了，歪歪兔是第一批客人。一进入区角，她毫不犹豫地选了袜子和针，然后熟练地穿针引线、缝袜子，一边缝还一边对我说："我在家缝过的，我知道怎么缝。"这时旁边的一一说："哎呀，这个线怎么又跑出来了？"歪歪兔很内行地告诉他："你没打结吧。"说完发现自己也没有打结，于是求助到："哎呀，周姐姐，我也没打结。你帮我打个结嘛。"我欣然接受了她的求助，这一天，她缝得很高兴。看得出，她对缝纫很有兴趣。

接下来的几天，歪歪兔一直着迷于缝袜子，将线随意地缝到袜子上也很开心。不过，我却有点头疼了，因为她和小朋友们都不会打结。

怎么办呢？于是我在布艺区贴了两种打结方法的示意图。

贴后的第三天，我惊喜地发现歪歪兔照图练习学会了打第一种结。她告诉我，自己不仅跟着图片学习了，还在家让奶奶也教了自己。看得出这真的是一个充满学习动力的小朋友啊。

10天后的一个早上，我发现歪歪兔不仅仅只是缝袜子，还开始进行一些设计了。她通过反复挑选、比对、思考，最后选择了一只玫红色袜子和一块绿色的布，将它们缝在了一起。当我看到她的作品时，她兴奋地告诉我："这是我缝的草莓袜子。"作为老师，我真的很高兴看到孩子越来越有自己的想法，开始有目的地装饰和设计缝纫作品了。

　　几天后，歪歪兔再次来到布艺区，并告诉我："周姐姐，我想用布做一个包包。"我不解地说："想做就做啊。""可是我不知道怎么用布做包包。"这下我知道她为什么有些郁闷了，便问她："你觉得应该怎么用布做包包呢？"歪歪兔想了想说："我用纸做过包包的，就是这样拿张纸折一下，然后把边粘起来就行了。""那用布怎么做呢？""我知道啦，布也可以像纸一样对折，然后把边缝起来就行了。"她一边说一边比画，说完便选择了一块装饰有黄色花朵的红色无纺布来缝包包，她说"这个布和那个纸差不多。"但没想到刚一开始缝，她便遇到了困难，针穿不过无纺布。"周姐姐，这个针穿不过去。"我让她仔细看看针头，细致观察后她发现了问题："这种针是圆头的，戳不过去，要那种尖头的，我在家就用的那种尖头的。"她换了一个尖头针快速缝好了包包，并自信地将它展示了出来。

认真缝制

　　几天过去了，歪歪兔突然发现包包"烂了"——收尾的地方开口了。她很伤心。但我却有着一丝窃喜：这是她做布艺手工很重要但她却一直没注意到的问题——她总是只打开始的结，而不打结束的结，这很容易让她的所有付出前功尽弃。而今天，她发现了问题，多好呀！我建议她将包包补好，她也欣然同意了。按照以前的方法——打结、缝……顺利缝好了口子，但接着她停顿了下来，显然她知道像以前一样直接剪断是不行的。想了很久以后，她问我："我再打个结，可不可以？""当然可以。"我回答说。这次她使用了另一种打结法。她很开心地将补好的包包拿给我看。但打的结真的太小了，所以我"一不小心"又将她的包包扯开口了。我决定帮她打一个结，一个她也许还没见过的结：将针靠在结束的地方，然后用线在针上绕圈圈，最后，将针拉出来。"这个结好大哦。"她惊喜地说，还发现"多绕几圈结就变大了"。一开始，我不知道她这样说的意思，直到我看到她在手指上绕圈打开始的结的时候，我明白了。原来她将两种打结的方法变成了一种新的打结法，并告诉我，打这种结随便你绕3圈、4圈、5圈、6圈……想大一点就多绕几圈，想小一点就少绕几圈，她用这种方法将开始的结也变得大而坚固。这真是一个积极而主动的孩子，当发现了一种可以解决问题的方法时，便立即学习并很好地运用了起来，她就好像一块大磁铁，能把学会的本领用到学习新的事物上，用自己的本领吸收好多好多的新本领。

学习打结

"我想再做一个包包，做一个你们平常背的这种真正的包包。"最后她这样告诉我。我相信她将来一定能做出这样的包包，甚至更好。因为她已经掌握了缝布艺手工的基本方法，还慢慢开始设计、构思作品了。她还能用已有的经验来面对新事物、解决新问题。她选择和纸相同形状的布做包包，将自己的打结方法与老师示范的打结方法相结合，发明了一种新的打结法。对于新事物，她很乐意去学习，也学习得很快，因为她总是能够积极主动地把脑袋里面那些和新事物相关的本领找出来、用起来。

"缝一个布包包"这个故事最后，老师写下了这样一段话：我从没想到一个中班的孩子能缝好一个布包包，这里面需要学会多少技能、付出多少心力啊！但故事中的歪歪兔却做到了，不仅做到了，还发明了一种新的打结法。孩子身上蕴含多大的力量啊，我们简直无法想象！而发生的这一切都来自"布艺区"这样的一个环境，来自教师创设的开放的、自由的游戏空间，以及教师对幼儿想法、行为的认可和鼓励。我们相信，只要给予幼儿充足的机会、创造丰富的游戏环境，就一定能成就孩子更好地成长。

老师的这些反思和做法，为我们促进幼儿主动积极学习、感受胜任感带来如下启示：

一是创设良好的环境，促进幼儿主动性发展。环境创设主要分为两个方面，一方面是物质环境，另一方面是精神环境。在材料丰富且有条理的学习环境下，幼儿会表现出主动性。另外，过度结构化的环境会抑制主动性，可能会使幼儿害怕搞砸成人定下的次序。除了物质环境，幼儿园的精神环境也很重要，如幼儿园的园本文化、班级文化氛围。此外，幼儿园还要认真考虑到一些孩子的特殊要求，注重精神文化与物质文化相结合，让幼儿在轻松、愉快的氛围下发展其主动性。

二是教师转变角色，引导幼儿主动性发展。在生活活动中，教师有意识引导幼儿主动地去穿衣服、穿鞋、吃饭等。在教学活动中，教师多关注幼儿付出的努力而非结果，引导儿童关注自身在学习过程中的内在满足。在游戏活动中，教师

轻松、愉快的环境和氛围让孩子更投入（广元市市级机关幼儿园）

仔细观察，适时引导，在幼儿尝试新鲜事物的时候表示认可，让幼儿主动地进行游戏，并学会制定规则等。

三是家园合作，共筑美好童年。对幼儿来说，家庭环境的影响力最大，家庭是孩子的第一个生活环境，父母是孩子的第一任教师，家庭对孩子的身心发展有着巨大而深刻的影响，幼儿园教育与家庭教育密切配合尤为重要。家园合作对幼儿主动性学习品质的发展有积极意义。主动性学习品质不是一朝一夕就能养成的，需要长期的引导，这样才能有针对性地发展幼儿的主动性学习品质。

二 激发幼儿的执着与坚持，让成功紧密相随

高品质幼儿园里的孩子，应该在执着与坚持中体验到成功的快乐。体验到成功的执着与坚持的孩子是什么样的呢？

【案例三】搭一扇不倒的门

今天的户外大建构时间，轩轩、怡林、鲸鲸三人又凑到了一起搭房子，这是他们三人小组第二次在一起搭房子了。他们用长方体积木围合起了围墙，又用四个等高的长方体和一张方木板架空搭成桌子。接下来，轩轩找来了两块长条积木，打算把它立起来，这显然很难，但他在不断重复尝试着，怡林在一旁静静观看。他们想做什么呢？为了不打扰轩轩，我选择了和怡林对话："你们的房子搭好了吗？""还没有，轩轩正在搭门。"原来轩轩是在用长条积木搭门框。

如果用常规的标准来判断，轩轩的做法显然不够明智，长条积木底部很窄，立稳显然是一件困难的事，但他为什么要做出这样的选择，又会怎样解决这个问题，如果问题解决不了他们又会怎样做呢？这引起了我的兴趣，决定继续观察下去。

将长条积木立起来的确不是一件轻松的事情，轩轩尝试了很多次都没有成功。鲸鲸一边提醒："小心点，慢一点。"一边帮忙扶积木，但还是没有成功。这时怡林指着当作围墙的长方体积木说："靠在这儿试试吧。"轩轩接受了怡林的意见，两个人开始尝试将长"门框"靠着"围墙"，两个孩子成功了。鲸鲸准备横放一块长条积木上去做横梁，但鲸鲸刚放上积木，竖立的两块积木就开始倾

斜，怡林和轩轩赶快扶住，三个人不断调试角度，最终合力将门搭好了！

观察解读：我看到了孩子们三方面的学习：一是三个孩子在搭好围墙和桌子以后有了共同的目标——搭一扇门，这正是孩子们最初的计划性习得。二是游戏中三个孩子已经可以自然地配合，他们已经开始从小班的平行游戏走向合作游戏。三是游戏中的困难并没有让三个孩子急躁和放弃，这一方面是同伴支持的作用，另一方面也可以看到三个孩子因自己的目标带来的坚持。

对话儿童：但我也感到非常疑惑，三个孩子为什么会选择这种立起来很困难的材料做门框呢？我选择了和轩轩对话："轩轩，可以告诉我为什么要用这种长条积木搭门框吗？"轩轩指了指教室的门说"所有的门都是这样长条形的呀"，并且给了我一个很不屑的眼神。

教育反思：做老师的我们很容易从材料特性角度评价儿童对材料的使用，和轩轩的对话让我了解到儿童视角的独特性无处不在，将生活中的现实再现到游戏中，对儿童来说已经是很好的学习了。了解儿童会让我们更加喜爱和佩服他们。

三个孩子开始从"大门"进进出出，玩起过家家的游戏，可轩轩一不小心

被柱子撑着的门

碰了一下门，门垮掉了。见状，三个孩子很快按原样重新将门搭好，怡林还找来一个长条积木立在门中间作为支撑。为了立起这根木条，三个孩子又折腾了好一阵。但我发现，其实这根木条并没有起到支撑的作用，因为它的顶部和横梁之间还有空隙。但三个孩子很高兴，他们选择了再也不从门进出，而是围在桌前快乐地玩起了过家家的游戏！

观察解读：不断重复自己的成功经验是儿童常用的学习方式，他们总是希望在重复获得的成功中验证自己的想法，并获得成就感，形成相对固定的行为模式。尽管历经困难，但三个孩子对用长条积木做门框这一做法坚信不疑。

对话儿童：我以很惊奇的口气问孩子们："咦，你们怎么不从门中间走了呢？"怡林首先说："门中间有柱子，不能走。"我又疑惑地说："门中间有根柱子？"轩轩说："就可以把门撑住，让门不倒了。"怡林补充说："我们幼儿园的石榴树就是由好多柱子撑起的。"

了解儿童：教师必须明白，儿童游戏行为背后往往隐含着他们对生活的理解和逻辑，他们对日常生活中成人做法的看见似乎是不经意的，但却可能在解决游戏中的困难时模仿使用，儿童真的是有能力的学习者。

支持策略：提出挑战。

此刻，是让孩子的游戏在此停滞，还是将孩子引向更高的水平呢？我选择了后者！游戏不能只是让幼儿玩玩而已，而应该玩中有发展！于是我佯装去他们"家"做客，故意把门挤垮了。

看到门被挤倒了，孩子们熟练地进行复原，并对我说："周老师，你别从门进来，你从围墙进来吧！""啊？翻围墙啊？不好吧……"我一脸不情愿地说。孩子们不说话了，我说："你们的门太小太不结实了。""那，要不我们为你搭一扇门吧！"怡林说，我心中一阵窃喜。

三个小伙伴找来更长更细的长条形积木准备在小门旁边为我搭一扇门。虽然这种更细更长的积木很不容易立稳，但是他们还是很快按照之前的修建模式搭好了门。这次搭门，孩子们并没有加支撑物，看来他们已经发现了不用支撑物也能搭好门的秘密。

观察解读：坚定地相信自己的做法并反复使用，孩子们在经验上似乎没有新的增长。但他们能选择更长的长条积木做门框，搭更高的门。在此过程中，孩子们在教师身体的大小和门的大小匹配上做了思考，这是他们产生的新的学习。

"周老师，你快进来吧！"他们热情地邀请我进"屋"。我开始俯身爬进"屋"，当我的肩膀刚靠近门框时，门塌了。"太窄了，太窄了。"鲸鲸说。孩子们增加了门框的宽度，可原来横放的积木却太短了，怡林迅速找来了更长的积木。但她刚把积木放上去，门就倒了。他们尝试了很多次都没能将这扇更高更大的门搭好。三个孩子有些沮丧了。

老师："为什么总是会倒呢？"

鲸鲸："不能搭大门，只能搭小门。"

老师："可是小门也不稳当呀？"

怡林："不碰就不会倒。"

老师："门就是用来进出的呀？"

轩轩："是不是太高了呢？我们再试试吧！"

支持策略：陪伴孩子们再次尝试。

或许是因为焦急，三个孩子加快了搭建速度，但是这样门倒塌得更快！我知道三个孩子并不想放弃，于是我对三个孩子说："不着急，老师陪着你们慢慢搭。"这个时候，我也清晰地认识到三个孩子需要的不仅仅是时间，还需要我的陪伴。孩子们一次又一次地尝试，一次又一次地失败，他们开始不断地叹息和相互指责了。

观察解读：让孩子能够经历挑战固然好，因为这能提升幼儿抗挫折的品质，但是如果挑战让孩子难以战胜，孩子们可能会在其中体验到挫败感，从而失去对建构游戏的乐趣。我知道自己该出手了！

支持策略：引导孩子观察同伴搭建的又高又稳固的作品。

我安慰三个孩子，并建议他们休息一会儿再来试试，并假装不经意地带孩子们参观大班哥哥们搭的火箭。"哇，这是火箭吗？好高呀！""他们搭这么高怎么都不倒呢？我们的为什么就要倒呢？"我问孩子们。轩轩很快就发现："他们是用方块积木搭的。""哎呀，我们也可以用那种木头来搭门嘛。"鲸鲸说。

说完，三个孩子分头找来操场上剩余的方形积木进行搭建，但因为游戏已快要结束，同一大小积木不够了，两边的门框就分别用了大小不一的长方木块，虽然两边门框的高度并不平衡，但这不重要，因为他们的目标是要搭一扇不倒的

不倒的门搭成了

门！他们的愿望实现了。我兴奋地从这扇"私人定制"的门中钻过，和孩子们围坐在一起，玩着过家家的游戏。

教育反思：我太喜欢他们为我搭的这扇门了，在我心中，它是这个世界上最独一无二的门，我迫不及待地为三个孩子拍照。他们积极投入、默契配合，为搭这扇门贡献了自己的力量。这扇门的搭建离不开他们的群体智慧，他们发现了三种使门不倒的方法：第一，借助倚靠物；第二，寻找支撑物；第三，选用底部更宽的材料。在探索如何将门立稳的过程中，他们一起面对困难，一起想办法，一起合作了将近1个小时的时间，他们为了实现自己心中的目标"搭一扇不倒的门"所付出的心力让我很感动，这一过程让我看到了他们的智慧与内心的力量！

从这个故事中，我们可以看到三个非常执着与坚持的孩子，他们也因为坚持不懈最终收获了成功，享受了战胜自我、超越自我的乐趣。

坚持即意志坚强，坚忍不拔，持久有耐性，不改变不动摇，始终如一；坚持是意志力的完美表现，是有毅力的表现。执着，是集中全部精力去完成一件事。执着与坚持是一种品质。对于学龄前的儿童来说，如果我们时常在他们感兴趣的活动或事件中看到他们的执着与坚持，并给予及时的正面强化，他们就能将执着与坚持迁移到更多的活动中，形成自身的稳定品质。但我们必须认识到，学前儿童其生理和心理尚处于发展中，执着与坚持的品质是需要培养的，并且在时间长度、坚持强度上都不宜过度强调。

观察与分析儿童的坚持性、专注度必须通过具体的活动，由此可以得出培养儿童坚持与专注的途径必须是他们感兴趣的一类活动。儿童对某件事感兴趣还不足以培养其坚持与专注，应该在此类活动中让儿童遭遇某种挑战或困境，使儿童因内心对实现目标的渴望而产生抗挫意识，专注于对问题或困难的破解，最终完成一件事。成人（教师）在这个过程中，应该引导儿童将自己克服困难的办法、获取成功的喜悦表达出来，借此机会引导儿童在内心深处感受执着与坚持。另外，教师也应该以同理心对儿童因执着与坚持获得的成功感同身受，加深对儿童内心体验的认识。

从"搭一扇不倒的门"案例中我们可以看到，仅靠儿童的执着与坚持最终要取得成功是不现实的，我们从中可以发现三个要点：

一是幼儿的执着与坚持离不开教师的介入。当这三个孩子搭建好门，开始玩过家家的游戏时，建构游戏的时间只过去了二十多分钟，接下来的四十分钟很有可能在开心的过家家游戏中度过。游戏就只是让孩子们玩玩而已吗？老师只是孩子游戏的观察者吗？孩子游戏的发展离不开教师的介入，教师巧妙的介入能够将幼儿的游戏引向新的高度。教师放低姿态，以游戏玩伴的身份介入游戏是一种很好的方式。正是因为教师的介入，孩子们的游戏才有了新的发展契机。

二是游戏中的挫折是幼儿执着与坚持发展的基石。或许，当看到孩子们在搭建大门的过程中屡次遭遇失败的沮丧时，大家会怀疑教师的介入是否恰当。但当老师和孩子们从搭建好的大门进"屋"，孩子们开心的样子让我们肯定了教师的做法。此刻，他们获得的快乐绝对不是单纯的玩带来的快乐，而是体验过学习过程挑战自我、战胜自我后的喜悦，这是一种深层次的快乐。三个孩子在想方设法搭建大门的过程中，不仅有搭建技能的提升，还有解决问题能力的发展、抗挫折能力的发展，更重要的是自信力的提升。

三是与幼儿对话是支持幼儿执着与坚持的好办法。在搭建过程中，老师与儿童的对话是提升儿童游戏水平，引导幼儿深度思考和学习的关键。教师通过与幼儿对话，通过提问，引导孩子发现问题、思考问题。因为幼儿是有能力的学习者，学习是他们主动建构的过程，不是被动接受的单向过程。脑科学研究表明，学习者通过经验主动建构他们对新知识的理解。维果茨基更是强调："知识必须通过主动建构才能得到。"这恰好是能够引发幼儿主动思考、主动建构、积极获取新知识的好办法。

从这个案例中，我们可以得到启发：在幼儿的执着与坚持的培养中，最核心的是教师对幼儿的理答与追问。理答是师幼互动的一个环节，属于教师的一种反馈行为，它专指教师在提问后对幼儿回答及反应所作的处理。《幼儿园教育指导纲要（试行）》明确指出，教师应该"关注幼儿在活动中的表现与反应，敏感地察觉他们的需要，及时以适当的方式应答，形成合作探究式的师幼互动"。

教师的理答行为可以分为终止性理答与拓展性理答两大类。

终止性理答是对幼儿回答作出结束性的回应，例如简单复述幼儿的回答，简单表示表扬或赞同，也包含无回应等形式。

拓展性理答指能够开拓幼儿思维的理答，即教师通过自己的反馈引导幼儿进一步仔细观察或透彻思考，其包含评价答案、诱导提示、追问、鼓励质疑等具体形式。

教师的理答与追问应注意以下几点：

一是教师应明确提问的目标，多使用开放式提问。教师的提问不应是随意的行为，而应以落实教学目标、促进幼儿发展为宗旨，因此教师应认真设计提问，注意提问的适宜性和适时性。

二是尊重幼儿的差异性。一些研究发现，教师往往喜欢语言表达能力强、思维活跃、积极表现的幼儿，而往往忽视哪些能力稍差、性格内敛、不爱说话的幼儿。教师应该考虑幼儿思维的发展阶段特点，例如小班幼儿处于直觉行动思维阶段，其认知依靠具体的行为，并且受外界影响较大。对于小班幼儿，教师应该利用多种手段激发他们的兴趣，引起他们的关注，提问应该以引导性

对不同孩子应有灵活的引导（成都市蒲江县北街幼儿园）

的简单问题为主，在理答中多肯定和鼓励幼儿。

三是对幼儿的错误认知进行巧妙理答，保护幼儿探索的积极性。教学活动中应注意保护幼儿主动、积极探索的愿望，如果幼儿出现错误的认知，教师不应伤害幼儿的自尊心、积极性，要做到巧妙理答。

四是抓住时机，恰当追问。在教学活动中，当幼儿在思维、认知上有疑惑时，教师应该有意识地追问，帮助幼儿化解疑惑，引发其深入思考，而不是采用灌输的方式直接告诉幼儿答案，强行将幼儿的思维拉回教师预定的目标。幼儿的表述时常不清楚，回答问题时经常只回答一半，甚至偏离主题。教师应该学会随机应变，通过追问把幼儿的思想拉回主题，不要急于终止幼儿的回答。教师的追问要能生成新的问题或引发幼儿新的思考。另外，教师在追问的时候方向要明确，追问要有目的、有基础、有依据，而不是随意追问，要对幼儿的进一步思考起到启发与引导的作用。追问的语言要精练易懂，让幼儿明确知道问的是什么意思。适时的、适当的、有价值的追问可以为教学增添色彩，起到画龙点睛的作用，正是在追问与回答的师幼互动中，教师与幼儿的思维不断碰撞、影响，促进幼儿的发展。

执着与坚持不仅能让孩子们享受到搭一扇不倒的门的快乐，还能让孩子们挑战更多的不可能，甚至能将本地区的风景名胜再现于建构游戏中。

【案例四】风景名胜建起来

在"我的家乡"主题活动中，孩子们被"家乡的风景名胜"所吸引，他们自由组队，选择材料，确定内容，发起了"我的家乡——风景名胜建起来"建构游戏活动。在"雄伟剑门关"搭建过程中，孩子们发现本组因为材料搬运慢造成建构速度明显低于别组，于是改良运输方式，从原来的每人手提两块砖变为用竹筐运输，不仅提高了运输效率，还抽调人手补充了搭建组的力量。孩子们以自己智慧的力量实现了"雄伟剑门关"的搭建。

搭建"唐家河"景点的小牧和小羽用长方体和正方体砖块交替叠高，尝试了三次都没有成功，又反复尝试用辅助材料木块与砖块交替使用，"河道"的稳定性问题解决了，但本组其他成员们对其美观性表示质疑。他们不断尝试，最终全

在孩子们的手中，家乡
名胜"拔地而起"

部选择长方体砖块横竖交错叠高，完成了"河道"构建。

当"雄伟的剑门关"和繁复的"唐家河"修筑成功时，孩子们也从成功的喜悦中感知到执着与坚持的意义。

以上两个案例体现出幼儿在活动中的坚持，但两个活动时间都比较短。我们也要充分认识到，有些事需要儿童每天、每周、每月持续投入、参与，短期内不容易看到成效。那么，儿童的坚持性该如何考察呢?

成人应关注儿童参与该类事件的状态，分析干扰儿童坚持下去的外在或内在因素，从而采取有效的指导策略，帮助儿童坚持下去。儿童在对某件事感兴趣并投入其中时，并不能预计可能花费的时间、精力和遇到的挑战，但对结果又无比期待，此时成人应帮助儿童持续地保有热情，思考指导儿童坚持完成自己感兴趣的事的有效策略。

儿童的坚持性可以从时间长度和专注程度两个方面去考察。那些只吸引儿童视觉、听觉参与的活动，不能作为评价儿童专注性的因素。儿童的专注性受年龄、个性、先天气质类型的影响，成人应重点观察儿童在活动中倾听、动手参与、言行反馈的情况。成人也应该根据儿童正处于培养专注性的关键时期，思考创设利于培养儿童专注性的心理氛围和物质条件，不断给予儿童正向的引导和支持。

第三节　面向未来　品质成长

没有人能对2030年以后的世界是什么样的做出准确猜测，学习特定的技能并不足以为那些目前还不存在的工作和技术做好准备。高品质幼儿园教育必须转化为给学生未来发展提供准备，高品质的幼儿园教师必须知道，我们的教育应该赋予孩子发展的力量，应支持儿童发展那些能够让他们有自信去面对未来生活中各种挑战的能力，这就需要教师关注儿童的学习与发展，聚焦儿童的品质成长。

一　成就幼儿的会玩与热情，让美好润泽心灵

高品质幼儿园里的孩子，应该是会玩而充满热情的，他们的心灵永远被美好润泽。会玩而充满热情的孩子是什么样的呢？

【案例一】玩转迷彩垫

自主户外活动中，棉棉选择了玩小型迷彩垫。他拎起垫子来到我面前，把垫子立起来，然后站得差不多和身边的迷彩垫一样笔直："马妈妈，快看，我是解放军！"是的，此时我真的觉得他就是一名帅气的解放军！可惜我没来得及给他拍下这张神气的照片。

解读：会玩的孩子不仅只是在操作材料，还会利用材料链接他们想达到的世界。此时的棉棉，似乎还没有玩的行为，但他心里已经有了玩性，因为他已经通过迷彩垫让自己进入了假想的游戏世界，有了特别美好的心理感受。

这时，雪儿也拉着一个迷彩垫过来，并邀请道："棉棉，我们一起拉着'房子'去旅行吧。"棉棉非常高兴地和雪儿一起拉着"房子"在操场上走了好几圈，一边走还一边说："还没到，我们还要继续往前走。"后来他们找了一个空地停下来，棉棉说："我们到北京啦，该休息了，快把房子变出来吧！"我好奇地

迷彩垫做房子

问他："怎么变房子啊？"他把迷彩垫开口向下竖起来，然后把两片垫子分开，就有了一个三角形空间，然后对我说："你看，这就是我的房子啊！"

解读：孩子的会玩首先来自他们内心的热情，对游戏本身的热情，对带着游戏感使用材料的热情，对创造的热情。"拉着'房子'去旅行"既是孩子借鉴成人世界创造的游戏情节，也是他们带着心里的目标不断游戏的体现。

接下来棉棉说："雪儿，天黑了，该睡觉了。"雪儿很默契地和棉棉都钻进了自己的"房子"睡起了大觉。旁边的童童也学着他们的玩法，开心地跟着搭房子睡觉。

睡了一会儿，棉棉坐起来喊道："雪儿、童童，起床了，我们把垫子连起来搭个大山洞吧！"在棉棉的指挥下，三个迷彩垫变成了一个长长的"山洞"。他们一个接一个地在"山洞"里钻来钻去，"山洞"里传出的开心笑声让我知道不断变化的玩法让他们很快乐。

解读：孩子每一个看似简单的游戏行为背后，都隐含着他们高速旋转的大脑的思考。会玩的孩子，会不断挖掘自己已有的经验并将其变成丰富的玩耍内容，他们既是玩游戏，更是玩生活、玩向往、玩认知与发展。

我离开了一会儿，再回来时他们又玩起了另一个新游戏：将迷彩垫平铺成一条长长的"跑道"，然后从上面迅速通过，看上去很刺激。我问棉棉："你们这是在玩什么啊？"棉棉告诉我："我们是解放军在行军呢。""什么是行军啊？""行军就是要在规定的路上跑步啊，因为解放军要锻炼身体才能保卫祖国。"哇，孩子们真的太会玩了，我都有点崇拜他们啦！孩子们一遍又一遍地在迷彩"跑道"上奔跑、跳跃、欢笑。

这个游戏吸引了许多小朋友，棉棉自然当起了指挥官，他告诉大家："要排队，不要乱跑，要踩着垫子跑，最后要跳下去！"他详细地给每位小朋友介绍规则，大家都玩得很开心。

在垫子上"行军"

解读：孩子们今天就像一个个会玩的魔术师，用迷彩垫玩了四种游戏，第一种是拖着迷彩垫旅行，第二种是变出了迷彩"房子"，第三种是搭起了迷彩"山洞"，第四种是修建迷彩"跑道"。游戏中，孩子们一直充满热情，他们脑袋里有好多奇妙的想法，他们用简单的游戏行为再现和表达着自己对人物、生活、世界的美好感受。这种美好也温润着他们的心灵，积蓄着他们期盼未来、面向未来的力量。

一个人的童年，爱、热情（努力）与玩耍是很自然地交织在一起的。玩是孩子的最主要的生活与学习方式，也是他们表达自己对周遭世界的感知与探索热情的方式。孩子在与丰富的游戏材料的互动中建立自己与自己、自己与世界的连接，并将这些过程中的美好感受存储起来，滋养心灵的丰满与成长。当孩子在游戏中充满热情地用蜡笔画一幅画，他们感受到颜色的美好；当他们用积木搭建出一个城堡，他们理解了结构与稳定性的美好；当他们用小珠子编成一串手链，他们懂得了对称与花样的美好；当他们玩"大富翁"或西洋跳棋时，他们学会的不仅是策略，还包括如何阅读别人的身体语言和语气，并从别人的眼睛中认识自己的美好；当他们玩捉迷藏时，他们学会制定、遵守规则和互相尊重的美好。所以，会玩是孩子努力学习和理解周围世界的最基本模式，而且，他们热爱这个过程，从中获得无穷的乐趣。

耶鲁大学心理系儿童研究中心的科学家多萝西·辛格（Dorothy Singer）一生专注于研究幼儿的"想象游戏"。她发现，游戏玩得越多的孩子，往往语言能力发育更快，社交能力更强，更具有领导能力。而且，更重要的一点是，这种涉及假装与想象的游戏有助于孩子们发展一种关键的认知技能——执行性功能。执行性功能有很多不同的元素，核心就是自我管理。具有良好自我管理技能的孩子能控制自己的情绪和行为，克制冲动，遵守纪律。

（遂宁市蓬溪县机关幼儿园）

孩子总是能把简单的游戏玩得不亦乐乎

（德阳市旌阳区第一幼儿园）

3岁到5岁的孩子尤其专注于想象的玩耍。辛格博士认为这是孩子最有魅力的年龄："他们处于想象力的巅峰，没有禁忌，没有压抑，没有恨意，毫无保留地向世界敞开自己。"她还说，"在我看来，'玩'就是孩子训练内在的自我，模仿周围的行为，尝试新的事物。成年人常常觉得孩子的'玩'非常'孩子气'，显得幼稚可笑，但'玩'其实是孩子应对未来现实挑战的演习，他们自己做出决定，自己解决问题，他们是强大而有力的。"

辛格博士在回忆自己小时候的玩耍时说："我们住在一个公园边上，公园里有很多像冰川一样的岩石。我和两个好朋友每天都在那里玩。我们每天奔跑着、追逐着、大叫着冲过公园。我们假装自己住在一个城堡里，或者占据了一个堡垒。我们玩好人抓坏人的游戏，有时候是西部牛仔大战印第安人，谁被抓住了就被关起来——划出树的一角就算是'监狱'了。我们每天都会发现一些新东西，然后拿那些小玩意儿假装是现实世界里的东西，树枝、树叶、鹅卵石都可以当午餐，找到一根长管子当号角，拿树枝敲着树桩就是战鼓擂动……"她说："我的感觉是，孩子在任何时代、任何地方都是一样的，他们被同样的事情所吸引——爬树、玩水、躲猫猫，他们喜欢玩耍，充满想象力、充满热情地参与玩耍，在玩耍中，他们的心灵是丰满而滋养的。"

怎样实现让幼儿会玩而充满热情，让心灵永远被美好润泽呢？我们认为必须抓住四个关键。

关键一：解读幼儿游戏现场需要。

解读幼儿游戏现场需要，是指读懂幼儿的内在需求、游戏渴望与游戏潜质。只有读懂了幼儿的游戏需要，才能为游戏提供恰当支持，让幼儿充满热情地游戏。

开展体验式教研。教师的心里装着什么决定了他们能够看到什么。"体验式教研"就是一个推己及幼的过程。在"体验式教研"中，教师利用孩子们的游戏材料，玩孩子们的游戏，找到"做孩子"的感觉。在亲自把玩孩子的游戏过程中，教师走进儿童心灵，发现孩子在游戏当中可能的需要、困难以及想要得到的帮助。当老师带着在体验式教研中积淀的对孩子的理解，再去观察孩子时，更能够敏锐地捕捉到孩子的游戏需求，甚至反思自己的教育行为。

开展案例式教研。教师对儿童游戏的理解与支持力的提升也是需要同伴的支

教师要能和孩子玩到一起
（彭州市机关幼儿园）

撑的。"案例式教研"即将教师在玩中发现的孩子的案例进行团队解析，是提升教师解读儿童游戏现场需要能力的重要措施。老师们将平日的游戏观察记录特别是不能准确解读孩子游戏现场需要的案例统统搬上教研舞台，集群体智慧从更多角度解读孩子，发现孩子游戏行为背后发展的多种可能。每位教师都有着自己的儿童观和教育观，儿童游戏行为会引发教师们的讨论，使教师们不同角度的思考与解读得以交汇，头脑中对具体案例中活灵活现的儿童认识更加整体全面，这些全面的认识将更加有助于教师准确地发现孩子的游戏需要。

关键二：拓展幼儿游戏。

拓展幼儿游戏，是指教师根据幼儿兴趣与发展需要，在原有游戏基础上拓展出新的游戏形式与内容，既让幼儿在丰富多彩的游戏中获得满足，又让幼儿在游戏的不断变化中实现学习与发展。

让教师在书写故事中提炼智慧。教师和孩子的相处每天都是现场直播，没有彩排。游戏当中，教师与儿童互动过程中闪现的教育智慧经常停留在意识层面，要将意识层面的东西上升到经验的高度，就必须要"燕过留痕"！书写故事，是帮助教师记录儿童、解读儿童的媒介，也是总结经验、提炼教育智慧的载体。应坚持让教师以故事的方式，记录自己在游戏中与儿童互动，推进儿童在游戏的不断拓展中自然学习与发展的生动场景，提炼自己玩中教的智慧。

让教师在分享故事中汇集智慧。萧伯纳说："如果你有一种思想，我有一种思想，彼此交换，我们每个人就有了两种思想，甚至多于两种思想。"故事承载着教师对儿童的发现与解读，对自身拓展儿童游戏的智慧之光。故事分享能够让教师吸收不同的经验，形成更加多元的儿童观，提高自身在玩中教的能力。

关键三：延伸幼儿游戏。

教师与幼儿对话助推游戏层级递进。在游戏中，教师通过提问或者与幼儿对话的方式可以提高幼儿游戏的水平。教师与幼儿的对话，挑战了幼儿的思维，激发了幼儿持续探究的兴趣。但在与幼儿对话时也要注意掌握对话的时机与方式。教师与幼儿的对话应建立在平等与尊重的基础上，充分相信幼儿，对话中教师应采用开放性的问题，这样可以充分了解幼儿的想法，获知幼儿可能需要的帮助等，从而把握契机将游戏在层级递进中引向新的高度。

教师挑战幼儿能力边界，激发游戏新高度。当儿童满足于自己已有水平的游戏或可以通过努力达到最近发展区时，教师通过挑战幼儿能力边界，激发幼儿持续游戏的兴趣与动力，帮助幼儿将自己的游戏发展成为更复杂更高水平的游戏，促进幼儿在最近发展区内的发展。

在以上案例中，老师挑战了幼儿的能力边界，促进了游戏的升级，进一步丰富了幼儿的游戏经验。在这个过程中，游戏变得更加复杂，复杂的游戏似乎更能够调动幼儿所有的积极性，使他们的自信心高涨。这样的挑战，不仅使孩子获得成功与失败的经验，更获得挑战自己的信心和勇气，玩中教让孩子获得的是玩中学的乐趣！

关键四：创造设计游戏。

师幼自创游戏，整合学习目标。自创游戏无论材料、玩法、规则，一定承载着教师对儿童学习与发展的期待。基于教师对儿童的了解，教师会努力将儿童可能的学习目标与儿童的兴趣整合在一起，让学习目标和课程目标自然而然地在儿童的

自创游戏需要反复研讨与实验（西部战区空军直属机关第二幼儿园）

游戏中达成。虽然游戏是教师预设的，但游戏的方向是儿童引发、教师支持的。看似教师主导，实则儿童在前，教师在后。儿童在游戏的过程中，在教师的引领下不知不觉地实现了教师期望儿童学会观察、记录、猜想、验证自己想法的学习目标，将兴趣与学习目标有效整合。

自创游戏与幼儿心灵辉映。创造性设计游戏，是指教师根据幼儿的兴趣与实际发展需要，改造原有游戏和自创新游戏，辉映幼儿心灵。教师应坚持创设新游戏，以更好地满足和促进幼儿心灵成长。教师创设新游戏的过程既是观察、了解、发现、支持、发展孩子心灵的过程，也是自我提升、丰富和发展玩中教能力的过程。教师创设的游戏孩子是否喜欢，是否具有成长价值，与是否深度发现游戏价值密切相关。教师在创设基于幼儿心灵的新游戏后，应追问自己：这一游戏基于儿童的何种需要？是否实现了师幼的心灵辉映？能够从哪一个侧面促进幼儿的成长？老师们只有这样不断解读游戏，走进幼儿，才能在深度辉映幼儿心灵的游戏中促进幼儿不断成长。

⬤二 发展幼儿的探究与创造，让学习永不停歇

高品质幼儿园里的孩子，应该是热爱探究与创造的，他们学习的步伐一直没有停歇。热爱探究和创造的孩子是什么样的呢？

【案例二】多米诺的七次挑战

连续几天的晨间游戏时间，嘉阳、毛毛都选择了用小积木垒高。他们将小积木横竖交错摆放形成架空状，速度很快，也很有默契，不用太多的沟通很快就摆了4层。能看得出他们已经比较熟练地掌握了架空垒高的技能，此时他们的游戏水平基本处在简单重复状态。

嘉阳和毛毛都属班级喜欢挑战、乐于探索的孩子，我便想用新玩法来挑战他们。我把小积木一个一个立在桌子上，一边示范着多米诺骨牌的玩法，一边问："会这样玩小积木吗？"还没等我推倒积木，毛毛便迫不及待地说："我会玩这个游戏，这个游戏叫多米诺骨牌，就是要一个倒全部倒。"

说完，毛毛便用小积木玩起了多米诺骨牌的游戏，嘉阳也跟着摆起来。两人合作先摆了一个圆形，后摆了一个正方形，可惜都没实现一个倒全部倒。

第一次挑战：材料轻重与一个倒全部倒

嘉阳和毛毛又开始用麻将进行尝试，毛毛失败后便离开了。嘉阳失败后又尝试了另一种玩法——将麻将倾斜着摆成一排，然后抽掉最下面的一个，实现了全部倒，但他并不满意自己的这个玩法，并告诉我说"这个不叫一个倒全部倒"。

行为解读：嘉阳的另类玩法再一次让我确信嘉阳缺乏玩多米诺骨牌游戏的直接经验，但他对该游戏"一个倒全部倒"的规则已有了清晰的认识。

嘉阳放弃了麻将，开始用子弹头玩具做实验，反复尝试了四个头的和两个头的子弹材料，四个头的子弹材料一次都没有成功，两个头的成功了。他很高兴地把结果告诉了我。

我问："为什么两个头的能成功呢？"

他说："因为两个头的轻一些！"

第一次挑战

我追问："那你的结论是——"

他说："太重的材料不能完成一个倒全部倒，轻一点的材料才能完成。"

行为解读：嘉阳的确是个热爱探究和喜欢思考的孩子，他从开始只对多米诺游戏好奇发展为在游戏中给自己设置挑战。他不仅在探索什么样的材料能够实现"一个倒全部倒"，而且建构起了"材料轻重与倒不倒之间的关系"的认识。

支持策略：分享激励。我让嘉阳将自己的发现分享给全班小朋友，让同伴的认可赋予嘉阳继续探究的力量。

第二次挑战：为什么没有完全倒下去

嘉阳继续用两个头的子弹玩具玩多米诺游戏，他不断为自己设立新目：6个、10个、16个，最终，他成功挑战了16个。

两天后，嘉阳对我说："张老师，我想从教室这头排到教室那头。"

行为解读：儿童的游戏经验需要在反复操作中得以巩固。嘉阳近几天的游戏，虽然没有新经验产生，但他一方面在验证自己对材料轻重的判断，另一方面也在材料数量的增加上实现自我挑战。

毛毛加入到嘉阳的游戏中，两人分别从两头往中间摆，但因为两人摆得不在一条线上，所以最终没有连接起来。

嘉阳发现地板的缝是一条直线，对毛毛说："你看这条缝是直的，我们只要按照这条缝来摆就一定是直的！"他们的游戏引来许多小朋友围观，可惜他们失败了，嘉阳很沮丧，也似乎找不出原因，于是问我："张老师，为什么没有完全倒下去呢？"

行为解读：嘉阳仍然沉浸在已有行为模式的重复中，并希望这样的经验给他带来更大的成功。游戏中的问题正是儿童产生新学习的最好时机，失败也是嘉阳走出原有行为模式的好机会。

支持策略：视频回放+互动讨论。我组织参加游戏的小朋友和嘉阳一起回看视频，讨论为什么没能实现"一个倒全部倒"。

在回看视频时，大家听见一旁观看的杨杨说了一句："挨得太拢了"[注：四川话，意为"挨得太近了"]毛毛说："我觉得杨杨说得对，就是因为挨得太近了，全部都重（叠）在一起了。"小杜说："对啊，前面的重叠在一起后面的就完全倒不下去。"嘉阳接着说："对，不能太远，也不能太近，要距离刚刚好。"听到嘉阳说距离要刚刚好，我赶紧追问了一句："什么才叫刚刚好？"嘉阳："就是后一个材料倒下去的时候刚好打倒前一个！"

行为解读：合作游戏和同伴讨论引发嘉阳开始关注材料之间的距离问题，"距离要刚刚好"让嘉阳从只关注材料轻重，走向了还需关注材料之间的距离，这使嘉阳及同伴的游戏经验得到提升。

支持策略：提供更多元的材料。我为孩子们提供了多种能支持他们玩多米诺游戏的材料，包括印了数字、图案、字母的木片，塑料、木质的标准多米诺骨牌，凉席散落的竹片等，因为我不想让孩子们的思维固化为只有多米诺骨牌才能玩多米诺游戏。其中难度最大是凉席散落的竹片。

第三次挑战：怎样立稳竹片

让我意想不到的是在大多数小朋友选择了各式木片继续玩游戏时，嘉阳却选择了竹片。竹片材料很难立，有时候要反复很多次才能立起一个来，可是嘉阳并没有放弃，他耐心地挑战了一次又一次。我问他："嘉阳，为什么要选择这么难的材料？"他说："这是在练基本功。"我问他："什么是基本功呢？"他说："就是要不着急、轻轻放。"后来，他每次摆放前都会先在筐里精心挑选。我问他："你在选什么样的材料？"他说："这种厚的，底面平的才能立稳。"不断失败的经历让嘉阳总结出"底部宽且平的竹片才好立"的经验。经过两天的努力，他成功摆了16个！

第三次挑战

行为解读：是什么让嘉阳如此执着？我想一方面是嘉阳已建立起的自我挑战习惯，另一方面是嘉阳对此游戏的兴趣以及强烈地想要探索的内部动机。立稳竹片的过程，嘉阳的学习看似没有直接的新经验增长，但却在学习品质方面有了新的提升，即耐心和细致。这些，都将是他未来提高游戏水平的基础条件。

支持策略：保护兴趣和动机。我将嘉阳游戏的视频分享给了他的家人，让他获得更多欣赏与激励，同时保持对他游戏的高度关注。

第四次挑战：拐弯的技巧

用竹片练就基本功的嘉阳在使用木片游戏时已经没有什么难度了，有几天他甚至不再玩这个游戏。在我还没有考虑好如何为他设置新的挑战时，他又产生了新的游戏方式：他不再是沿直线摆，而是开始摆出了环形图案。但总是在拐弯的地方不能将下一个打倒，他反复调试，一是在拐弯的地方会把材料靠得更近，二是让拐弯成圆弧形。我问他："为什么这里的距离要小一些呢？"他说："离得远了就靠不上了，这里是要拐弯的！而且拐弯的地方要弧形才行！"

解读：嘉阳的成功反映了幼儿认知发展和问题解决的一个基本特点：两个或两以上因素问题的解决需要建立在对单因素的相关问题有了足够的直接经验之上。嘉阳现在能综合关于"间距"和"线性排列角度"的经验解决多米诺骨牌的环形拐弯问题，说明该问题是幼儿解决单一因素问题之后的最近发展区。同时，嘉阳探索过程中的多次失败，表明当一个任务需要幼儿同时综合考虑两个或两个以上的因素时，通常这个问题对幼儿来说是有相当难度的。

支持策略：欣赏悦纳自己。我为嘉阳写了学习故事，并将他的故事张贴在幼儿园门厅故事栏，让全园家长、老师、小朋友都为他欢呼。

第五次挑战：合作修建大圆

多米诺游戏虽然成了班级的"团宠"，但一段时间后因为嘉阳没有提出什么新的挑战又开始逐渐进入同一水平的重复状态，孩子们常常是边摆弄边聊天，专注与热情大不如前。

行为解读：高水平的多米诺游戏是探索更大型、更复杂的组合模式，嘉阳及同伴缺乏这样的新经验，对游戏的兴趣便逐渐减弱。

支持策略：搭建更高学习支架。通过教研，我们对嘉阳的最近发展区做出判断，通过给孩子们分享高手玩多米诺骨牌的视频，丰富他们的经验，拓展他们的思维。

孩子们看了更复杂组合模式的多米诺骨牌视频后，都非常兴奋。嘉阳说："多米诺骨牌可以修建一座城市，我们也要这样做，现在玩得太简单了。"

第五次挑战

嘉阳告诉大家他想用所有的材料围绕教室做一个大圆，说干就干，他们每人找到一块空地开始摆起来。但孩子们的合作似乎并不顺利，一是由于没有对摆放的位置进行明确的规定，大家各摆各的，导致彼此之间摆放的骨牌不在一条直线上，不容易衔接；二是因为是几个人你一个我一个地交替摆，一不小心就会撞倒前面小朋友摆好的材料；三是因为缺乏沟通，相互间不满意而闹起了别扭。直到游戏结束孩子们摆放的大圆也没有成功，他们显得有些失落。

行为解读：集体合作才能完成大型修建是孩子们的已有认知，但他们太着急了，没有协商与明确分工就开始了合作，经历问题和失败也是必然。有问题才会有探究，这样的直接感知、亲身体验，比任何说教都更有价值。

支持策略：行动前的讨论。第二天，在孩子们准备再次探究摆放大圆时我召集了一次讨论会。

我说："你们觉得昨天没有成功的原因是什么呢？"

虫虫说："我昨天摆的总是被其他小朋友不小心碰倒，摆了很多次都这样。"其他几个小朋友也附和："我的也是，不小心碰倒一个，就全部都倒了！"

我说："那今天怎么避免这种问题再发生呢？"

嘉阳说："我们可以一人负责摆一段，自己摆自己的，先不急着连起来，等每个人都摆好了最后再来连接，这样你自己倒了就不会影响到别人了！"

我说："你们同意嘉阳的这个办法吗？"

小朋友都说："同意！"

我说："合作一定要有明确的分工，每个人都要清楚自己的职责。还有什么地方需要改进吗？"

毛毛说："那我到底应该从哪儿开始摆呢？"

听毛毛这么说，我内心一阵窃喜，这恰好是我想引发孩子们思考的问题，于是我将毛毛的问题抛给了其他小朋友。

我说："对呀，这么多小朋友，怎么知道自己负责哪一段呢？"

小杜说："我们要先确定我们要摆多大，然后我们每个人负责一段儿，你只能在自己的位置上摆，不能到处乱跑，不然又会碰倒他人的骨牌。"

岩岩说："我们可以像表演站点一样站在自己的点位上，然后顺着一个方向摆，这样大家就不会乱了。"

嘉阳以木地板间的缝作为参照确定了圆的大小，然后请每个小朋友站在地板缝上相应的位置，这样既能保证大家摆放的在一条直线上，又分工明确互不干扰。

因为目标明确，孩子们摆得更专注、小心，等到每个人都完成了自己的任务，嘉阳请毛毛、小杜、虫虫这几个细心且技术相对成熟的玩家来完成最后的连接部分，真是功夫不负有心人，最后终于成功啦！当看着小木块一个一个倒下，并且倒下的速度越来越快的那一刻，整个教室都沸腾了！

行为解读：从个体游戏、小组游戏走向团队合作也是需要孩子们在实战中学习的能力，挑战大圆成功的经历不仅让嘉阳及同伴在运用已有经验中认知得以巩固，而且帮助他们认识到合作需要明确分工，每个人都要非常清楚自己的职责，并要对团队负责，这是他们社会性发展所需要的新知。

支持策略：享受团队合作的成功喜悦。放学前，我让嘉阳组织小朋友们在旗台上修好了大圆，利用放学之机，我向参观者讲述了孩子为之付出的艰苦努力，并让大家分享了他们的成果，将嘉阳的独乐乐发展成立了众乐乐。

第六次挑战：三角形也可以一个倒全部倒

也许是受到视频的启发，挑战大圆成功后，嘉阳又开始了新的自主探索——摆放三角形！我问："摆三角形有什么秘诀吗？"他说："有啊，就是第1排1

个，第2排2个，第3排3个。""那第10排呢？""当然就是10个了。"当他的三角形摆到第13排时，我看见他在用眼睛很仔细地在看什么。我好奇地问："你在看什么呀？"他笑笑说："我在看这块木牌对准前面的缝隙没有。"我又问："为什么要对准缝隙呢？"他说："如果木牌的中间不对准前面的缝隙就不能同时打倒前面的两个，三角形也不能全部倒。"我故作惊奇地说："哦，原来是这样。"嘉阳不仅实现了自己的三角形一个倒全部倒，还教会了班级其他小朋友，甚至实现了两个三角形的连接，真的很了不起。

第六次挑战

　　行为解读：嘉阳正在探索三角形状的多米诺的摆放规律。他已经能够同时兼顾材料间的距离、每一排的个数、后一个木牌与前两个木牌的关系这三个变量来思考问题了。

　　支持策略：绘制再现自己的经验。我让嘉阳把自己玩多米诺的所有经验都画出来，不仅帮助其他小朋友学习借鉴，更重要的是让嘉阳在表征的过程中行成对一个问题多角度思考的习惯。

第七次挑战：我要搭一座城市

　　嘉阳又有了新玩法，在每两个木块上面再平放一个木块。他说："我想试一试，这样可不可以倒。"搭好后，他一推，木块都哗哗地倒下了。成功后，嘉阳

第七次挑战

又摆出了一个8层的立体三角形造型，再次获得了成功。

行为解读：嘉阳的探究已经从单个体向组合体、从平面向立体升级了。

支持策略：帮助孩子明确自己的意图。我与嘉阳对话，问他只是为了实验新的玩法还是有更大的目标。嘉阳说："我想搭一座视频里那样的城市。"

原来在嘉阳心里还藏着那么巨大的梦想。第二天我主动申请加入到嘉阳的城市修建队伍中，我们一起讨论并绘制了想要修建的城市的样子，进行了详细的分工，但好几次中间都有地方倒不下去，大家不断总结经验，嘉阳被推荐为最后的检察官，当第一次看见一座城市慢慢倒下的一刹那，孩子们沸腾了。

热爱探究与创造是幼儿优秀学习品质的重要表现。幼儿的探究过程即幼儿思维认知过程，其中涵盖对已知事件的反思和对未知事物的想象。探究帮助幼儿不断回想审视已经发生的事件，抓取事件中的关键点，总结吸收致使事件成功或失败的因素。在相似事件再次发生时，幼儿能够主动调取记忆中的相关有效经验，规避不利因素，从而更好地应对事件的发生。能够积极探究的幼儿，一定善于吸收生活经验，能以包容开放的姿态面对生活的点滴。创造是思维的开端，幼儿期是创造最为活跃的时期，创造伴随于幼儿的各项活动之中，每一位幼儿都拥有丰富的想象力。随着年龄增长和教育的影响，幼儿再造想象、创造想象能力得以不断发展，幼儿不再停留于天马行空的幻想，而是借用这一思考能力进行创造性的表现。例如，用积木搭建想象中的城堡、用乐器创造与众不同的乐曲、用画笔呈现自己的奇思妙想等。幼儿也逐渐学会利用想象尝试解决现实情境中的问题，在遭遇难题时，思考先于行动，构思应如何解决问题，或者是能否用其他方式解决问题。思考是幼儿内部展开的认知过程，但可以通过外显的行为被观测到，这些行为正是幼儿拥有良好思考能力的具体表现。

探究是幼儿学习的开始，是幼儿主动从外界获得经验，从而使其得到发展的过程。幼儿的学习是指良好的学习态度，掌握不同的学习方法等，具体表现为：喜欢操作、感知外界事物，建构直接经验，体会获取新经验的乐趣；能够通过观察、模仿等方式获取间接经验；尝试总结经验如何形成，并将其用于新经验的获得；引导调节自己的思维、情感、行为，达成一定的学习目标。

探究与创造是幼儿学习发展不可或缺的能力，善探究、会创造的幼儿一定拥有更多学习的可能性，幼儿每一次看似细微的探究、不经意的尝试都值得被呵护、珍视。

在"多米诺的七次挑战"案例中，我们可以发现并非孩子探究和创造了就一定有学习和发展，孩子的深度学习需要教师的适宜支持！

在案例中，教师让嘉阳分享自己的游戏发现、将嘉阳的游戏视频分

孩子们的创作充满想象力（成都市第三十三幼儿园）

享给了他的家人、为嘉阳写了学习故事、鼓励嘉阳当小老师，这些做法都是为了让嘉阳感受到自己的力量及游戏的价值，从而强化嘉阳的内部动机。当嘉阳的与同伴由于缺乏有效合作的经验而挑战大圆失败时，教师通过提问让幼儿反思合作中存在的问题，并再次通过提问引导幼儿思考解决问题的方法。正是教师的反复追问，帮助幼儿形成了有效合作的经验，实现了元认知的意义建构。在嘉阳发现麻将太重不能实现"一个倒全部倒"时，教师并没有急于帮嘉阳更换材料，而是等待他自主比较，最终嘉阳通过自主探索逐一解决了"重量、间距、线性排列"等单因素问题。教师之所以这样做是因为教师解读到，解决材料轻重问题是嘉阳

的最近发展区，教师选择支持嘉阳自主探索。当嘉阳已经解决了"重量、数量、间距、线性排列"等单因素问题后，教师通过给嘉阳分享高手玩多米诺骨牌的视频，再一次激发嘉阳探索的欲望，并将嘉阳的探索推向更复杂的多因素问题的探索。在嘉阳实现了三角形造型后，教师让嘉阳把自己玩多米诺游戏的所有经验都画出来，让嘉阳在表征的过程中实现从具体到抽象的学习。

该案例在发展幼儿的探究与创造方面带给我们如下启发：

一是重视激发幼儿内部动机，促进幼儿自主探究与建构。幼儿只有具有强烈的内部动机，积极、主动地参与探究，才会有持续探究学习的动力，才能进行有意义的知识建构。

二是引导幼儿自我反思，发展幼儿元认知能力。元认知能力是幼儿从"浅表学习"走向"深度学习"的关键能力，而自我反思是幼儿实现元认知的自我建构的重要途径。教师要有意识地引导幼儿进行自我评价，学习元认知的策略与方法。

三是关注幼儿最近发展区，给予幼儿适度挑战。教师在给予幼儿支持时首先应分析幼儿的最近发展区，只有在明晰幼儿可能达到的发展后教师的介入才能搭建可向上发展的脚手架，教师的助力和支持才不会是拔苗助长。

四是把握支持时机，平衡幼儿自主与教师主导之间的关系。教师的支持应该在幼儿兴趣减弱、缺乏新经验及遇到问题时，在游戏进入瓶颈期、缺乏新的想法

（巴中市巴州区第七小学幼儿园）

孩子们在角色中尤其具有创造力

（成都霍森斯幼儿园）

挑战是孩子成长路上最好的"礼物"（成都市双流区金桥幼儿园）

与创意时，这样的介入才会实现在充分尊重幼儿游戏的自主性的基础上将幼儿的探究引向更高水平。

五是及时引导幼儿总结梳理探究经验，促进探究持续深入展开。幼儿在游戏中获得的新经验需要不断巩固，才能实现从操作到经验再到认知最后上升为智慧的转化。

参考文献

[1] 朱珊. 集体教学活动中幼儿教师应答言语行为的个案研究[D]. 上海: 华东师范大学, 2007.

[2] 孙倩. 集体活动中幼儿教师理答行为的现状与改进[J]. 学前教育研究, 2011, (9): 58—62.

[3] 杨莉君, 康丹. 对幼儿园集体教学活动中教师提问的观察研究[J]. 学前教育研究, 2007, (02): 24—28.

[4] 管琳. 幼儿好奇心和学习兴趣的观察与培养策略——基于学习品质的视角[J]. 黔南民族师范学院学报, 2017, 37(05): 82—85+91.

[5] 刘晓东. 儿童游戏新探[J]. 教育导刊(幼儿教育), 2000, (S5): 6—9.

[6] 刘慧. 寻找失落的游戏精神[J]. 江苏教育, 2011, (35): 43—44.

[7] 隋丽敏, 苑璞. 幼儿学习品质: 内容理解及价值探析[J]. 成都师范学院学报, 2019, 35(03): 58—62.

[8] 方吉祥. 幼儿主动性学习品质发展策略研究[J]. 基础教育研究, 2015, (16): 83—84+86.

[9] 付国庆, 杨勤. 抓住四个关键, 培养教师玩中教的能力[J]. 今日教育(幼教金刊), 2016, (01): 23—25.

[10] 杨南萍. 让幼儿成为主动的学习者[J]. 学前教育研究, 2002, (05): 61—62.

[11] 王春燕. 教学活动中师幼互动的诊断分析[J]. 学前课程研究, 2007, (10): 4—7.

[12] 金学英. 做孩子的引导者、合作者和支持者——主题活动"秋天的树叶"案例反思[J]. 教育导刊(幼儿教育), 2007, (10): 20—22.

[13] 朱佳慧. 师幼互动中幼儿的主体地位研究——基于对某幼儿园大班集体教学活动的观察[J]. 教育导刊(下半月), 2019, (12): 16—20.

[14] 佚名. 玩: 我们稀缺的精神资源[J]. 三联生活周刊, 2015, (22): 36—37.

[15]余琳.辉映幼儿心灵 幼儿教师游戏素养的理想期待[J]. 教育科学论坛, 2013, (11): 58—60.

[16]杨晓春, 张晓洋.培养四种能力, 提升"心灵辉映"素养[J]. 教育科学论坛, 2013, (11): 61—62.

[17]赵三苏. 评价引领课程聚焦儿童核心素养[J]. 教育科学论坛, 2017, (23): 70—72.

[18]付国庆, 张玲. 嘉阳的7次挑战[J]. 学前教育, 2017, (04): 21—26.

[19]郭力平, 蒋路易. 支持幼儿学习与发展的"最近发展区"视角[J]. 学前教育, 2017, (04): 27—28.

后　记

　　中国教育科学研究院刘占兰研究员在《中国百年老园的发展样态研究》中说道："有些百年老园原本底蕴丰厚，但没有坚守，如今文脉不清，历史日渐淡化；还有的百年老园缺乏对历史的珍惜与尊重，史料全无；甚至个别幼儿园随行就市，偏离了内涵发展和质量提升的轨道，已经落后于当地的一般公立幼儿园。令人欣慰的是，有些百年老园文脉清晰，守正出新，百年坚守，底蕴依然丰厚，成为当地乃至全国具有引领性和示范性的幼儿园。"

　　这样的结论，让人遗憾，让人喟叹，同时更让人警醒。历史从来不是自动写就的，它只在我们身边悄悄地流走。如果我们今天不能把所作所为、所思所想留下标记，明天就必然重蹈昨日的覆辙，日后就必然面对曲折的过去和迷惘的未来。即使时代的向标总是带领我们驶入新的轨道，找不到自我和认不清方位的人也终将被超越和淘汰。

　　本书面向全川、面向"高品质"、面向幼儿园的未来，与其说是一次预言，不如说是一次回望。案例来自四川全省上百所幼儿园，素材经由老师们编辑整理，27所幼儿园深度参与全书的编撰，每一个认识都在工作中凝聚而成，每一个策略都从实践中检验而来，书中一字一句写下的，是园长和老师们日复一日的辛劳、费尽心血的探索，也是我们共同的心愿和梦想。

　　在此，首先要特别感谢专著编撰过程中，在理论研究、主题确定、提纲设计、内容完善、统稿定稿上提供指导的四川省教育科学研究院刘涛院长、广西师范大学侯莉敏教授、峨眉山市教育局李庆九总督学、成都市教育科学研究院学前教育研究中心刘敏主任，以及做出重要贡献的四川师范大学彭燕教授、成都市第十六幼儿园余琳园长、绵阳市花园实验幼儿园何云竹园长、成都市金牛区机关第三幼儿园高翔园长、《育儿周刊》李晗主编、《四川教育》陈敬编辑等同志。

其次，特别感谢深度参与全书编写工作的27个单位及其老师们，他们是：

章节	单位	参编园长（社长）	参编老师
第一章	成都市第十六幼儿园	余琳	付国庆 杨勤 刘静 赵三苏 谢幸希
	宜宾市市级机关幼儿园	邹晓敏	廖琴 曾珂 谢鑫 郭静
	乐山市实验幼儿园	涂蓉	蔡敏艳 冯雪 凌静思
	成都市第十幼儿园	王艳林	谢莉 古红 张妮 钟芩雨
	西部战区空军直属机关第二幼儿园	张欣	杜燕晶 邓周怡 赵慧冰 林丽君
	泸州市铜店街幼儿园	杨怀明	张礼平 赵雪梅 赵正兰
第二章	成都市第十四幼儿园	何世红	王亚丽 王娟
	遂宁市蓬溪县机关幼儿园	李佳	温小玲 刘金凤 陈雪梅 许珺
	都江堰市幼儿园	王敏	李琼辉 李佳 徐爱萍 刘闻
	成都市第二十四幼儿园	唐琳	杜思思
第三章	成都军区机关第一幼儿园	谢蓉	曾向阳 阳睿 徐艳艳
	彭州市南街幼儿园	刘晓清	边小清 何川
	乐山市机关幼儿园	王炜娟	郑小红 戈文丽 毛霞
第四章	绵阳市花园实验幼儿园	何云竹	李敏 龙春花 何苗 乔晓丽
	成都市温江区实验幼儿园	彭海霞	万慧 余靖雯 陈凤 易晓凤
	成都市第十二幼儿园	李岚	孙倩 王燕丽 陈薇
第五章	成都市新都区第一幼儿园	赵敏	杨小芳 王莹莹 张楠 杨李娜 杨培培
	绵竹市示范幼儿园	杨筱彬	叶亮 高萍 邓金惠
	广安市第一幼儿园	罗凤	赵娟 易晓芳 钟雪莲
第六章	成都市金牛区机关第三幼儿园	高翔	黄莉 胡露 蒋思蔓 严婷婷
	成都市温江区光华实验幼儿园	何煦	孙城 何珩 唐蜜 李晋

续表

章节	单位	参编园长（社长）	参编老师
第六章	遂宁市大英县蓬莱镇幼儿园	陈敏	陈丽容　杨小芳　李小艳　李丹
第七章	泸州天立学校附属幼儿园	王晓艳	梁艳　张丽婷　赵红霞
	成都市第九幼儿园	陈先蓉	王慧　张泉　白红萍　李珂
	《育儿周刊》社	赵刚　李晗	黄小容　许丽丽　方程　敖霖　邱欣祝
第八章	成都市金牛区机关第二幼儿园	黄洁	李瑾　叶琳　杜红　刘珊
	都江堰市星星幼儿园	雷欢	
	攀枝花市实验幼儿园	刁玲	胡荔　周吉　郜美　江俊杰
	广元市机关幼儿园	冯梅	廖国玲　赵艳　李瑜　王露莹　罗波　董正东
	成都市第十六幼儿园	余琳	张玲　周静　马丽娜

同时，特别感谢成都市双流区棠外实验幼儿园的方华园长，泸州市纳溪区幼儿园的姜晴欣园长、郭蓓老师、张术芩老师，凉山州机关第二幼儿园的鲁华园长、邱敏老师、袁晓光老师、刘颖老师在本书编写过程中的积极参与。

再次，特别感谢全省100余所"四川省学前教育教学改革研究共同体"成员单位在学术活动和改革实践中给课题提供的实践智慧和案例支持，"共同体"的发展为课题的研究和专著的编写奠定了坚实的基础。"共同体"成员单位有：

成都市金牛区机关第二幼儿园	成都市金牛区机关第三幼儿园
成都军区机关第一幼儿园	成都军区机关第二幼儿园
西部战区空军直属机关第二幼儿园	成都市第五幼儿园
成都市第九幼儿园	成都市第十幼儿园
成都市第十一幼儿园	成都市第十二幼儿园
成都市第十四幼儿园	成都市第十五幼儿园
成都市第十六幼儿园	成都市第十九幼儿园
成都市第三十幼儿园	成都市第三十三幼儿园

续表

成都市武侯区第一幼儿园	成都市高新区爱智银杏幼儿园
成都高新区爱智梧桐幼儿园	成都市高新区爱智幼儿园
成都霍森斯幼儿园	都江堰市机关幼儿园
都江堰市幼儿园	都江堰市星星幼儿园
成都市锦西幼儿园	成都七中八一学校附属幼儿园
成都市蒲江县鹤山镇北街幼儿园	成都市蒲江县南街幼儿园
彭州市南街幼儿园	彭州市机关幼儿园
成都市双流区机关幼儿园	成都市双流区金桥幼儿园
成都市双流区实验小学附属幼儿园	成都市双流区棠外实验幼儿园
成都市双流区彭镇幼儿园	成都市双流区西航港幼儿园
成都市温江区实验幼儿园	成都市温江区光华实验幼儿园
成都市温江区金马镇中心幼儿园	成都市新都区第一幼儿园
成都市新津县华润幼儿园	邛崃市示范幼儿园
《育儿周刊》社	德阳市第一幼儿园
绵竹市示范幼儿园	德阳市中江县大东街幼儿园
德阳市旌阳区第一幼儿园	广汉市雒城镇第四幼儿园
德阳市淮河路幼儿园	广安市第一幼儿园
广元市利州区北街幼儿园	广元市机关幼儿园
乐山市机关幼儿园	乐山市实验幼儿园
峨眉山市实验幼儿园	凉山州州级机关第一幼儿园
凉山州州级机关第二幼儿园	西昌市东风幼儿园
凉山州会理县东街幼儿园	凉山州会东县幼儿园
凉山州德昌县示范幼儿园	凉山州宁南县机关幼儿园
泸州市铜店街幼儿园	泸州市纳溪区幼儿园
泸州市人民南路幼儿园	泸州天立学校附属幼儿园
眉山市东坡区同升幼儿园	绵阳市公园路幼儿园
绵阳市机关幼儿园	绵阳市花园实验幼儿园
北川县安昌幼儿园	绵阳市实验幼儿园

续表

绵阳市教工幼儿园	绵阳市子云幼儿园
绵阳市安州区实验幼儿园	绵阳市开元实验幼儿园
绵阳市游仙区小岛幼稚园	江油市东方红幼儿园
南充市营山县实验幼儿园	南充市营山县机关幼儿园
攀枝花市实验幼儿园	攀枝花市仁和区幼儿园
蓬溪县机关幼儿园	射洪市太和镇第三幼儿园
射洪市太和镇第四幼儿园	遂宁市船山区紫东街幼儿园
遂宁市船山区北辰街幼儿园	遂宁市船山区顺城街幼儿园
遂宁市船山区锦华幼儿园	遂宁市河东实验幼儿园
遂宁市大英县蓬莱幼儿园	遂宁市大英县实验幼儿园
遂宁市大英县天星幼儿园	宜宾市市级机关幼儿园
宜宾市教工幼儿园	宜宾市打金街幼儿园
宜宾市兴文县古宋镇第一幼儿园	内江市乐至县幼儿园
自贡市机关幼儿园	达州市通川区睿思江湾城幼稚园
达州市大竹县教科局幼儿园	巴中市艺体幼儿园
巴中市平昌县示范幼儿园	巴中市第七小学幼儿园
巴中市通江县文教示范幼儿园	

最后，感谢四川省教科院张齐贤老师和朱雪林老师及《教育科学论坛》编辑部相关编辑同志自始至终的辛勤付出，感谢四川教育出版社对课题研究和专著编辑出版提供的大力支持！

本书编辑统稿的最后阶段，爆发了新冠肺炎疫情。参编的园长、老师、编辑等同志在家办公、在线交流，加强防疫的同时坚持研究学习，期间完成了大量的资料整理、修订工作，对书稿内容进行了完善，呈现了一系列理论成果和优秀经验。在此，也感谢大家在特殊情况下的付出，向每一位参编的同志致敬！

编成这本书，我们希望从书中可以看到未来幼儿园改革发展的方向；同时，我们已经看到了四川幼教人一直以来的坚持和付出。

俞锡玑先生曾说过："别着急，教育的事情更急不得。沉静下来，一辈子守本分做好几件事情就很了不起了。"就像对着孩子一样，我们只有一样温柔耐心地看待我们的事业。幼教事业是一份幸福的事业，是一份充满希望的事业。我们今天记下这些所做所得，一点点地学习，一点点地进步，守好本分，只求以后再回看这段岁月，可以对得起自己的初心。

亲爱的同仁，希望当你翻看这本书，也能够有所启发、有所收获，能感觉到重整了行囊一般的轻松喜悦，让我们一同前行，一起走向"高品质"的明天！

编 者